Elogios para INTEGRIDAD

«El Dr. Henry Cloud es un experto en ayudar a los líderes a ver cómo el desarrollo de su carácter es esencial para lograr eficiencia».

> Denis Beausejour, consultor y ex vicepresidente general
> de mercadeo internacional de *Procter & Gamble.*

«Si los líderes de negocios tuvieran la percepción y el carácter que el Dr. Cloud describe aquí, tendríamos empresas mejor administradas y más eficientes».

> Anthony D. Thomopoulos,
> ex presidente de *United Artist Pictures.*

«La integridad bien puede ser el atributo menos comprendido entre los líderes de negocios. El Dr. Cloud muestra que el éxito en los negocios se basa en la confianza, en tener el valor de enfrentar nuestras propias debilidades y comprender mejor a los que nos rodean. Un enfoque valioso que deben poner en práctica todos los que ocupen puestos de liderazgo. El Dr. Cloud deja bien en claro que la fortaleza del carácter o la integridad es la única fuente de resultados sustentables».

> Jim Keyes, presidente y gerente general de *7-Eleven, Inc.*

«El Dr. Cloud nos enseña que el carácter y la integridad generarán un desempeño todavía mejor en nuestra vida y en la de quienes lideramos. Literalmente nos muestra cómo integrar nuestro deseo de beneficios a nuestra conducta personal».

> Greg Campbell, *Corporación Coldwell Banker.*

«Es un libro provocativo que ayudará al líder de empresa a comprender mejor cómo el carácter y la integridad pueden ser ingredientes activos en la generación y el desarrollo de relaciones perdurables y resultados significativos».

William Pollard, presidente retirado de *ServiceMaster*.

integridad

DR. Henry Cloud

integridad

Valor para hacer frente a las demandas de la realidad

Cómo seis cualidades esenciales
determinan el éxito de tu negocio

*La misión de Editorial Vida es ser la compañía líder en comunicación cristiana que satisfaga las necesida-
des de las personas, con recursos cuyo contenido glorifique a Jesucristo y promueva principios bíblicos.*

INTEGRIDAD
Edición en español publicada por
Editorial Vida – 2008
Miami, Florida

©2008 por Dr. Henry Cloud

Originally published in the USA under the title:
    Integrity
    © 2006 by Dr. Henry Cloud
Published by permission of Zondervan, Grand Rapids, Michigan 49530, U.S.A.

Traducción: *Adriana Tessore*
Edición: *Elizabeth Fraguela M.*
Diseño interior: *artserv*
Diseño de cubierta: *Grupo Nivel Uno, Inc.*

ISBN 978-0-8297-5151-2

Categoría: *Vida cristiana / General*

IMPRESO EN ESTADOS UNIDOS DE AMÉRICA
PRINTED IN THE UNITED STATES OF AMERICA

10 11 12 13 14 ❖ 6 5 4 3 2

Contenido

Dedico este libro con gratitud a los líderes que me permitieron entrar en sus vidas, compañías y dilemas. He aprendido de ustedes mientras se esforzaban para solucionar las exigencias difíciles de la realidad.

Y lo dedico a mi padre que me mostró que los negocios y la integridad van mano a mano.

Agradecimientos

Gracias a todos mis clientes de tantos años de consultoría. Ustedes saben a quiénes me refiero y de todos he aprendido muchísimo. He tenido la fortuna de apreciar su carácter y dejar que afecte el mío.

Gracias a Jan Miller, mi agente literaria, y a su brazo derecho: Shannon Miser-Marven. Desde el primer desayuno que compartimos, han manifestado pasión por este proyecto, y han seguido velando por él. El profesionalismo de ustedes no tiene parangón y han llevado todo a buen término. Además, son personas muy divertidas.

Gracias a Marion Maneker de HarperCollins. Captaste la idea desde un comienzo y la perfeccionaste. Gracias por todo lo que hiciste para que esto se concretara y se continuara durante un horario realmente imposible. Tu comprensión de la integridad y la plenitud te convierte en la editora correcta.

Gracias a Bill Dallas de la CCN. Tu inclinación al liderazgo resulta inspiradora al producir programas que ayudan a prosperar a los líderes. Muchos son mejores gracias a ustedes y constituyen un modelo de los ejemplos de este libro.

Gracias a mis estudiantes en el curso de Maestros de Liderazgo Organizacional en la universidad Biola. Con los años sus interrogantes e interacciones en la clase han sido sumamente útiles en la preparación de este material. Gracias también al Dr. Dan Maltby por el mismo motivo.

Agradezco a Bill Hybels y a la asociación *Willow Creek* por incluirme en su trabajo con los líderes. Estos conceptos son una vivencia para ustedes y ayudan a que otros también los lleven a la práctica. Estoy muy agradecido por nuestra amistad.

Gracias a Denis Beausejour, por la interacción en torno a este modelo de carácter. Tu aporte y tu experiencia han añadido mucho, así como también tu pasión personal por desarrollar la integridad.

Agradezco a Greg Campbell todos sus aportes y debates sobre el carácter del liderazgo, también su ayuda con este libro y nuestra sociedad. Si todo el mundo de negocios actuara como tú, sabrían por qué hacen lo que hacen, y lo harían mejor.

Gracias a Maureen Price por su liderazgo al hacer que los talleres de *Ultimate Leadership* prosperaran. Muchos líderes han mejorado gracias a todo lo que ustedes hacen por conseguir que estos principios se cumplan.

Agradezco al Dr. John Townsend su amistad, su carácter, por ser mi socio y por los numerosos debates y proyectos escritos sobre el carácter que se concretaron con los años. Ha sido un recorrido extraordinario.

Gracias también a los muchachos que para mí son una formidable fuente de aportes en lo comercial:

Toby Walker, Peter Ochs, Tony Thomopoulos y Greg Campbell. Siempre están allí con la respuesta oportuna.

Prefacio

Toda la vida has escuchado que el carácter es importante. Deseaste ser íntegro y encontrar integridad en las personas con las que trabajas. Has percibido sus efectos, has sufrido cuando no ha estado presente y te has beneficiado cuando sí. Sabes que existe.

Sin embargo, a veces, no conseguimos discernir la manera en que la integridad de carácter se manifiesta día a día ni en qué sentido afecta los resultados reales en los aspectos de la vida que más nos importan. No creemos que el camino para mayores ganancias sea un cambio en nuestro propio carácter; y si lo creemos, con frecuencia no tenemos idea de por dónde comenzar. A veces ni siquiera sabemos cómo hacer los cambios personales necesarios para que nuestras relaciones sean más fructíferas.

En este libro nos centraremos en seis aspectos del carácter que producirán exactamente eso. Producirán resultados que tú no has sido capaz de conseguir. Solucionarán los problemas persistentes que, con los años, parecen haberse ya constituido y para los que pareciera que no hay solución posible. De manera conjunta, todos estos rasgos del carácter harán que tus talentos y capacidades produzcan los resultados que consideras que deberías estar obteniendo y a veces no es así. Conocerás acerca de la clase de carácter que:

1. Genera y mantiene la confianza
2. Es capaz de ver y de enfrentar la realidad
3. Trabaja de una manera que aporta resultados

11

4. Acepta las realidades negativas y las resuelve
5. Produce crecimiento y aumento
6. Consigue trascendencia y significado en la vida

Comprobarás cómo estos rasgos del carácter van más allá de los dones, los talentos y la capacidad; y cómo quienes los poseen tienen éxito y los que no, terminan fracasando. Y lo mejor de todo esto es descubrir que todos podemos crecer en todos esos aspectos, y que el recorrido en sí es sumamente valioso. De modo que, súmate a este proceso de ver cómo la *Integridad* es el valor de enfrentar las demandas de la realidad.

Dr. Henry Cloud
Los Ángeles, California, EE.UU.
2005

I

INTRODUCCIÓN

Por qué la integridad es importante

1

tres cosas esenciales

Una amiga, como buena madre obsesiva que es, me pidió un favor. Ella y su esposo tienen dos hijos que en aquel entonces tenían diecinueve y veintiún años, y se hallaban en la etapa de la vida en que deben mirar a la adultez cara a cara. Pensé que ella quería asegurarse de que no fracasaran, por eso me pidió que hiciera esa jugarreta por la que aconsejas a tus hijos a través de alguien sin que ellos lo noten.

Una noche, mientras cenábamos, ella me dijo:

—¿Podrías salir a almorzar con los muchachos y hablarles acerca del éxito? Han estado haciendo muchas preguntas sobre cómo algunas personas se vuelven tan exitosas y consiguen todo lo que quieren. Pensé que podrías ayudarlos orientándolos mientras están en esta etapa de hacer preguntas.

—Mmm… no lo creo —respondí—. El éxito no es mi especialidad. No sé mucho acerca de eso, de manera que no sabría realmente qué decirles. ¿Por qué no le preguntas a Zig Ziglar?

Yo pensaba en toda esa literatura con principios para el éxito, cómo conseguir lo que uno quiere, cómo alcanzar la cima, etc. y esa no era una materia a la que yo le había dedicado mucho tiempo. De manera que, con amabilidad, me rehusé con la esperanza de que un poco de humor la sacaría de su cometido.

—¡Vamos…! —rezongó— Tienen veinte años. Sabes lo suficiente como para darles algo en qué reflexionar. Has conseguido muchas cosas y has trabajado con muchísima gente exitosa. ¿Qué tan difícil puede ser? Sal con ellos y diles *algo*. No tiene que ser algo absolutamente perfecto, dales al menos algo en qué pensar. Impúlsalos en la dirección correcta.

Con la sensación de que había desdeñado un poco la idea, terminé cediendo.

—De acuerdo. Saldré con ellos y les diré algo.

—¡Fantástico! ¿Y qué les dirás? —me preguntó de inmediato.

—No lo sé. Tendré que pensar en eso y conseguir algo que decirles.

—Sí, claro. ¿Y qué crees que será?

—No lo sé —repetí—. Lo pensaré y les diré algo que los haga reflexionar.

—Muy bien, pero cuando lo consideres, ¿qué crees que será?

Me di cuenta de que esta era una madre con un objetivo muy claro y que no podría librarme fácilmente de ella. De modo que pensé someramente en algunas personas exitosas que conozco o con quienes he trabajado y sobre la marcha le di una fórmula instantánea sobre cómo convertirse en una persona o en un líder exitoso, mientras procuraba permanecer fiel a mi verdadero ámbito de experiencia y ella intentaba transformarme en un orador inspiracional.

—De acuerdo, veamos… esto es lo que les diría —comencé—: Las personas que se convierten en líderes o que son verdaderamente exitosas, suelen tener tres cualidades. En primer lugar tienen ciertas capacidades o competencias. En otras palabras, conocen su campo, su industria, su disciplina o lo que sea. Si eres Bill Gates, te ayudará saber algo acerca de la industria de la computación. Si vas a ser un destacado cirujano, tienes que saber lo que haces. En otras palabras: *muchachos, solo podrán ser farsantes durante un tiempo. Así que vayan a la biblioteca o a donde sea y perfeccionen su habilidad.* Tienes que ser bueno en lo tuyo. De esa misma forma es que un gerente general desarrolla una serie de competencias. Tienes que ser bueno en lo tuyo y punto. No hay atajos en esto.

»Sin embargo —proseguí en mi breve disertación—, hay montones de personas que son competentes y buenas en lo que hacen pero no llegan a ser líderes ni altamente exitosas. Hacen un buen trabajo, son felices y plenas, pero no son personas que capten la atención de tus muchachos. Para que alguien pueda alcanzar el nivel de logro al que ellos se refieren, es necesario contar con la segunda capacidad. Tienen que ser lo que yo llamo "un constructor de alianzas". En otras palabras, tienen que tomar sus competencias y lo que saben hacer bien y construir alianzas con otros con competencias y recursos, y así establecer relaciones que sean mutuamente beneficiosas. Como resultado de ello, impulsan aquello que hacen bien para alcanzar mayores objetivos que tan solo ser «bueno» en lo suyo. Crean alianzas que hacen que las cosas sean mucho más *grandes*. Forjan relaciones y asociaciones con inversores, con reguladores, con los canales de distribución, con sus juntas directivas, con autoridades municipales, con *Wall Street*, o lo que fuera, siempre y cuando tenga la capacidad de hacer más grande lo que están haciendo.

»Incluso dentro de una misma corporación, tienen que forjar alianzas con otros sectores de la empresa para lograr el éxito y avanzar en su agenda. De otra manera, cada uno estará apenas moviendo su pequeña pieza. No hay nada de malo en eso, pero repito, la gente que logra cosas a lo grande siempre multiplica lo que tiene con cosas externas. Necesitan aprender a establecer estas alianzas si quieren ser «exitosos» en el sentido al que ellos se refieren. Si la persona que lidera las ventas pudiera forjar una alianza con el grupo de producción, podrá conseguir lo que necesita a tiempo para satisfacer al mercado. Y el grupo de producción sentirá que sus intereses se ven cubiertos al mismo tiempo. La construcción de alianzas es clave para el éxito y el liderazgo. Es más que establecer una red de contactos que con frecuencia es sinónimo de aprovecharse del otro. Las alianzas son como crear *influencias* que multiplican lo que tú haces.

»Luego de decir esto, pasemos al tema principal que desearía conversar con ellos. Les diría que las personas que poseen las dos primeras capacidades se encuentran a patadas. No hay escasez de personas talentosas y cerebrales que son muy, pero muy buenas en lo que hacen y que son capaces de hacer que la cosa funcione y convencer a los demás de que trabajen. ¡Hay millones! Y los vemos a diario. Sin embargo, si tus muchachos desean triunfar, tienen que contar con el tercer ingrediente:

Deben tener el carácter apropiado
para no arruinarlo todo.

»Eso es lo que creo que les diré, si es que quieres saberlo desde ahora».

El problema del carácter: Seguro que sabes de qué se trata

Tuve que explicarle un poco a qué me refería con «carácter», pero cuando menciono este tema en ambientes empresariales, la mayoría enseguida comprende cuando les pregunto: «¿Cuántos han pasado por la situación en su experiencia laboral de encontrarse con alguien que es brillante, talentoso, competente y bueno haciendo negocios, pero hay algo de él *como persona* que entorpece toda esa capacidad?» Llegados a este punto, todos empiezan a revolear los ojos, a sonreír, a mirar al de al lado con complicidad y a hacer toda clase de cosas que evidencian que podemos identificarnos con esta realidad. En cierta medida todos sabemos que «lograrlo» involucra algo más aparte de talento o capacidad. Es algo que también tiene que ver con lo que es la persona.

Entonces viene la pregunta más difícil, y la que va derecho al grano: «¿Cuántos de ustedes se pueden identificar con la *sensación* de que si fueran diferentes en algún sentido, podrían ir más allá de donde están o alcanzar el pleno potencial que la mente, inteligencia y talentos le permitirían?» No pido que levanten la mano, pero al observar las expresiones y los gestos de asentimiento, resulta evidente que la mayoría también podemos sentirnos identificados con esta realidad. «Lograrlo» es más que ser competente y capaz de hacer tratos. Tiene muchísimo que ver con quiénes somos. No obstante, ¿qué significa eso? ¿Qué *es* el carácter? ¿De qué manera afecta el desempeño? ¿Cuán importante es?

La mayoría de las veces, cuando reflexionamos en la palabra *integridad* o *carácter*, pensamos en moral y ética, no en desempeño. Asociamos el asunto con catástrofes como la de Enron, Andersen, Worldcom o la caída de ciertas súperestrellas cuyo carácter de alguna manera lo entorpeció todo. Y, por cierto. están esos ejemplos enormes, desde la cumbre de las empresas y los gobiernos hasta en la iglesia. Se han producido enormes fallas éticas que ocasionaron grandes pérdidas no solo en la carrera de algún individuo sino en toda la empresa e incluso en la confianza en los mercados. Eso sin mencionar a quienes resultaron dañados. La mayoría de las personas hoy diría: «el carácter importa». Si no lo consideran así, han estado dormidos durante los últimos diez años.

Sin embargo, cuando afirman tal cosa, con frecuencia lo que quieren decir es que el *carácter es una especie de «seguro de vida» contra los sucesos negativos*. En otras palabras, si las personas tienen buen carácter, su ética y su integridad serán tales que puedes ciertamente confiar en los números, sabrás que no te robarán, no te mentirán, no te engañarán ni serán arteros. Son confiables. Puedes dormir tranquilo sin tener que cuidarte las espaldas. Y, por supuesto, esa clase de carácter es la base, son los cimientos y sin eso, no tenemos nada. Como hemos visto, cuando no está presente, todo puede desaparecer. La moral y la ética es lo que subyace bajo todo nuestro sistema de negocios, relaciones, gobierno, finanzas, educación e incluso nuestra vida. Conversa con cualquier esposo o esposa que haya sido engañado, o cualquier socio a quien le hayan mentido, y verás lo que una relación carente de confianza le hace a las personas.

Sin embargo, eso no es todo lo que quise decir cuando me referí a que quería hablar acerca del carácter con esos dos muchachos, o con cualquier otro. Por cierto, yo deseo que ellos sean honestos, con ética y que no sean arteros. Deseo que sean confiables. Quiero que sean fieles y formales, que sean honorables y capaces de hacer lo correcto cuando nadie los esté mirando. No obstante, asumo que ellos hacen tales cosas, como lo supongo de la mayoría de los que están leyendo este libro. Asumo que conoces la importancia de la ética y la moral, de la veracidad y de la honestidad. Y sé también que bajo ciertas circunstancias, comportarse de esa manera puede llegar a ser complicado, y también nos referiremos a eso en este libro, como por ejemplo cuando es difícil ser todo lo ético y lo honesto que quieres ser. Sin embargo, lo que en realidad yo estaba diciendo acerca del carácter es mucho más que tratar sencillamente de tener un seguro moral para no «meterse en problemas».

Lo que estaba diciendo es que:

Lo que es una persona
es lo que determinará si su inteligencia, sus talentos, sus
competencias, su energía, su esfuerzo, sus capacidades
para los negocios y sus oportunidades tendrán éxito.

Es lo que somos como persona, mucho más allá de solo la cuestión ética, lo que hace que las personas tengan éxito o lo que les permite mantenerlo si es que ya lo han alcanzado. Si bien el carácter incluye lo que nosotros por lo general entendemos por ética e integridad, es mucho más que eso. Otra forma de expresarlo sería que el desempeño ético es una parte del carácter pero no todo. Y, por cierto, no es todo lo que interviene para que alguien sea exitoso o un buen líder.

Según mi experiencia de más de veinte años de trabajar con directores, juntas directivas, administradores, grupos gerenciales, ejecutivos de ventas, socios, supervisores, inversionistas y accionistas, he visto a muchas personas honestas, éticas y con «integridad» que de alguna manera no lo logran. Si bien se podría afirmar que todas son personas de buen «carácter», la realidad es que su «personalidad» está limitando sus talentos e inteligencia de manera que no consiguen alcanzar todo su potencial. Algunos aspectos de lo que ellos son como persona y que jamás consideraron desarrollar les están evitando alcanzar la altura que el resto de las inversiones que han hecho les podrían haber ofrecido. Si bien alcanzan el objetivo de tener «integridad», también dejan detrás toda una serie de aspectos clave de falta de desarrollo que los hacen quedarse con las ganas de más (al igual que a sus accionistas y a las personas que dependen de él). No son capaces de lograr con éxito algunas de las siguientes cosas:

- Ganar la absoluta confianza de la gente a la que lideran, y que los sigan incondicionalmente.
- Ver todas las evidencias que tiene delante. Se les presentan puntos ciegos en cuanto a su persona, a los demás, e incluso los mercados, los clientes, los proyectos, las oportunidades u otras realidades externas que evitan que alcance sus metas.
- Trabajar de manera que consigan producir los resultados que debe-

rían de haber producido, dadas las capacidades y los recursos con que cuenta.

- Lidiar con gente problemática, situaciones negativas, obstáculos, fracasos, contratiempos y pérdidas.
- Producir crecimiento en su empresa, en su personal, en sí mismo, en sus ganancias o en su industria.
- Trascender a los intereses personales y dedicarse a propósitos mayores para ser parte de una misión mayor.

Esta clase de cuestiones, como veremos, poco tienen que ver con el coeficiente intelectual, el talento, la inteligencia, la educación, la experiencia o la mayoría de los otros componentes importantes del éxito. En cambio, tienen que ver con los otros aspectos del funcionamiento del carácter a los que les prestamos escasa atención en la capacitación de las personas para que sean líderes y sean exitosos. En definitiva, la herramienta más importante es la persona y su modo de ser y, sin embargo, pareciera que es a lo que se le presta menor atención y esfuerzo. Mayormente nos concentramos en las habilidades profesionales y el conocimiento.

Por ejemplo, ¿cuándo en tu capacitación o educación de negocios tomaste un curso sobre «cómo perder bien»? Yo no recuerdo ninguno. No obstante, participé de un proyecto de consultoría en una empresa que perdió millones y millones de dólares porque el presidente era emocionalmente incapaz de abandonar una agenda obsoleta. Y justamente debido a su incapacidad de deshacerse de eso y «perder», condujo a la empresa a un camino que casi la lleva al desastre. Era una persona íntegra que jamás habría mentido a nadie; pero no era capaz de enfrentar la realidad de perder algo en lo que había invertido, algo que todos los líderes deben estar dispuestos a hacer de tanto en tanto para reagrupar, recuperar y alcanzar el éxito. Eso es cuestión de carácter.

En mi opinión, esa clase de carácter, de modo de ser, tiene más que ver con la capacidad final de alguien de lo que generalmente queremos reconocer. Sin embargo, no tomamos cursos que nos enseñen cómo desarrollar esos aspectos del carácter. No obstante, cuando lo hacemos y comenzamos a concentrarnos en eso, podemos ver que las personas comienzan a elevarse hacia las alturas donde sus capacidades los deberían de haber llevado todo el tiempo.

Seguramente has visto este problema del carácter y, si eres como la mayoría de nosotros, incluso hasta lo has experimentado en cierta forma en tu propia vida. Te ha tocado estar del otro lado de la situación y ver a alguien que necesitaba hacer algunos cambios en esta clase de cuestiones e incluso hasta quizás padeciste las consecuencias de que esto no sucediera. Sin embargo, lo que tal vez no hayas visto (y de eso trata este libro), es una manera de pensar acerca de lo que son estas cuestiones. Analizaremos una manera de pensar acerca del carácter y sus componentes que, si la aplicas, podrá ayudarte así también como a los que trabajan contigo y a tu empresa a evitar las tres trabas que estas cuestiones ocasionan:

1. Eliminar el límite en el desempeño que es mucho más bajo que las aptitudes personales
2. Eliminar un obstáculo o situación que te hace descarrilar
3. Alcanzar un gran éxito para luego autodestruirse y perderlo todo

En mi experiencia en la consultoría de liderazgo y desempeño, hay tres aspectos que el carácter afecta. O no se alcanza el pleno potencial y se estanca en algún punto por debajo de sus capacidades, o una situación particular que no sabe cómo enfrentar lo hace sucumbir, o alcanza las alturas pero algún aspecto de su carácter lo hace venirse abajo. La mayoría de las veces estas tres posibilidades nada tienen que ver con la competencia, la inteligencia o los talentos, pero mucho que ver con la persona. Nuestro objetivo es comprender cuáles son estas cuestiones de manera que podamos resolverlas y evitar el efecto que producen en tu vida. Sin embargo, para hacerlo, necesitamos tener una visión más amplia del carácter y la manera en que afecta nuestro desempeño en la vida.

Eso es lo que le dije a mi amiga que le diría a los muchachos cuando ella me urgió que le respondiera. Muchas veces, lo primero que nos viene a la mente es lo más cierto, porque proviene de nuestra experiencia y no tanto de nuestro cerebro. Creo que eso es lo que pasó aquella noche en que no enunciaba una teoría ni dictaba una clase. Le estaba expresando lo que he visto luego de muchos años de sentarme a escuchar a personas talentosas que por una u otra razón no estaban obteniendo lo que sus talentos y potencial deberían de haberles dado. Y, a la inversa, observar a algunas personas exitosas de talla mundial que consiguen cosas asombrosas gracias a las fortalezas de carácter que poseen.

De manera que eso es lo que pienso transmitir. No me referiré a la literatura sobre liderazgo efectivo ni a los principios para el éxito que tan bien conoces. Este no es un libro sobre proyectar una visión ni el desarrollo de la masa crítica ni cómo convertirse en un agente de transformación. Son todos aspectos importantes del liderazgo y el éxito, pero tienden a caer en la categoría de las competencias, y es probable que hayas recibido mucha capacitación en tales temas.

En cambio, lo que les transmitiré es mi experiencia de más de veinte años de trabajo con personas de toda clase de rubro acerca de las cuestiones personales que los mantienen estancados y hacen que otros sean asombrosos ejecutores. Lo que yo creo, y esa es mi experiencia, es que cuando las personas comprenden de qué se tratan estas cuestiones y comienzan a avanzar en ellas, son capaces de llegar a esos lugares que siempre consideraron posibles pero que jamás consiguieron alcanzar.

Carácter, integridad y realidad

«Y bien, ¿cuál es el problema?» le pregunté al director de la empresa. Por lo general, cuando alguien necesita un consultor, no comienza con elogios hacia la «persona problemática». Sin embargo, es lo que Brad había estado haciendo durante los últimos diez minutos. Me había mencionado lo «increíble» y «brillante» que era Rick, el ejecutivo de ventas, y cómo los números habían aumentado de una manera fabulosa desde que él se había sumado a la empresa dos años antes. Parecía como si me quisiera vender sus capacidades más que solicitar mi ayuda para resolver un problema.

—Por lo que escucho, él está haciendo un trabajo extraordinario. ¿Qué es lo que te preocupa?

—Bueno, si bien las cifras son magníficas, tengo dos personas excelentes que renunciarán si no me deshago de él. Me han dicho que debo decidir entre ellos y él. Y no quiero hacer eso. Necesito su desempeño y sus capacidades. Es realmente increíble en lo que hace, pero hay ciertas «cuestiones» en cuanto a las relaciones con la gente. El resto del equipo está dividido por su culpa. Algunos quieren que permanezca debido a su fantástico desempeño. Les agrada su empuje.

»Sin embargo, a otras personas no les gusta en absoluto. Tenemos el caso de una mujer que nos demandó por "acoso" y terminamos pagando. No creo que haya sido para tanto, pero para ella sí lo era y eso fue lo importante. Si me preguntas por él, no es un mal tipo, pero es avasallador, trata a las personas con cierta dureza y tiene una personalidad fuerte. Algunas personas que no tienen las agallas para soportarlo terminan sintiendo que los pasa por encima o que no les manifiesta el respeto que creen merecer. Entonces se enojan. No obstante, no quiero perderlo porque es muy valioso. Sin embargo, algo tengo que hacer y yo tengo la esperanza de que tú puedas unir al equipo, arreglarlo a él o hacer algo. Lo que sea. Pero necesitamos hacer algo».

Casi alcanzaba a percibir la desesperación de este hombre, como si gran parte de su mundo dependiera de poder hallar una solución a las «cuestiones con la gente» de alguien que era su mano derecha.

—¿Y qué opinas tú de él?

—Bueno, por supuesto, estoy a favor. Es decir... mira los números. Hablan por sí solos, y si le dices algo a él, sacará a relucir lo mismo. Es difícil decirle que él es un problema cuando puede señalar lo bien que nos va. Y en eso me siento involucrado. No me ocupo de él, pero nos está llevando a lugares que jamás hubiéramos alcanzado sin su ayuda. De manera que es un excelente colaborador.

—Entonces, tú crees que sus «números» son los que muestran las entradas. ¿Por eso piensas que él es una buena inversión? —le pregunté—. ¿Por las cifras de venta?

—Bueno, sí. Esa es su tarea: hacer que los ingresos aumenten.

—¿Y qué me dices de los costos?

—Ese no es su trabajo. Nuestros jefes administrativos, directores financieros, gerentes de proyectos y demás se ocupan de los costos.

—No me refería a esos costos —le dije—. Sino a los costos de tenerlo a él.

—¿Te refieres a su sueldo? Se le paga muy bien; pero lo vale. Produce mucho más de lo que nos cuesta —me explicó este ejecutivo que probablemente pensaba que yo no entendía que la abultada cifra de ventas era más que suficiente para pagarle.

—No, tampoco me refiero a eso cuando hablo de costos. Estoy hablando de los otros costos que él genera. Enumeraré algunos:

- Si tomas lo que la empresa te paga como ejecutivo, incluidas los extras, y le asignas un índice por hora, te dará un número alto. ¿Cuántas horas consideras que has dedicado a escuchar a las personas que vienen a contarte sus problemas con este empleado durante los dos últimos años? Unas cuantas reuniones por semana nos darían cientos de horas. Multiplica esas horas por el valor de tu tiempo para la empresa y obtendrás una imagen diferente de los costos que este empleado genera.
- A esa cifra súmale el valor/hora de las personas que pasaron tiempo hablando de él contigo en vez de hacer su trabajo.
- A esa cifra súmale la oportunidad perdida de lo que tú y esas personas podrían haber hecho en ese tiempo durante el que no trabajaron debido a los problemas que tienen con él.
- A eso, súmale la cifra del arreglo extrajudicial y los costos de los abogados por las consultas que tú y tu personal de recursos humanos hicieron por este problema.
- A eso, súmale el costo de conseguir dos nuevos ejecutivos de ventas que reemplacen a los dos que piensan irse, y la pérdida de negocios, de trabajo y de tracción durante ese período.
- A eso, súmale la distracción que constituye todo este problema para la moral y la dirección de la empresa y lo que esta intenta hacer.

—Ahora tienes una mejor noción de los costos que este empleado genera. ¿Sigues considerando que es de tanta utilidad? —le pregunté.

—Bueno… no cuando lo analizas de esa forma —reconoció con actitud avergonzada, como si lo hubieran timado y se sintiera culpable de que le hubieran robado—. No cuando lo analizas de esa forma.

La estela

Continué conversando con Brad acerca de un concepto que llamaré la estela. Uno de mis pasatiempos preferidos es sentarme en la cubierta, en la popa de un barco que cruza el mar y ponerme a contemplar la estela. Es una hermosa creación del barco, algo siempre cambiante, mientras la nave sigue su recorrido. Uno puede decir mucho del barco a partir de su estela.

Si es una línea recta, tienes la sensación de que el barco está firme en su curso, y que el capitán no está girando el timón o que el motor o el eje no están dañados. Sin embargo, si es zigzagueante, comienzas a especular. Además, si esta es lisa y plana, tienes una idea de la velocidad de la nave, y si es pronunciada, tiene que ver con la resistencia del barco en el agua. En otras palabras, según cómo se vea la estela, uno puede decir mucho acerca del barco.

Con las personas sucede lo mismo. Cuando una persona pasa por una empresa, como el muchacho de ventas de Brad, va dejando una estela detrás. Y al igual que con el barco, siempre hay dos lados de la estela que un líder o quien sea deja en su paso por nuestra vida o por la organización. Los dos lados de la estela son:

1. La tarea
2. Las relaciones

Cuando una persona viaja durante varios años con una organización, o con un socio o con cualquier otra relación laboral, va dejando una «estela» detrás en dos aspectos, *tarea y relaciones*: ¿Qué logró y cómo se llevó con la gente? Y podemos decir mucho acerca de la persona según sea la naturaleza de la estela.

En cuanto a la tarea, ¿cómo se ve la estela? ¿Es una estela de metas alcanzadas? ¿Hay utilidades? ¿Hubo un crecimiento en el negocio o en el trato en el que la persona ha estado trabajando contigo? ¿Cumplió con su cometido? ¿Está la tarea terminada? ¿Se han incorporado nuevas maneras de hacer las cosas o se han perfeccionado? ¿Es la marca más fuerte? ¿Es más sólida la reputación del trabajo y de la empresa? ¿Ha mejorado los sistemas y los procesos? ¿Son las operaciones más limpias?

¿O se trata de una estela distinta? Metas y proyectos no cumplidos, fallas, misión no cumplida, tareas inconclusas, desorganización y caos, inactividad y que no pase nada, falta de enfoque, inicios fallidos, pérdida de recursos y de dinero...

Y a partir de la estela, que es el verdadero desempeño y resultado, podemos decir mucho acerca de la persona. Los resultados *importan*. Son las cosas por las que somos evaluados y por las que nos esforzamos por cumplir nuestros sueños y nuestros planes. Cuando observamos los resultados, la estela, estamos en realidad *mirándonos* y aprendiendo algo acerca de nuestro carácter de la misma manera que la estela de un barco nos dice mucho acerca del barco.

Al finalizar el día, debemos mirar en retrospectiva y ver si la estela de nuestra labor es provechosa o no. Si no lo es, ha llegado la hora de hacernos ciertas preguntas difíciles. La estela son los resultados que dejamos detrás. *Y la estela no miente y no le importan las excusas.* Es lo que es. No importa lo que hagamos con tal de explicar el porqué, o de justificar lo que es, la estela permanece. Es lo que dejamos detrás y es nuestro registro.

Del otro lado de la estela están las relaciones. Así como vamos dejando por detrás el efecto de nuestro trabajo en los resultados, también dejamos los efectos de nuestras interacciones con las personas en su corazón, su mente y su alma. Vamos dejando una estela de personas detrás nuestro al pasar por su vida y por su organización. Dejamos una estela al pasar por la vida de clientes y socios. Dejamos una estela detrás al relacionarnos con vendedores y otras alianzas, así como con la totalidad de la industria. De modo que debemos fijarnos en la popa y preguntarnos: «¿Cómo se ve esa estela?»

¿Hay muchas personas que practican esquí acuático en la estela, sonriendo y divirtiéndose por la manera en que nos relacionamos con ellos? ¿O están luchando por respirar, sangrando y heridos como si fueran carnada de tiburón? En otras palabras, ¿dirían ellos que su experiencia con nosotros los ha dejado mejores por nuestra manera de relacionarnos o dirían que los hemos dejado peor? ¿Consideran que ha sido una bendición haber sido tu socio o fue una maldición? ¿Cuál es la naturaleza de la estela? ¿Están sonriendo o dando tumbos?

Del lado de las personas, al igual que del lado de las tareas, hay resultados. ¿Están más confiados luego de trabajar con nosotros? ¿Se sienten más plenos como personas? ¿Han experimentado un crecimiento como resultado de la relación contigo? ¿Se sienten mejor consigo mismos y trabajando con el resto? ¿Aprendieron de ti y se sintieron ensalzados y alentados? ¿Fueron motivados e inspirados a ser mejores de lo que eran antes de trabajar contigo o para ti? ¿Hizo tu relación que ellos produjeran más?

¿O están heridos, menos confiados, sintiéndose disminuidos, manipulados o estafados, defraudados, decepcionados o engañados? ¿Están enojados y esperando la oportunidad de vengarse? ¿Se sienten inferiores, perdedores o avergonzados a causa de tu interacción con ellos? Y la gran pregunta: «¿Están dispuestos a volverlo a intentar?»

Hace poco contraté a una persona para un cargo importante. Al hacer todos los trámites debidos durante mi búsqueda, llamé a dos de sus antiguos jefes. Hice numerosas preguntas acerca de la estela de ambos lados, el lado de la tarea y el lado de las relaciones. Fue alentador escucharlos hablar acerca de su trabajo, de los resultados que conseguía y de la manera en que se sentían con ella sus compañeros de trabajo y los clientes. Insistí e hice preguntas acerca de sus debilidades. Mencionaron pocas cosas que produjeran una leve oleada en la estela y se trataba de cosas que podría mejorar. Presté atención porque en el caso de que la contratara también debía verme con esos aspectos de la estela. En mi opinión, coincidente con la de ellos, no eran cosas graves.

Sin embargo, al final les hice la gran pregunta: «¿La volverían a emplear?» No alcancé a terminar la pregunta que uno de ellos dijo: «De inmediato». El otro lanzó: «Sin ninguna duda». No vacilaron. *Esa era la respuesta que yo necesitaba*, porque provenía directamente de la estela que ella había dejado atrás. Dado que sé que esa clase de estelas es producto de lo que es una persona, puedo confiar en el tipo de estela que dejará en mí.

De ahí que esa fuera la manera en que yo quería que Brad evaluara a su ejecutivo de ventas. Que mirara la *realidad* completa de esa estela. Lo cierto es que su carácter, quién es él como persona, estaba dejando tras sí una estela que incluía mucho más que tan solo las cifras de ventas. A primera vista, la estela de la «tarea» se veía bien, hasta que uno comenzaba a ver todas las otras cosas que él iba dejando en aquella estela y que se estaban entrometiendo en la tarea misma (p. ej. tener a personas en puestos altos entretenidas con estas cuestiones, desenfocar al director y robarle tiempo de sus tareas, tener que emplear recursos para resolver los problemas que él ocasionaba y el posible y grave hueco que podría producir en el equipo gerencial). Todas estas son cuestiones que afectan la tarea, la misión y el saldo final. No estamos hablando de ser «agradable». Nos referimos a verdaderos resultados, resultados que vienen del carácter.

Y, del lado relacional de la cosa, decididamente la gente no estaba

haciendo esquí acuático por trabajar con él. Algunos habían sido deriva-
dos a la sala de emergencias y otros detestaban el clima que él generaba.
Prácticamente en todos los sentidos las cosas no se veían bien e incluso
con las personas que no tenían una visión negativa de él, como el director,
era porque se concentraban en los resultados inmediatos y no en el cáncer
mayor que estaba creciendo frente a ellos.

Al final, el director fue lento para hacer lo que debía, y la junta se involucró en el asunto. La súper estrella fue disciplinada por ciertas cosas y
se fue con una abultada indemnización. El director se fue tras él debido
a que el consejo le había perdido la confianza. No fue una estela saludable para ninguno de los dos si miramos hacia atrás. Y lo más triste del
caso es que no se trató de un problema de «negocios». Ni tampoco fue
un problema de «competencia». No fue un problema de «talento» ni de
«inteligencia» ni un fracaso para «cerrar un trato». Ni el gerente general
ni el ejecutivo de ventas carecían de estas cualidades y capacidades. Eran
personas dotadas, pero tenían algunas fallas en lo que deja una estela: **el
carácter**.

> Los problemas que ocasionó el ejecutivo de ventas más los
> problemas que tuvo el gerente general al tratar con esos
> problemas, fueron resultado de la manera de ser de ambos
> que los hizo manifestarse con una estela de fracaso.

En el caso del ejecutivo de ventas, sus capacidades relacionales dejaban
mucho que desear. Sus tratos interpersonales no solo dejaban gente herida por trabajar con él sino que también lo detestaban y deseaban abandonar la empresa como resultado de tener que trabajar con él o reportar
a él. No es una buena estela la que dejaba por ese lado. Y, en cuanto al
lado de la tarea en sí, aunque en apariencia lo hacía bien, *las dificultades
interpersonales se interponían en su camino de tal manera que las tareas
que cumplía se veían comprometidas en gran manera y finalmente queda-
ban en la nada*. Todo debido a las cuestiones del carácter y no debido a
cuestiones de «negocios».

Y lo mismo podríamos decir del gerente general. Él también era hábil y
capaz, pero *como persona permitió* que este ejecutivo literalmente partiera

en dos a la empresa y todo se fragmentara de tal manera que personas clave se vieran perturbadas o que pensaran en marcharse. Su incapacidad para lidiar del lado relacional de su trabajo eventualmente produjo que se deteriorara también el lado relacionado con el desempeño de su tarea en sí. En efecto, por culpa de sus debilidades personales perdió todo aquello por lo que había trabajado tanto. No es una buena estela, y todo por culpa de esa cosa llamada «carácter».

Una definición diferente de carácter

Como lo dije en el capítulo uno, cuando pensamos en el carácter o la integridad, por lo general pensamos en cuestiones relacionadas con la moral y la ética. Deseamos que alguien sea «confiable» o «fiel». Deseamos no tener que auditar sus números. Y si esas cosas están en su lugar, entonces dejamos el tema del carácter a un lado y nos ponemos a hablar de capacidades en los negocios o para el desarrollo, competencias y cosas por el estilo.

Sin embargo, cuando miramos al mundo real, *existen dimensiones del modo de ser de una persona que afectan profundamente los resultados, la estela, que van dejando y que decididamente guardan relación con la tarea* y muchísimas veces no reciben la atención que merecen. Por ejemplo, tomemos el caso del ejecutivo de ventas de Brad. ¿Crees que alguien alguna vez le preguntó en una entrevista laboral qué tal era para generar confianza con las personas y asegurarse que los demás sectores de la empresa también confiaran en él? Sin embargo, es evidente que él no contaba con esa capacidad interpersonal y eso hizo que al final terminaran todas sus iniciativas estratégicas (que eran extremadamente efectivas) por carecer de valor. En definitiva, eso terminó siendo lo más importante.

Del mismo modo, en su entrevista o capacitación, ¿cuánta atención crees que se prestó a su capacidad de recuperar la confianza perdida o restablecer una relación luego de un conflicto o de conseguir que otros miembros del equipo se sintieran valiosos y desearan brindarle todo su servicio? Evidentemente, no la necesaria, y tampoco da la impresión de que él haya prestado demasiada atención al desarrollo de tales aspectos de su personalidad. Al final, tuvo un alto costo tanto para él como para la empresa. Podemos observar que aunque esas dos habilidades son *rela-*

cionales por naturaleza, afectaron ambos lados de la estela: la relacional y la de la tarea.

Y lo cierto es que esas cuestiones surgen de lo que él es como persona, su manera de ser. A eso me refiero cuando hablo del carácter, lo cual incluye algo más que la moral y la ética. De manera similar, Brad, el gerente general, tenía su propio carácter o modo de ser que también afectaba su estela. ¿Crees que fue una falta de sentido para los negocios lo que creó todo este problema? Por supuesto que no. Él comprendía el mercado, las estrategias, las operaciones y los demás aspectos comerciales. También se daba cuenta de que tenía un problema con Brad. Todas aquellas llamadas de los abogados terminaron por darle pistas de la realidad. Sin embargo, al final, hubo algo en su forma de ser que no le permitió ocuparse directamente de esta cuestión.

La realidad es que él se volvió, sin ser necesario, *demasiado dependiente del desempeño de su ejecutivo de ventas y temía tener que enfrentar las cuestiones por delante.* Temía perderlo y perder su desempeño asombroso. También tenía miedo de confrontar a una persona a quien necesitaba tanto. No se creía capaz de llevar a cabo las duras confrontaciones necesarias. No se veía lo suficientemente fuerte como para enfrentarlo. En cambio, evitó el conflicto y trató de aplacar a los demás miembros del equipo administrativo, dándoles a entender que todo estaba bien cuando no era así. Al final, los perdió a ellos.

No obstante, Brad y su ejecutivo de ventas eran hombres de «carácter» en el sentido de que jamás mintieron ni engañaron a nadie ni tampoco hicieron tratos turbios. Ambos eran absolutamente responsables. Se ajustaban sin dudarlo al código ético de cualquiera. Pero ambos tenían lo que yo llamo cuestiones de «carácter» que los llevaron a sus problemas de desempeño. De manera que eso hace que necesitemos una definición de «carácter» que nos sirva, al fijarnos en las cuestiones que afectan el desempeño.

Carácter, modo de ser y capacidad

Permíteme explicarlo con una analogía. Si eres un general de las fuerzas armadas y necesitas que construyan un nuevo avión, te diriges a *Boeing* u otra empresa del rubro y les dices que necesitas un avión nuevo. Reúnen a sus ingenieros y antes de decidir qué tipo de material o de metal usarán en la construcción del avión, tienen que hacerte una pregunta importante: ¿Qué vas a hacer con este avión?

Si les dices que necesitas una aceleración a **600** millas por hora en fracciones de segundos, entonces lo diseñarán de una manera. Ellos consideran lo siguiente: «la característica de ese diseño no soportará ese motor. Comenzará a desintegrarse ante tal aceleración. Necesitamos un diseño con características diferentes (lo que sería el carácter o el modo de ser)».

Si les dices que el avión deberá poder volar a cuarenta mil pies para luego descender en el desierto y soportar determinado calor, o que más tarde ese mismo día deberá volar por el polo norte guiado por radar y soportar ciertas temperaturas bajo cero, comenzarán a buscar otra clase de materiales con características diferentes. Están pensando en el carácter del diseño. Si tiene que llevar carga o alcanzar altas velocidades o navegar largas distancias sin recargar combustible y, por lo tanto, economizar en el consumo; entonces el peso y otras cuestiones comienzan a ser específicamente importantes. Si el patrón de vuelo tendrá increíbles exigencias de maniobrabilidad a altas velocidades, la «integridad» del material deberá ser de determinada clase para que no se despedace con esos movimientos complicados. El carácter lo es *todo, según sean las exigencias a las que se expondrá el diseño.*

Del mismo modo que las realidades de las fuerzas, el tiempo, la temperatura, la gravedad y otras cosas ejercen presión o exigencia al metal que debe resistir para cumplir con su cometido y no destruirse, hay *realidades que ejercen presión o exigencia a las personas y deben resistir para cumplir con su cometido y no destruirse.* Y el carácter de la persona es lo que determina su capacidad de hacer frente a esas demandas de la realidad; es decir, las demandas o exigencias que encontramos en el mundo real. Por lo tanto, la definición de la que partiré para los propósitos de este libro es la siguiente:

Carácter = la capacidad de enfrentar
las demandas de la realidad.

En los negocios y en todos los aspectos de la vida, las demandas de la realidad nos salen al encuentro. Y así como las características (el carácter) del metal determina si el avión podrá superar ese calor o esa exigencia, el carácter de una persona determina si podrá superar cada situación. Su manera de ser, su integridad, podrá triunfar o no. Podrá hacer frente a la exigencia, dejando tras sí una estela de metas alcanzadas y de personas satisfechas solo si su carácter puede enfrentar esa exigencia o demanda.

Las demandas de la realidad son muchas y variadas. Hay exigencias interpersonales como personas difíciles y relaciones que uno debe negociar y hacer que funcionen. Todos han experimentado esta realidad, cualquiera sea el nivel de empresa en el que haya operado. El propietario se pregunta luego de una remodelación: «¿Habría salido mejor esto si hubiera tratado de forma diferente con aquel contratista?» El padre sale de la reunión con los maestros de su hijo preguntándose: «¿Habría tenido una mejor oportunidad mi hijo si yo hubiera tratado mejor con ese maestro?» El jefe marcha por el pasillo preguntándose: «¿Obtendríamos mejores resultados si yo hubiera sido capaz de enfrentar las cuestiones de esa persona de manera más efectiva?» Y todos se han preguntado alguna vez: «¿Me iría mejor si de alguna manera hubiera podido llevarme mejor con mi jefe?» Y siempre está presente la realidad de hacer que las personas o un equipo de personas confíen en ti lo suficiente como para hacer que las cosas marchen bien.

Por el lado de la tarea, también siempre están presentes las demandas de la realidad. Piensa en las realidades que hacen que el metal de tu carácter se vea exigido: Has dado la vida por un proyecto durante meses, compruebas los resultados y son malos. ¿Qué sucede en tu interior? Algunas personas reaccionan de manera proactiva y ponen de inmediato manos a la obra, redoblan los esfuerzos, se sienten lúcidos, se aplican a la tarea con todo su empeño y sus habilidades. Revierten la situación. Enfrentan la exigencia de la realidad de los malos resultados enfrentándolos cara a cara. Se exponen y hacen. Sin embargo, otras personas se pierden en un agujero negro, se sienten perdedores, tienen miedo, se sienten miserables, entran en pánico, pierden el control o se repliegan. Los resultados negativos los doblegan.

Otro ejemplo: Te han dado una nueva oportunidad, proyecto o tarea. Las posibilidades son enormes. Sin embargo, trae consigo la realidad de grandes exigencias. Hay que atravesar una etapa en la que no habrá recompensas y las personas te cuestionarán todas tus decisiones por ir en determinada dirección. Implicará un riesgo y la posibilidad de fracaso conlleva una enorme pérdida. Por otro lado, habrá oportunidades para moverse demasiado rápido. Será necesario que te contengas y pienses de manera estratégica antes de hacer el siguiente movimiento, y luego reunir el valor para hacerlo. Debes ser capaz de postergar la gratificación y seguir avanzando mientras todo se construye. ¿Y si en medio de todo aparece una nueva oportunidad atractiva, pero que te distraería y te haría dispersarte? ¿Podrías negarte? ¿Tienes las agallas para deshacerte de lo que te está distrayendo? ¿Y si están involucradas personas que necesitas quitar del medio o despedir? ¿Y si debes llamar a los inversores o al banco y pedirles más dinero? ¿Tienes «estómago» para eso?

Según tu forma de ser, cuando se presenten tales exigencias o les harás frente y tendrás éxito, dejando una estela de resultados, o tu forma de ser se verá sobrepasada por ellas. Para algunos, la oportunidad en sí misma provoca un problema. El riesgo es demasiado atemorizante, la presión demasiado grande y el temor sobrepasa el talento, la inteligencia y las capacidades. El *status quo* es más cómodo, aunque no lo es en realidad. O, te sientes demasiado frustrado con el proceso, comienzas a buscar atajos y terminas por arruinarlo todo. *Al final, siempre manda el carácter.*

Según mi experiencia como consultor del liderazgo, estas clases de cuestiones personales son las que hacen la diferencia entre los que lo logran y los que no. Cuando debatía acerca de este libro con una mujer cuyo marido es el director de una gran empresa pública, me dijo: «Esto es sumamente importante. Jamás son las cuestiones de negocios las que estresan a David. Al contrario, le encantan. Lo que siempre lo estresa es el problema que ocasiona *una persona. Siempre es el lado personal el que crea los problemas, el estrés o que arruina los objetivos».* Se trata de alguien que opera con miles de millones de dólares y, sin embargo, ve las cuestiones del carácter como las que le generan estrés.

De modo que mi objetivo en este libro es prestar atención a las «cuestiones personales» que hacen que las personas tengan éxito o que evitan que lo alcancen. A través de los años he tenido el privilegio de trabajar o de ser consultor de algunas personas muy exitosas, y hay motivos que las hacen ser así. Las he observado y vez tras vez fui testigo de los resultados de su carácter.

Y como consultor, he visto los problemas que ocasionan estas cuestiones personales del carácter incluso en personas de inteligencia brillante y con increíbles talentos. Lo que deseo hacer aquí es ser específico acerca de cuáles son esos elementos del carácter que hacen que todo vaya en un sentido o en el otro, y al hacerlo, yo te brindo un patrón útil por medio del cual crecer para ser la persona que pueda enfrentar cualquier cosa que la realidad te exija que hagas. Cuando haces esto, *tu inteligencia, tus talentos y tu potencial se cruzarán con la realidad y terminarán generando una estela que te satisfará y será provechosa y disfrutable para los que te acompañan.*

Deseo inspirarte esperanza así como a quienes trabajan contigo o de quienes eres responsable. Como veremos, el carácter puede cambiar y crecer. Esa es la parte más emocionante. Las cosas que te han impedido que seas todo lo que puedes llegar a ser no necesitan seguir siendo la ocasión de tu caída o descenso. Cuando detectas lo que es, puedes cambiarlo.

Tristemente a muchos les enseñaron que esto no puede suceder y, cada vez que escucho esto, me siento desilusionado. Hace poco hablé con un joven que estaba a punto de graduarse de una de las escuelas de negocios más importantes del país, y me dijo que en sus cursos sobre liderazgo había aprendido que el «carácter no cambia. Tienes que asegurarte de escoger a personas de buen carácter porque con eso tendrás que lidiar. El carácter ya está fijado de antemano». Casi pego un salto de la silla porque nada podría estar más lejos de la verdad. La persona crece y cambia cuando alguien le provee las experiencias adecuadas y al pasar por esas experiencias, tiene una reacción correcta.

Por cierto, el carácter es tan «definido» como una *estructura* de una casa. Una vez que la construyes, es bastante probable que permanezca siendo como es. Sin embargo, eso no significa que porque ya esté hecha así no puedas ir y comenzar a derribar paredes y agregar otras para que quede definida con otra forma distinta. Son dos cuestiones diferentes. Que algo sea una estructura durable no significa que no pueda transformarse. Todo depende de qué tipo de inversión está uno dispuesto a hacer para producir ese cambio y si vale la pena para las partes involucradas.

De manera que estuve de acuerdo con él pero desde otra perspectiva.

Siempre deberíamos escoger a las personas con el mejor carácter posible, debido a lo que he estado diciendo. Es lo que produce los resultados que buscas y, ¿por qué razón escogerías intencionalmente a alguien que no está correctamente equipado o a quien tengas que cambiar o restaurar? Convengamos que la selección y el crecimiento son dos cosas distintas. Contrata y elige para trabajar con los mejores, pero jamás te olvides que todos siempre podemos cambiar y superarnos. De modo que si mucho de tu propio éxito y resultado está en juego, entonces desearás hacer la inversión que produzca cambios, sin considerar dónde necesites crecer. Y también ayudar a quienes trabajan contigo o de quienes dependes. Esa es la esperanza que puedes tener. Lo he visto trillones de veces.

No obstante, para crecer tenemos que saber qué es el carácter, cómo se ve y finalmente qué relación tiene con la realidad. ¿En dónde coincide con la vida real? Esta es la pregunta a la que procuraremos dar respuesta.

3

Integridad

—¿**P**or qué no haces lo mismo que muchos millonarios que tienen fortunas como la tuya? —le pregunté a un amigo—. Comienzan a comprar equipos deportivos, empresas de aviación y cosas por el estilo.

—Porque no sé nada de esos negocios —me respondió—. Mi negocio es lo único que conozco a profundidad. De manera que no intento involucrarme en negocios que no entiendo.

—Pero eso no es cierto —protesté—. Conozco otros negocios en los que has invertido. Me contaste de algunos.

—No, no es así. Jamás invierto en otros negocios, excepto el mío.

—¿Y qué me dices de… —y mencioné al menos cinco en los que yo sabía que él había hecho importantes inversiones.

—No invertí en esos *negocios*. Yo invertí en la *gente*. Nunca invierto en negocios de los que no conozco nada, pero sí puedo invertir en una *persona*. Si conozco su carácter, su historia, su forma de manejarse, su sentido del juicio, qué clase de riesgos consideran aceptables, cómo se desempeñan y cosas por el estilo, y los conozco *bien*, entonces invertiré. Sin embargo, no ando comprando negocios de los que no sé nada.

Íbamos en el auto rumbo a una actividad cuando él dijo esto y creo que durante varios kilómetros permanecí mudo reflexionando en lo que él había expresado. Fue un cuadro tan claro de lo que hace falta para tener éxito… No siempre lo es el «mercado» ni la «estrategia» ni los «recursos». Son las *personas*. Cuando cuentas en tu equipo con las personas correctas, podrán hacerse cargo de un mercado que no les es propicio. Hallarán la manera de que funcione. Cuando avanzan y notan que su estrategia no es la correcta o no está funcionando, se adaptan y reparan la situación. Cuando se quedan sin recursos, o descubren por dónde se están perdiendo, o consiguen nuevos. Sin embargo, si no tienes las personas de las cuales él hablaba, entonces puedes perder en un mercado favorable con una gran estrategia y con toneladas de recursos.

Lo que él estaba describiendo era una imagen de lo que es el carácter en acción. No obstante, se trata de una clase particular de carácter. Es un carácter con «integridad». ¿Y qué es «integridad»? Como lo mencioné en el capítulo uno, cuando nos preguntan acerca de la integridad, solemos pensar en los aspectos morales y éticos de la integridad. Y es absolutamente esencial que esas cosas estén siempre presentes. Como veremos en la parte sobre la trascendencia, sin esos aspectos de la integridad sobre los que uno manifiesta los valores, todo se desmorona. La estructura de la vida (desde las relaciones hasta las sociedades), depende de que la estructura moral y ética permanezca intacta y se practique.

No obstante, mi amigo hablaba de algo más que eso. Se refería a todo un cuadro general de desarrollo, desde ganarse la confianza hasta obtener los resultados y la utilidad de la inversión. Y así es la forma en que debemos pensar acerca de la «integridad», si es que pretendemos ver resultados en algún aspecto de la vida.

La integridad es el carácter, la ética y la moral. Sin embargo, es más que eso según el mismo diccionario *Oxford* y la historia que nos expresa de la palabra integridad. Presta atención a las definiciones del diccionario *Oxford* (o cualquier otro):

1. Cualidad de ser honesto y tener principios morales firmes; rectitud moral. «Se conoce por ser un hombre íntegro».

(Este es el primer aspecto del que hablamos y necesitamos al pensar en el carácter. Pero hay más.)

2. Estado de ser *completo* e *indiviso*: «Tener integridad territorial y soberanía nacional».
3. Condición de estar *unificado, no deteriorado y firme en su construcción*. «La integridad estructural de la novela».
4. Consistencia interna o *falta de corrupción* en los datos electrónicos.

Y, los orígenes de la palabra que podemos ver en el significado en latín, como *intacto, integrado, integral e íntegramente*. El concepto significa que «la totalidad de la cosa está funcionando bien, no está dividido ni viciado, está integrado e intacto». Cuando hablamos de integridad, nos referimos a ser una persona completa, una persona integrada, con todas las partes de nuestro ser trabajando bien y cumpliendo las funciones que se les solicitó que desempeñaran según su diseño. Se trata de la *entereza* y la *efectividad* como persona. En verdad «funciona con todos los cilindros».

De eso hablaba mi amigo. Él le daría millones solo a la persona que no tuviera un mísero hueco en su bote. No sería suficiente con que fuera alguien que sepa vender bien, que tenga una buena idea o un buen plan de negocios. Para que alguien pudiera obtener su dinero, tendría que ser una persona con buen juicio. No sería suficiente con ser agresivo o alguien dispuesto a asumir riesgos. La persona tendría que ser capaz de terminar las cosas que inicia y no alguien que deja montones de buenas ideas sin concretar, sin llevar a cabo, dispersadas por ahí. Debería saber que la persona tiene una «buena estela» y eso viene de tener una caja *completa* de herramientas.

¿Es pedir demasiado?

A estas alturas sería natural comenzar a preguntarse: «¿Qué estás diciendo, que para que alguien sea exitoso debe ser capaz de hacerlo *todo* bien? Nadie hace todo bien. Todos tenemos fortalezas y debilidades». Y eso es correcto. Es más, las investigaciones y la experiencia nos muestran que capitalizar nuestras fortalezas y evitar nuestros puntos débiles es un concepto esencial. Cualquiera que supone que un visionario, por ejemplo, debería ocuparse de los detalles de una hoja de cálculos no comprende lo que son las capacidades individuales. En primer lugar, sería un desperdicio si George Lucas usara su tiempo para hacer llamados y vender películas a los distribuidores. O si Tiger Woods tuviera que negociar y hacer tratos con Nike. Estoy seguro de que si Tiger fuera un negociador o un ejecutivo de ventas malo, aun así sería capaz de ganar el campeonato de golf. Y lo que es más, si él intentara ser una «persona completa», definida, como alguien que hace todo, probablemente *no* ganaría el campeonato porque estaría descuidando sus talentos, invirtiendo tiempo en hacer algo que probablemente no haga bien en vez de hacer lo que solo él puede hacer. Si yo fuera un inversor, desearía que Tiger se concentrara en el golf y no en los negocios.

De manera que esta no es la idea. Todos tenemos fortalezas y debilidades, y necesitamos obrar en esos aspectos fuertes en los que somos talentosos y dotados. Lo que deseo transmitir es acerca del carácter que parece *trascender* los dones, los talentos y otras maneras de pensar acerca de las «fortalezas». Las cosas que habremos de analizar son necesarias en la vida de Tiger, porque la falta de una de ellas comenzaría a afectar su carrera. Como veremos, son cosas que afectarán al golf, ya sea que él decida o no algún día manejar sus negocios o vender su nombre, su rubro, su imagen, sus productos y demás. Y esto es así también en cuanto a su contador y a su agente de negocios así como de quien cumpla cualquier otra función en su reino. Idea principal: *las cuestiones del carácter afectarán una o dos cosas que hagas bien, olvidando cualquier necesidad de hacer el resto.*

> Otra manera de expresar esto mismo es que si bien no necesitas todos los dones existentes, sí necesitas contar con todos los aspectos del carácter al poner todos tus dones en marcha.

Por ejemplo, veremos que un aspecto del carácter es puramente «relacional» en su naturaleza. Y podríamos afirmar que hay personas que son «dotadas en los aspectos relacionales», y que deberían concentrarse en un campo que les permita usar esos dones. Tendrían que estar en recursos humanos o en psicología o en atención al cliente. Sin embargo, como hemos visto en el capítulo anterior, el ejecutivo de ventas necesita las capacidades relacionadas del carácter incluso aunque no necesite tener el «don natural» para un puesto orientado a las personas. No obstante, aun los que están en «empleos orientados a las personas» fracasarán si no tienen otras capacidades del carácter, tales como la habilidad de detectar la verdad de una situación y verla con claridad (otra dimensión del carácter a la que le prestaremos atención). Si les falta esa capacidad que no es tan relacional en su naturaleza, entonces su expresión de su campo *de habilidad* sufrirá enormemente. El carácter trasciende los dones y el contexto de la expresión de esos dones.

De manera que el concepto de integridad que necesita *entereza* en todas los aspectos del carácter no niega la realidad de que no somos talentosos en todos los campos de actividad ni tampoco la realidad de que obtenemos mayores logros cuando trabajamos en algo relacionado con nuestros dones. Lo que quiere decir esto es que si no tenemos integridad de carácter, la entereza de carácter funcionando de formas que describiremos, *entonces nuestra capacidad de capitalizar nuestras fortalezas se verá seriamente afectada.* No hay dudas de que Rick, en el capítulo anterior, trabajaba en su campo de talento que eran las ventas. Sin embargo, lo liquidó una falta de entereza en la integridad del carácter, no en su campo de talento. Necesitamos nuestros dones o talentos, pero sin entereza de carácter (o lo que llamamos integridad), nuestros dones terminarán siendo inútiles o menos productivos. Puedes ser el mejor diseñador del mundo, pero si nadie te habla o no puedes terminar un pedido a tiempo, terminarás diseñando el interior de un contenedor de escombros. También tienes que ser capaz de «entregar los resultados», no importa tu nivel de talento. De manera que analicemos cómo es este carácter capaz de producir los resultados capaces de «enfrentar las demandas de la realidad» o de ser una persona de «integridad».

El carácter que entrega los resultados en el mundo real

¿Qué es entereza? Hay muchas maneras de analizarla y varias definiciones.

De ninguna manera considero que la mía sea «la correcta». Lo que intenté hacer es tomar las dimensiones del funcionamiento del carácter que he visto que más afectan la eficiencia de las personas para colocarlas en un modelo que nos ayudará a analizarnos a nosotros mismos y crecer. Puedo asegurarte que por ahí hallarás muchos otros buenos modelos acerca del carácter y de la integridad. Lo que intenta hacer este es transmitir los aspectos más diferentes del funcionamiento del carácter que afecta los resultados. La mayor parte de mi trabajo con líderes ha sido cuando existe alguna clase de problema en los *resultados*: resultados relacionados con la tarea o la misión, o los resultados con las personas. Y, como hemos visto en el caso de Brad y Rick, resultados en la interacción de los dos.

Lo que he intentado hacer aquí es tomar aquellos aspectos del carácter y colocarlos en funciones que tienden a ser diferentes unas de otras (por lo tanto, diferenciadas), y al mismo tiempo relacionadas unas con las otras (por lo tanto, integradas). Si tenemos esta combinación, entonces podemos concentrarnos en los *aspectos* específicos de nuestra manera de ser y, al mismo tiempo, enfocarnos en la totalidad de nuestro ser y procurar que todo funcione en unidad. Esto es lo que produce resultados y eficiencia, es decir, cuando podemos concentrarnos lo suficiente en temas específicos para crecer y como resultado hacer que todo funcione en unidad. Fijémonos ahora en cuáles son esos aspectos del carácter:

1. La capacidad de relacionarse de manera auténtica (que lleva a la confianza)
2. La capacidad de estar orientado a la verdad (que lleva a descubrir y a operar en la realidad)
3. La capacidad de trabajar de manera que produzca resultados y termine bien (que lleve a alcanzar objetivos, beneficios o la misión)
4. La capacidad para aceptar, involucrarse y tratar con lo negativo (que lleva a dar por terminados los problemas, resolverlos o transformarlos)
5. La capacidad de estar orientado al crecimiento (que lleva justamente a crecer)
6. La capacidad de trascender (que lleva a la ampliación del cuadro general y de uno mismo)

Si las personas son capaces de funcionar bien en estos aspectos, la buena estela será virtualmente inevitable. Sus dones son capaces de llegar a buen término en el mundo real y obtener resultados magníficos para propósitos significativos. Y las personas con las que se consigue esto, así como aquellos para quienes alcanzan tales metas, son mejores por haber estado con ellos. Del mismo modo, mientras seamos incompletos en estas cosas se producirá un efecto real en nuestros resultados tanto funcional como relacionalmente. Lo veremos en la estela.

A estas alturas del debate será difícil ver por completo a qué me refiero respecto a lo que todo esto significa en realidad. Sin embargo, si les das un vistazo superficial, comprobarás por qué es clave considerar a la «integridad» como una «integración de todas las partes», y por qué si no estamos intactos como personas, lo que significa que uno o más de estos aspectos esté subdesarrollado, faltante o no disponible, estaremos en problemas.

Por ejemplo, ¿qué pasaría si alguien fuera bueno en el punto cuatro: la capacidad para enfrentar las situaciones negativas y resolverlas? Sería un buen solucionador de conflictos. Sin embargo, digamos por ejemplo que le falta la quinta cualidad y tiene escasa orientación hacia la generación de crecimiento. Terminará siendo alguien que «mantiene», repara lo que está roto, soluciona los problemas, pero no hace que ninguna de las cosas buenas que existen sea mayor ni tampoco se expanda hacia nuevos campos. Con el tiempo, y no demasiado tiempo, la persona dará indicios de estar estancada y sabemos lo que sucede con cualquier empresa, organización o persona que da estos indicios y deja de crecer: comienza a retroceder y los indicadores todavía no reflejan el descenso. Si no crecen, a menudo se están muriendo. Una línea recta y plana es por lo general el comienzo de una línea descendente.

O, como lo sugerí antes, qué tal si alguien es bueno para establecer contactos, generar confianza con la gente y tratarlos de una forma que estreche lazos. Sin embargo, hay una verdadera debilidad en su orientación hacia la verdad y tiene puntos ciegos que lo mantienen apartado de ciertas realidades. Luego, termina forjando relaciones con personas o en situaciones en las que se le presentan señales de advertencia para que no lo haga, para que no siga adelante. No verá el mal respecto a alguien o a una situación. Habrán algunas consecuencias reales al tomar decisiones, en sus alianzas y en su capacidad de enfrentar los problemas resultantes, y al final el fruto de todo eso. El término vulgar para esto es: *él es demasiado crédulo*. Sin embargo, proviene de la falta de otras partes que van integradas en la confianza, de manera que la capacidad de confianza sea pura y no esté corrompida.

Existen muchos otros ejemplos de lo que ocasiona la falta de integración del carácter y los veremos, pero es suficiente con afirmar que la integración o ser incompleto en estos aspectos de desempeño es un grave problema con resultados reales para las personas tanto en el aspecto personal como profesional. El motivo es que el opuesto a integración es *compartimentalización*. Eso significa que una parte de nosotros puede operar sin contar con el beneficio de las otras partes y eso ocasiona problemas.

Seguramente has conocido a personas que aman, por ejemplo, sin el beneficio del juicio y la prueba de la realidad. O personas que son creativas, pero sin el beneficio de ser estructuradas y organizadas. O aquellos que pueden ser proactivos y asumir riesgos, pero que no pueden esperar ni diferir cuando necesitan hacerlo. Son impulsivos. *Las fortalezas se convierten en debilidades cuando se carece de la otra parte que permite el equilibrio.* Es más, históricamente la palabra *diabólico* en realidad significa «compartimentalizar». Las cosas marchan «mal» cuando están fuera de equilibrio y de integración. La persona de «integridad» es una persona de una integración equilibrada de todo lo que implica el carácter.

La brecha

Además de la integración o de la entereza, existe también el problema de bajo desarrollo de estos aspectos; algo a lo que nos referiremos con mayor detalle a lo largo del libro. ¿Qué sucede cuando estamos poco desarrollados en uno de estos aspectos críticos? En primer lugar, significa que somos humanos. ¡Esa es la buena noticia! La naturaleza de la raza humana es que jamás alcanzamos la «entereza» ni la «madurez» en el sentido pleno de la palabra. Siempre habrá lugar para mejorar. Hay una «brecha» entre lo que somos en determinado momento, la realidad, y el ideal de la elaboración del yo, la realidad final. De modo que no te sobreexijas.

Si tomas cualquiera de estos rasgos del carácter, podemos concebir o al menos pensar en lo que podría llegar a ser la perfección de esa capacidad: Un relacionador o un solucionador de problemas «impecable». Sin embargo, la realidad indica que ninguno de nosotros ha llegado hasta ahí. Estamos en algún punto entre la escasa habilidad para hacer relaciones y el ideal. Entonces, el escaso desarrollo deja una brecha entre el sitio donde nos encontramos en determinado momento y a dónde necesitamos llegar. **Esa brecha es nuestra necesidad y nuestra oportunidad de crecer**.

Es también el sitio donde ocurre la disfunción y la interrupción de nuestro intento por alcanzar los objetivos y las relaciones. Recuerda, el carácter es equivalente a la capacidad de enfrentar las exigencias o demandas de la realidad. De manera que para alcanzar nuestras metas y desarrollar nuestras relaciones debemos ser capaces de negociar esas realidades o estas nos aplastarán, detendrán, herirán o frustrarán. Los lugares en los que somos *poco desarrollados* son precisamente en los que tenemos problemas. Si recuerdas, en el capítulo uno, me referí a tres maneras específicas en las que esto ocurre:

1. Chocar contra un techo o límite en el desempeño que es mucho más bajo que las aptitudes personales
2. Chocar contra un obstáculo o una situación que te hace descarrilar
3. Alcanzar un gran éxito solo para autodestruirte y perderlo todo

El crecimiento del carácter es lo que nos asegura que estas tres cosas no sucedan o que, con el tiempo, sucedan cada vez en menor grado.

Además, al no cerrar la brecha entre el lugar donde nos hallamos y el que deberíamos estar, se podría ocasionar un problema mayor si no tenemos integridad de carácter. El mayor problema es que nos volvemos «disfuncionales» en el más real sentido de la palabra. Con todo lo que se ha hablado en estos últimos años acerca de las familias, los equipos de gestión, las personas y demás que son disfuncionales, quizás sea bueno definir lo que quiero decir con ese término.

No estoy hablando de *imperfección*, ni de que cometas errores o que tengas aspectos de inmadurez, de debilidad o con defectos. Esas cosas significan que eres humano. Esa es la «brecha». La imperfección es normal, esperada e incluso emocionante y divertida a la hora de enfrentarla y trabajar en ella. Ser mejor y crecer resulta divertido. Lo que quiero decir con *disfuncional* es algo mucho peor que la necesidad natural de mejorar.

Disfuncional en el sentido en que yo lo uso significa que alguien no solo es imperfecto en una capacidad, sino que *el esfuerzo en dicho aspecto ocasiona más problemas, o una brecha mayor, de los que resuelve*. En otras palabras, mejor hubiera sido que la persona no lo hubiera intentado, porque el resultado final es peor que de donde partieron.

Es probable que hayas trabajado con alguien que, cuando no iba a trabajar, permitía que el equipo o la empresa fuera mejor o hiciera más. Se podía lograr más cuando estaba ausente que cuando intentaba contribuir. O la persona que intenta resolver el conflicto con alguien pero empeora las cosas. En su intento por resolver, estas personas no solamente reiteran los errores originales sino que también agregan nuevos. Van a pedirle disculpas a una persona por algo y terminan gritándole o culpándolo en el mismo pedido de disculpas. Hubiera sido mejor que no apareciera para pedir disculpas.

Es como el viejo problema de intentar limpiar el parabrisas con un trapo grasiento y cada esfuerzo lo deja peor. En estos casos, sería mejor que la persona se quedara de brazos cruzados y no hiciera nada. Esto es la disfunción: cuando el esfuerzo por hacer que algo sea mejor, termina por empeorarlo. Y ahí es cuando estamos en problemas. Tanto la falta de integración como la falta de desarrollo pueden producir eso.

Avanzar hacia realidades mayores: la necesidad de crecer en integridad

¿Qué hemos visto hasta ahora? Primero, hay algo más que ser exitoso en el cumplimiento de las metas y en las relaciones personales, que ser competente y capaz de construir alianzas y redes. Al final, el carácter termina haciendo que todo funcione, y definimos carácter como la capacidad para enfrentar las demandas de la realidad.

Segundo, el carácter tiene componentes o rasgos y aspectos de funcionamiento en los que opera. Esos contextos son los lugares verdaderos en los que nuestro ser y la realidad interactúan y se producen resultados que pueden ser positivos o negativos.

Tercero, además de los rasgos del carácter, necesitamos la «integración» del carácter o «integridad». Esa es la «condición de ser *unificado, no deteriorado y firme en su construcción*, según la definición del *Diccionario Oxford*. Tan solo piensa cómo sería si pudieras estar unificado con todas tus capacidades y potencial. ¿Qué podría detenerte? Entonces, seguramente no estarías «deteriorado» y ninguna debilidad u obstáculo podría retrasarte o hacerte retroceder. Serías tan «firme en tu construcción» que finalmente se cumplirían los propósitos para los que se diseñó el «metal». Podrías verdaderamente enfrentar las demandas que cualquier realidad arrojara a tu paso y ser fructífero al final. Serás capaz de resolver cualquier cuestión relacional difícil que se te presente. Si aparece un grave problema de negocios o una situación compleja, negociarás hasta llevarla a buen término. Como eres humano, por supuesto que no lo lograrás a la perfección; pero lo harás de manera eficiente y fructífera a medida que se desarrolla el proceso.

De modo que esto nos brinda la visión para nuestro recorrido a través de esta perspectiva de la integridad. Mi forma de verla se divide en tres:

1. Ver en la realidad la naturaleza de los resultados, los frutos y el éxito. Esto significa enfrentarse al hecho de que la naturaleza de la realidad es que solo podremos encararla según sea nuestro nivel de integridad del carácter. No hay atajos, trampas ni engaño posible, ni ninguna otra manera de ser exitosos si no poseemos lo que cada situación exige de nosotros. Debemos doblegar la rodilla ante la necesidad de desarrollo personal. Según sea el grado al que lo hagamos, nos estaremos acercando a nuestra meta, cualquiera que esta sea. En el grado en que lo evitemos, nos apartaremos de ella.

2. Comprender los componentes del carácter en sí. Diagnosticar un problema es gran parte de la cura. Comprender cuál es la cuestión real nos lleva a saber qué hacer. Al observar y analizar con cuidado lo que hace funcionar a los seis aspectos del carácter, sabremos en qué debemos concentrarnos en nuestro desarrollo personal. Seremos capaces de ver exactamente qué nos está reteniendo y entonces atenderla en su totalidad para comenzar a crecer.

3. Trabajar hacia la plena integración del carácter y la entereza como persona. En vez de compensar lo que falta, pidiéndole a nuestros

puntos fuertes que hagan cosas para las cuales no se diseñaron, podemos comenzar a obtener la fortaleza que brinda la verdadera integridad: sin fisuras en la armadura. Al integrar y ser completos, cada vez que demos un paso, no habrá una disfunción que nos haga terminar dos pasos atrás. La integración brinda la mayor cantidad de entereza para todos los involucrados, y la mejor estela vayamos donde vayamos.

¿Qué clase de fuerza?

Una de las palabras que se aproxima bastante a carácter o integridad en su significado es el término hebreo que se traduce por «virtud». Si buscas sus orígenes y significados, uno de ellos es «fuerza». Alguien virtuoso es una fuerza, y una fuerza siempre deja un resultado. Cuando un huracán azota una ciudad, puedes observar los resultados de su fuerza. Cuando el viento sopla sobre el agua o a través de los árboles, puedes ver el resultado de su fuerza.

Del mismo modo, cuando avanzas por la vida, y pasas por la empresa u organización, por tu carrera y por tus relaciones, tu carácter será una «fuerza». La pregunta es: «¿Qué tipo de fuerza será?» ¿Será una fuerza virtuosa que expondrá las bondades? Cuando aplicas energía y fuerza de carácter a una meta o a un proyecto, ¿esa fuerza traerá fruto? Cuando aplicas energía o fuerza a una relación, ¿habrá un buen resultado? De muchas maneras, como veremos, dependerá de ti. Eso es una buena noticia. Entonces, la meta es desarrollar estos aspectos del carácter que tienen la promesa por la cual un inversor inteligente firmaría cheques por millones a favor de alguien que las tuviera, sin siquiera saber mucho acerca del negocio en sí. Ese puedes ser tú y tu equipo.

De modo que, vayamos tras los seis aspectos de la integridad del carácter que nos ayudarán a generar confianza, ver la realidad, obtener resultados, resolver problemas, generar crecimiento y hallar un significado trascendente.

II

PRIMERA DIMENSIÓN DEL CARÁCTER

Generar confianza

4

Generar confianza
por medio de la relación

me llamaron para resolver una situación de fusión de empresas dentro de la industria del cuidado de la salud. Dos empresas pensaban unirse y, por lo tanto, el directorio debía elegir un nuevo líder de la entidad resultante. Un innovador, cuyo fuerte era el mercadeo y el desarrollo de la marca, dirigía una de las empresas. Sus fortalezas estaban en proyectar una visión y descubrir cómo posicionar una línea de productos o servicios de manera tal que hiciera pensar al mundo que los huevos fritos eran un invento reciente. Experimentó el crecimiento en cada lugar que estuvo. Muchos pensaban que era la mejor opción para dirigir la nueva empresa.

La otra empresa la dirigía un hombre distinto con un origen muy diferente. Su fuerte eran las operaciones y el análisis cuantitativo y había hallado maneras de hacer que los negocios complicados fueran productivos. Era una persona conocida por su optimismo y su capacidad para la solución de los problemas, emanaba energía positiva y tan pronto se le presentaba algún obstáculo se concentraba en eso y lo resolvía. Para él no había un problema que le resultara imposible de conquistar y tenía la temeridad para salir al encuentro de las situaciones difíciles.

En ese entonces la industria de la medicina estaba en una etapa de grandes cambios ya que la administración de proveedores de salud y la organización de mantenimiento de la salud (HMO's por sus siglas en inglés) avanzaban en la absorción de todo el mercado. Para que las empresas tuvieran ganancias en un terreno de pagos combinados, ausencia de seguro por terceros, la mitad de reembolsos de lo que habían pagado por servicios unos años antes y complicados debates contractuales que confunden a todos en cuanto a quién es el cliente, en realidad era, por lo menos, confuso y desalentador. En especial cuando las empresas han erigido estrategias, infraestructura, servicios, productos y equipos para hacer frente a un mundo que está desapareciendo con rapidez. En consecuencia, el directorio eligió al genio analítico con la firme convicción de que realmente necesitaban su forma de ser cerebral para hallar un camino en medio de ese terreno tan complicado.

Y además era un tipo agradable.

Esta mañana en particular el nuevo presidente debía dirigirse al directorio mayor de ambas empresas en su primera reunión como equipo. Era el día especial de la nueva familia fusionada, en la que el nuevo líder los llamaría a ser uno, a proyectar la visión, establecer el tono de la nueva entidad y poner todo de sí para convertirse en el ejército que regiría el mundo. Debido a la importancia del momento uno podía percibir la ansiedad reinante en aquella habitación.

El nuevo presidente pudo desplegar sus fortalezas al presentar su análisis de la industria, las fuerzas que llevaron las cosas hasta donde estaban y las oportunidades que generaba un mundo tan cambiante. Su perspectiva era que los recursos y los talentos de la nueva combinación de empresa era exactamente lo que se necesitaba para hacer que las cifras sombrías se convirtieran en números positivos. Quedaba en claro que su cerebro operaba en otra dimensión y si hubieras estado presente, ya no percibirías el pesimismo del aspecto de la salud sino que reconocerías que aún existían fórmulas por medio de las cuales se podía operar y hacer prosperar un negocio.

Entonces sucedió. Él finalizó su presentación y abrió la charla a la posibilidad de formular preguntas. La primera fue de una mujer que dijo:

«Luego de considerar algunas de las iniciativas estratégicas de las que usted habló, comienzo a preguntarme qué sucederá con mi división y mi gente. En estos últimos años hemos lanzado una gran reestructuración y he movilizado gente de todo el país, traje algunos de otras empresas y armé un presupuesto acorde para mantener esa estructura funcionando así al menos durante dos años. Si leemos entre líneas, con ambas empresas en esta dirección, comienzo a preguntarme qué sucederá con algunos de los caminos que hemos abierto y con parte de este personal. Me refiero a que observo que existe la posibilidad de que se produzca una enorme reestructuración».

Cuando hablaba acerca de las personas, uno podía escuchar la preocupación en su voz e incluso notarla en sus ojos. Ella era una gerente experimentada que también hacía un poco de entrenadora, un poco de madre y de administradora de la carrera de su gente. Uno notaba que la parte humana de lo que ella estaba preguntando era un factor tan importante como la del negocio. Al mismo tiempo daba la sensación de que muchos de los otros gerentes tenían en su cabeza otra imagen de los empleados, porque se preguntaban a quién tendrían que despedir o trasladar. Eso generó una sensación de urgencia entre todos.

«Bien, eso no será un problema —expresó el nuevo presidente—. No tendrá que preocuparse en absoluto de eso debido a las filiales que surgirán a partir de la estrategia fusionada.

Luego dio algunas cifras que confirmaban sus ideas.

—Habrá mucho trabajo por hacer y creo que en ese sector no perderemos a nadie. No se preocupe por eso. No va a pasar. Allí, junto a la pared… ¿su pregunta?

Mientras los ojos de todos en la habitación se dirigían hacia la persona que haría la siguiente pregunta, me quedé mirando a la mujer que había preguntado antes. Tenía los ojos vidriosos. *No la había tomado en cuenta*. No importaba una jota lo que él había dicho sobre los números o si habría trillones de nuevas líneas de productos. Ni siquiera importaba si él tenía razón. Lo que importaba, según lo que expresaban los ojos de ella, era que él ni siquiera había comprendido lo que representaba estar en sus zapatos, dirigir a cientos de empleados que se habían mudado con su familia luego de abandonar otros empleos y confiar en ella su futuro. Él ni siquiera había reparado que ella tendría que vérselas con toneladas de correos electrónicos y llamados de parte de personas reales que estaban atemorizadas, y ella temía por ellos. Y él tampoco se dio cuenta de que su rápida respuesta no arreglaría nada de esto. Y ella, al igual que los demás que estaban en la sala, *se dio cuenta de que él no la había comprendido*.

La siguiente pregunta provino de un hombre y se refería a la estrategia en sí: «Usted dijo que podríamos fusionar algunas de nuestras líneas existentes en una fuerza de venta de administración y cuidados. Me pregunto cómo irá a funcionar esto. Mi experiencia es que los equipos que tratan con médicos tienen orígenes y fortalezas muy distintas que aquellos que negocian contratos con los pagadores. Me preocupa cómo haremos para fusionar esas dos culturas y unificarlas para la tarea. Puedo ver que algunos de los hombres de ventas estarán hundiéndose en los ambientes de las grandes instituciones. Podría ser muy difícil». Cuando él dijo esto, los demás de la habitación comenzaron a asentir, a mirarse unos a otros y a susurrar entre sí de la manera en que lo hace la gente cuando alguien ha dicho algo con lo que ellos concuerdan.

—Eso no será un tropiezo —respondió con rapidez el nuevo presidente—. Las nuevas líneas de productos se ocuparán por sí mismas de cualquier cosa faltante en su experiencia del pasado. Prácticamente se venden solas, de manera que la gente se adaptará rápido y no tengo dudas de que será mucho mejor. Las cifras lo apoyan.

Observé al hombre que había formulado la pregunta. Tenía una mirada fría y un tanto socarrona. Podría afirmar que no era la expresión de alguien que se preguntaba: «¿Me estoy perdiendo algo?» sino «¿Realmente cree que no vamos a tener problemas con los vendedores?» Fue como si no pudiera creer que su preocupación quedara descartada con esa sencilla explicación. La sala se percibía más silenciosa que un rato antes.

—¿Alguien más? —preguntó el presidente.

—Yo tengo una pregunta —dijo otro de los presentes—. ¿Qué va a pasar con nuestro paquete de beneficios? Existen muchas diferencias entre ambas empresas y la manera en que se cubren las cosas y se invierte. Sé que gran parte de la motivación de nuestro grupo proviene de las garantías ya incorporadas, ¿se ampliará para abarcar a la otra parte de la empresa, o nos tendremos que ajustar a ellos? Me parece que esto implicará que tengamos que rehacer muchos paquetes compensadores.

—Eso se resolverá. Creo que cuando la gente aprecie el cuadro general de lo que está sucediendo aquí, estarán contentos con el conjunto en su totalidad. Cualquiera hayan sido los paquetes de beneficios previos, quedarán ensombrecidos por las nuevas posibilidades. Ya verán, les encantará —fue el aliento del presidente.

Lo que él no veía es que la gente *no* iba a entusiasmarse teniendo que sacar a sus equipos de un lugar en el que estaban conformes. El que formulaba la preguntaba sabía que entre el cambio en los beneficios del empleado y que a esa persona «le encantara el futuro» estaba el aparato para el asma de su hijo de doce años y varias visitas a la sala de emergencia.

Uno podía percibir el aire reinante al ir saliendo de la habitación. La gente seguía siendo atenta y considerada con el presidente, pero los sentimientos habían cambiado. No es que hubiera algo malo ni tampoco un enorme estorbo en el camino, pero la energía se había esfumado. Yo observaba los rostros de las personas y sus ojos vidriosos. Era como que no estaban ya allí. Sé muy bien, por experiencia, cuándo una audiencia te acompaña y cuándo no, y este grupo estaba ausente.

El presidente dio lugar a un par de preguntas más y mencionó una que otra iniciativa y luego dio por finalizada la reunión. Él y yo terminamos saliendo por unas puertas dobles rumbo al vestíbulo. Antes de que las puertas se cerraran, se dirigió a mí con una sonrisa de oreja a oreja y me dijo:

—¿No fue fantástico? Todo salió maravillosamente bien.

Su energía era claramente perceptible.

—¡No! —le respondí—. No fue para nada maravilloso. Fue una de las peores reuniones en las que me ha tocado estar. Perdiste toda relación con ellos. No lograste relacionarte con ninguna de sus preocupaciones. De manera sistemática irrumpiste en esa sala para decirles que lo que les preocupaba no era algo cierto. Invalidaste toda su experiencia y sus temores.

—Lo que quiero decir es que los perdiste, los hiciste a un lado, y ahora tendrás que hacer algo para volver a atraerlos. Fue espantoso.

Me sorprendió un poco la rudeza con la que me expresé acabado de salir de la reunión, pero era la absoluta verdad.

—No es cierto —replicó con incredulidad en el rostro—. ¡No hice eso!

—¿Lo ves? Acabas de hacerlo de nuevo, y ahora conmigo. Negaste e invalidaste todo lo que estuve intentando decirte. No me escuchaste para nada. No comprendes cuando las personas te transmiten lo que están experimentando. Eso fue lo que quise decir.

Intenté explicarle de qué manera lo había hecho, pero no lo captó.

¿Por qué? No porque le faltara talento, inteligencia ni competencia. Fue por la falta de integridad del carácter en el sentido que lo hemos descrito: «unificado, pleno, no dividido, sano y firme en su construcción». Al hacer su seguimiento durante todo el año siguiente, pude comprobar la falta de estas características en esta situación y en toda la estela que fue dejando.

En menos de un año ya no estaba con la empresa.

Ahora bien, este es el punto. Era un hombre muy agradable y compasivo. Habría sido capaz de dar su vida por cualquiera de esas personas e incluso por sus empleados y sus familias a quienes ni siquiera conocía. Él era esa clase de persona. Cuando alguno cumplía años o una de las recepcionistas de la oficina festejaba algo, él era quien se encargaba de que compraran un regalo, consiguieran una torta y colgaran globos. Le encantaba hacer sentir bien a las personas y las trataba bien.

Sin embargo, y aquí es necesario hacer una pausa, su manera de ser *estaba lisiada y no era plena*. Aunque se preocupaba por los demás, era incapaz de relacionarse con lo que las personas realmente pensaban, sentían y experimentaban. En consecuencia, por más que se preocupara, ellos no solían experimentar una verdadera comprensión de su parte y se sentían ignorados. Podía ser una persona agradable y alentadora, pero no se sintonizaba con lo que la gente experimentaba, sentía y pensaba de alguna manera que les hiciera notar que había escuchado su corazón.

Eso fue lo que sucedió en aquella reunión y continuó sucediendo en su liderazgo. No pudo hacer sentir a la gente que él se compenetraba con la realidad de ellos. Aunque él obtenía su atención, por el puesto que ocupaba, *no ganaba el corazón de ellos*. Y esto no era solo en cuanto a la cuestión emocional como la mujer que estaba preocupada por su gente, sino también con el negocio en sí y las realidades estratégicas que otros tenían. Él escuchaba los hechos, pero si tenía otra realidad, ellos no percibían que él los hubiera escuchado en absoluto.

Para dar un ejemplo, volvamos a aquella reunión y veamos qué cosas pasó él por alto. Cuando la mujer mencionó a las personas que ella había tenido que trasladar y las cosas a las que se habían volcado de lleno durante dos años, ¿qué habría sucedido si su forma de ser lo hubiera llevado a ponerse en el lugar de ella? ¿Y qué habría sucedido de haber tenido esa clase de empatía que deseara conocer cómo era la situación de ella y cómo habría de salir? En síntesis, de haberla acompañado en su situación en vez de decirle por qué su experiencia era equivocada, habría sido algo como esto:

«¡Qué cosa tan grande!… Has invertido mucho de tu vida y la de los demás en esto. ¿Durante cuánto tiempo han experimentado esto?»

«¿Cuántas son las personas que se mudaron? Debió de haber sido muy difícil pedírselos y para ellos, hacerlo. ¿Qué tal te fue? ¿Fue muy desordenada esa reestructuración?»

«Al ponerme en tu lugar, comprendo tu preocupación por ellos. Supongo que ellos también estarán atemorizados. … ¿Qué cosas te han planteado? A lo que me refiero es que ya han pasado por todo este cambio y ahora otro más. … ¿Hay alguien que quiera irse?»

«Así que estás tratando con personas que están muy preocupadas e inseguras. Me alegro mucho que te preocupes por ellos».

«Por supuesto que comprendo tu preocupación. Yo me sentiría igual. Quisiera decirte lo que pienso al respecto, y luego tú me dirás qué opinas. Dime si consideras que esto los ayudaría o si crees que necesitamos entender algo más».

¿Puedes percibir la diferencia en la sala? Si él se aproximaba a la realidad y a la experiencia de ella, y se identificaba, habrían estado juntos en eso y el resto de los presentes también. Él los tendría consigo porque habrían sentido que los comprendía y se conectaba con el lugar donde estaban y lo que estaban viviendo. Y con «tenerlos consigo» no quiero decir que los manipulara a su antojo. Los tendría verdaderamente de su parte al preocuparse e involucrarse con la experiencia de ellos. Se hubieran contenido mutuamente.

Ahora bien, quiero destacar un punto importante. Es probable que, en definitiva, *no hubiera tomado decisiones diferentes de las que tomó.* Quizás tenía razón acerca de las nuevas oportunidades que arrasarían con todo lo que hubieran estado haciendo antes, y al final eso realmente sería bueno, tal como él lo expresó. Si él hubiera prestado atención a lo que les preocupaba, no tendría que haber cambiado nada al final. Él era el líder y en definitiva esa era su decisión. Comprender a alguien no significa que uno vaya a estar necesariamente de acuerdo con él.

Pero sí significa que si quieres que te acompañen en tu decisión final y que confíen en ti, tienes que comprender dónde se encuentran y en primer lugar unirte a ellos en ese lugar que están. Si tienes hijos en Phoenix y quieres llevarlos a Disneyworld, no importa cuán bueno sea eso para ellos, deben primero querer subirse al auto. Y la gente no se va a subir a un automóvil con alguien en quien no confíen o que piensen que no los comprende. Confiamos en las personas que pensamos que nos escuchan, que nos comprenden y que son capaces de identificarse con nuestra realidad tan bien como con la suya. Por esa razón se entrelazan las capacidades para relacionarse y confiar.

Más que interesarse: No basta con ser amable

Al final, la confianza tiene que ver con el corazón y es alguien que invierte en ti de todo corazón. Y si ganas la confianza de las personas, su corazón, también contarás con su deseo y con su pasión. Corazón, deseo y pasión van de la mano. Sin uno, no obtienes el otro. Por eso algunos líderes solo obtienen conformidad, pero no consiguen captar el mayor esfuerzo de la gente. Por esa razón hay padres que obtienen obediencia en un corto plazo, pero no niños autónomos que *desean* ser lo mejor que puedan por ellos mismos. Estos líderes y estos padres se limitan a imponer su voluntad sobre las personas.

Sin embargo, los buenos captan la voluntad del otro, su verdadero deseo, y lo hacen relacionándose primero con ellos. Esta es la diferencia entre el padre que le dice al adolescente que «deje de reunirse con "esos chicos"» y aquel que se sienta y trata de descubrir qué obtiene el jovencito al andar reuniéndose con «esos chicos». Es decir, ¿qué están haciendo «esos chicos» para captar una porción del corazón del hijo que ni los padres ni sus valores logran captar? Esa será la única manera en que un padre podrá lograr que su hijo pase de la conformidad a estar «dispuesto» a aceptar los caminos de sus padres.

Querer es un término muy interesante. Por lo general pensamos en él en términos de voluntad y elección. «¿Quieres hacer algo?» es preguntar si quisieras elegir hacer determinada cosa. Sin embargo, en otro sentido, por ejemplo en griego, *querer* significa «desear» o «deleitarse» en algo. Si quieres algo, es porque realmente lo *deseas*. Cualquiera que alguna vez haya querido depender de la «voluntad», por ejemplo, dejar de hacer algo que realmente deseaba, habrá visto qué triunfa al final. La voluntad y el tratar de tomar buenas decisiones no puede competir con el verdadero *deseo* del corazón, porque allí está la pasión. Por ejemplo, no conseguirás perder peso hasta que tu más profundo deseo sea estar saludable. El corazón siempre es más fuerte que el mero poder de la voluntad.

Por lo tanto, ¿cuán lejos consideras que aquellas personas de la sala estarían dispuestas a recorrer el difícil camino de cambio por alguien que no se relaciona con su corazón? ¿Cuánto *deseo* sentirán de sacrificarse por la misión? No irán muy lejos ni se sacrificarán mucho. Podrán estar «comprometidos» con su deber, pero no estarían comprometidos a seguirlo.

¿Cuán lejos consideras que piensa llegar un cónyuge con alguien que no hace ningún intento por comprender y relacionarse con el lugar donde él o ella se halla en ese momento o lo que está experimentando en la relación? A medida que pase el tiempo, cada vez menos. El amor comienza a menguar y la pasión deja de alimentar el compromiso como alguna vez lo hiciera. Ahí es cuando estarán en peligro si no tienen un deseo más profundo de llevar a la práctica sus valores y compromisos, por encima de lo que sienten, como veremos más adelante. Sin embargo, si alguien se siente comprendido y relacionado, es una historia muy distinta.

Podemos observar esto no solo en los grandes ejemplos, tales como una fusión de empresas, salvar a un adolescente de las malas compañías o hacer que un matrimonio funcione, sino también en las pequeñas. Es probable que hayas pasado por una experiencia similar a la que yo tuve el otro día en un restaurante. Pedí un plato de sopa y estaba a temperatura ambiente. Me encanta la sopa, pero no que esté fría.

Llamé al camarero y le dije:

—Disculpe, pero la sopa está fría.

De inmediato el hombre exclamó:

—Eso es horrible. No ha venido hasta aquí a tomar una sopa fría. Es lo peor. Enseguida se la cambio.

Me encantó. Él me comprendió. Recuerdo que pensé: «Regresaré a este lugar». Y eso que todavía no había tomado la sopa, pero sentí que allí había alguien que estaba de mi lado.

Hay veces en que no se puede hacer nada, pero saber que alguien está de nuestra parte, hace que sea distinto. «Tiene razón. Yo tampoco la querría así. Sin embargo, nuestro ___ se rompió y me será imposible calentarla. Qué pena… ¿Qué otra cosa podría servirle?»

Yo podría haberme desilusionado por la sopa, pero me encantó el restaurante. Ellos se interesaron por lo que yo sentía. No obstante, ¿qué hubiera pasado si el camarero me dice lo siguiente: «Para mí está bien así. No veo nada de malo. Yo la probé antes. Pero si no la quiere, le traeré otra cosa»? En este caso hay una desconexión y no es lo mismo. No percibo que se involucre. ¿Quién recibirá mejor propina?

El segundo camarero podrá haber sido «amable», como lo fue nuestro líder del ejemplo anterior, pero no fue comprensivo. El que comprende es el que gana al cliente que no solamente decidirá regresar sino que deseará regresar.

Esto es más que ser «amable». Toda la literatura sobre éxito o liderazgo te dirá que debes ser amable pero no tonto. En realidad, las personas investigan temas como estos. Han probado que los líderes o jefes malos, antagonistas y contradictorios no generan pueblos ni culturas prósperas ni florecientes. Imagina eso. ¿Quién financió esa investigación?

El mayor interrogante tiene que ver más con por qué los que aparentan ser «buenos muchachos» no lo logran. ¿Por qué las «buenas parejas» se divorcian? ¿Por qué los «padres amorosos» tienen hijos que se descarrilan y se unen a la contracultura? ¿Por qué algunos líderes realmente buenos no pueden captar el corazón de su gente? A veces es porque en lo que a conducta humana se refiere, ser amable o bueno, no basta. Tenemos que relacionarnos y esa es una dimensión completamente distinta del carácter. ¿Qué dimensión es esa?

Involucrarse con el «otro»

Fundamentalmente lo que implica este componente del carácter es el involucrarse con el «otro». La conexión es el opuesto a la «indiferencia», donde una persona es una especie de isla en sí misma. Ahora bien, no hay que confundir esto con ser introvertido o extrovertido. Aquellos son estilos que pueden usarse tanto en el servicio de relacionarse como en la indiferencia. Puedes ser muy extrovertido, e incluso muy agradable con las personas pero jamás establecer un lazo profundo. Es más, la verborragia del extrovertido puede incluso mantener a alguien a la distancia y jamás permitir que se acerquen.

La indiferencia es cuando no acortamos distancias ni nos involucramos en el mundo del otro con la curiosidad y el deseo de conocerlo, comprenderlo, estar «con» él, hacerse presente y terminar por ocuparse de él. Es lamentable, pero muchas personas agradables y atentas son indiferentes en este sentido y sus relaciones sufren debido a esto.

Las personas se sienten apreciadas y se genera confianza cuando saben que tenemos un interés genuino por conocerlas, por saber de ellas y hacer que lo que sabemos nos importe. Hace poco hablaba de este tema con el gerente general de una empresa, y él me contó una historia que le había afectado en forma personal. Tuvo que despedir a algunos empleados, según las directrices de la empresa matriz, y esa determinación sería dolorosa para algunas personas. Al debatir el asunto en el equipo de administración y al planificar, se les solicitó a los líderes de división que se ocuparan de ese tema. Sin embargo, como lamentaba que esas personas perdieran su empleo, quiso hablar personalmente con ellos. Hacer esto en forma personal era para él un acto de interés y preocupación. Estaba preocupado por el dolor y el estrés de ellos.

En una de las reuniones él le dijo a uno de los empleados que iba a perder su empleo y cuánto lo lamentaba. Le dijo que lo sentía mucho por él y que comprendía cuán difícil sería esta situación. También le dijo que deseaba decirle personalmente que no había sido una decisión tomada a la ligera y que esperaba que todo se resolviera de la mejor manera para él. Le expresó que lo valoraba mucho, porque quería que el hombre lo supiera. Lo que este empleado le respondió le causó sorpresa y le llamó la atención:

«En realidad, lo comprendo. Así son los negocios. Hay que despedir personas y a veces no hay nada que se pueda hacer al respecto. Es la mejor decisión comercial y jamás lo tomaría como algo personal. Será difícil pero es parte de la manera en que funcionan los negocios. Sin embargo, permítame decirle lo que me afecta de manera personal, lo que me duele y lo que sí me molesta.

»Yo trabajo en la otra punta del pasillo y he estado allí bastante tiempo. Lo veo todo el tiempo. Y esta es la primera vez que me dice algo más que simplemente un saludo con la cabeza o un "hola". Básicamente ni siquiera reconoce que yo estoy allí y eso me molesta muchísimo más que el hecho de que me esté despidiendo».

El gerente se quedó petrificado. Jamás se le habría ocurrido que ese fuera su proceder y puedo afirmar que le afectó y me dijo que jamás permitiría que eso volviera a suceder. En medio de todo el ajetreo y el trabajo se había vuelto indiferente y no se había involucrado con el «otro» al menos al grado que le permitiera sentirse que importaba.

En esencia, la relación es la experiencia de una persona de que otra invierte en él o ella. Comienza en la infancia, cuando un bebé nace y su madre se involucra en su ser y su existencia. Importa lo que ese bebé siente y experimenta y entonces se crea un lazo. Eso continúa durante toda la infancia y los niños que crecen con conexiones profundas son los que crecen seguros y más capaces de enfrentar la vida. Son más las investigaciones que prueban eso que las investigaciones de cualquiera otra cosa. Es un hecho. No obstante, olvidamos que relacionarse no es solo importante para los bebés y los niños sino durante toda la vida.

En el trabajo, en el matrimonio, como padres, en las amistades, en los negocios, la relación se produce cuando una persona hace una verdadera inversión emocional en la otra, y esa persona lo experimenta y lo retribuye. Para hacer esto, hace falta tener el carácter que nos permita salir de nosotros mismos lo suficiente como para conocer, experimentar y valorar al «otro». Y, como ya veremos, debe hacerse de una manera en que el «otro» lo sienta o experimente.

¿Qué establece una conexión?

Si ser amable no es suficiente y una conexión profunda es lo que importa, entonces, ¿cómo se logra? ¿Qué hace esa cualidad del carácter para ganarse el corazón de otras personas y generar ámbitos laborales y personales exitosos? Analicemos algunos de los elementos que permiten esa relación.

Empatía

Si observamos a nuestro líder que no lo logró, ¿qué es lo que le faltaba? En una palabra, *empatía*. La empatía es la capacidad de ingresar en la experiencia de otra persona y conectarse de tal manera que uno puede en verdad *experimentar* en cierto grado lo que el otro está viviendo. Es «como si» uno fuera la otra persona, al menos durante un momento. Empatía proviene de términos griegos que significan «en» y «sentimiento». Es como si estuvieras «en el sentir» del otro.

Eso es lo que le faltaba al nuevo gerente general. No hacía que la gente viera que él podía identificarse con lo que sentían, que podía comprender su situación y ponerse en su lugar. Y si no tenemos la sensación de que alguien sabe lo que es estar en nuestro lugar, lo que digan tiene poca credibilidad. Si él consiguió comprender lo que el otro siente y si pudo hacerle entender que lo comprende, sus respuestas, que probablemente sean correctas, se aceptarán. Como resultó, las cosas que dijo eran bastante acertadas, pero no estuvo allí suficiente tiempo como para poder decir: «Te lo dije». De todos modos, eso es algo que jamás diría la gente que verdaderamente manifiesta empatía. Tener la razón no es su mayor valor sino comprender a los demás y relacionarse con ellos.

La empatía requiere algunos componentes del carácter. Primero está la capacidad de sentir y ser sensible. Si las personas se apartan de sus emociones, entonces tendrán pocas probabilidades de sentir lo que sienten los demás. Ser una persona empática significa que has superado la *indiferencia* en tu carácter. Significa que, en primer lugar, no eres indiferente a tus propias emociones. No estoy diciendo que debas ser sentimental, algo que en sí mismo suele ser una falsa emoción. Significa que estás consciente de la calidad de tus verdaderos sentimientos. Las personas que no se conectan con sus propios sentimientos están limitadas en su capacidad de sentir empatía hacia los demás.

Segundo, quiere decir que tienes buenos límites. Eso significa que cuando percibes lo que alguien está sintiendo, te das cuenta también que es su experiencia y no la tuya. Los límites son el componente del carácter por el cual tomamos conciencia de que somos alguien separado del otro. Las personas que se pierden en lo que otra persona está sintiendo por lo general son útiles. Se sobreidentifican y suelen hacer cosas ridículas. El padre que se sobreidentifica con la experiencia de su hijo pierde la capacidad de ser un apoyo o el que ejerza la disciplina. Se transforma en el ámbito de que «esto me hace sufrir más a mí que a ti» y no son de ninguna ayuda cuando asumen esa postura. No pueden pasar por las situaciones con el niño y a la vez mantener distancia.

En realidad, no es un problema de pérdida, de temor ni de conducta del padre. Los padres tienen que darse cuenta de esto, y de que no pueden vivir la vida del hijo ni hacer que el dolor no exista. Y, a la inversa, si sus límites son demasiado firmes y no pueden atravesar esa muralla y sentir empatía, entonces la conexión se pierde. Es una cuestión de equilibrio. Cuando sientes empatía, sientes por la otra persona, pero permaneces consciente de que no se trata de *tu* experiencia. En ese sentido, puedes constituirte en un puente hacia una experiencia nueva y diferente de la que están teniendo, como por ejemplo la esperanza.

Tercero y, en cierto sentido la condición *sine qua non* de la empatía es la capacidad para escuchar de una manera que *transmita comprensión*. Cuando escuchamos, oímos. Y puede ser que comprendamos. *Sin embargo, si no podemos transmitir que estamos escuchando de una manera que le permita al otro saber que hemos comprendido, entonces no habrá empatía.* No habrá relación.

Las posibilidades indican que el gerente general escuchó y que estuvo oyendo. Si le hicieras una prueba acerca del contenido de cada pregunta, es probable que hubiera podido brindar ese dato. Podría haber dicho que el primero estaba preocupado por su gente y el cambio en la dirección de avance, y que el segundo se preocupaba por la falta de conexión entre dos fuerzas de ventas y sus potenciales clientes, y el tercero por las necesidades del personal en cuanto a beneficios y seguridad. Sin embargo, el hecho de que haya escuchado y obtenido la información, no significa que haya escuchado de una manera que transmita entendimiento. No hubo empatía.

Escuchar y comprender verdaderamente solo ocurre cuando

La otra persona entiende
que tú entiendes

Y eso solo sucede cuando tu carácter se conecta lo suficiente como para salir de su propia experiencia e ingresar en la experiencia del otro. Hacer eso exige una forma de ser que no es indiferente ni centrada en sí misma. Es realmente atravesar la línea divisoria o, como lo llamó Martin Buber, establecer la relación «yo-tú». El otro es una persona y no una cosa ni un objeto. Se trata de un ser humano real con el que te relacionas y te conectas, y él lo sabe porque tu conexión te hace expresarlo:

«Esta fusión pareciera haber generado algunas cuestiones difíciles en la vida de todos ustedes, y hoy quiero estar seguro que comprendo lo que sucede y cómo podremos pasar juntos por esto».

¿Puedes imaginar la energía que se habría producido en aquella sala si él hubiera dado por iniciado el bloque de preguntas y respuestas de esa manera? Habría presenciado el inicio de un verdadero equipo que trabaja en forma conjunta para ser uno, a medida que cada uno transmite cuál ha sido su experiencia y de qué manera se vieron las cosas afectadas. Todos hubieran comenzado a tratar de ayudar al otro a medida que aumentaba la empatía por cada uno. He observado esa dinámica y es algo asombroso. «Bien, he hallado un magnífico director de traslados para mis empleados directos. Pon a tu equipo en esos grupos y únete a nosotros». O, «¡Qué terrible! Yo pasé por eso en mi empleo anterior. Aquí está lo que hice y eso aclaró las cosas». Formas de unidad en torno al cuidado mutuo basado en la empatía. Sin embargo, eso viene de salir de la propia experiencia para involucrarse en lo que es ser la otra persona y luego cerrar el círculo haciéndoles saber que los has escuchado. Así es como sucede:

Ellos hablan → tú experimentas con ellos → transmites lo que escuchaste y sentiste acerca de su experiencia → luego ellos experimentan que tú los hayas escuchado. Entonces, sabrán que estás «con ellos».

Cuando se les comunica de tal manera, no solo tú escuchas y comprendes sino que *la otra persona entiende que tú entiendes*, y se produce la conexión. No se producirá, ni el corazón del otro estará en sintonía con el tuyo, hasta que se dé esa secuencia que mencionamos. Para esto hace falta tener un corazón abierto y que se ocupe del otro.

Hace poco hablé sobre este tema en una conferencia de liderazgo con presidentes de empresas. Aquella noche, durante la recepción, se me acercó un hombre y me relató la siguiente historia:

«Soy el propietario de una empresa manufacturera en el noroeste de la costa del Pacífico y durante el año que pasó estuve trabajando en una adquisición. Se trata de una gran empresa que podría lograr grandes cosas para nosotros desde el punto de vista estratégico y yo he insistido hasta el máximo en conseguirla. Sin embargo, mi gerente general de las finanzas y mi gerente administrativo están en contra. Y lo han manifestado durante bastante tiempo.

»Mientras tanto, yo pensé que ellos estaban boicoteando el trato y me molestaba su actitud. El ambiente no ha sido bueno, las cosas no han salido bien y en cierto punto son negativas. He presentido una división entre nosotros, aunque hemos seguido trabajando en otros proyectos.

»Sin embargo, hoy, luego de la sesión sobre este asunto de "conectarse" (incluso los hombres de negocios captan la idea), regresé a mi habitación y llamé al gerente general. Le dije que a mi regreso quería que ambos nos tomáramos un día para que yo pudiera escuchar cuáles eran sus preocupaciones acerca de la fusión de ambas empresas. Le dije que reconocía que no lo había estado escuchando ni en realidad había comprendido qué cosas eran las que lo preocupaban y *que realmente deseaba saberlas.*

»Cuando dije eso, se produjo un silencio del otro lado de la línea, y luego exclamó: *"¿Harías eso? ¿En serio?"* En su voz se alcanzaba a percibir el impacto que esto le había producido. Y luego comenzó a hablar a mil por minuto. *Pude percibir cómo fluía nuevamente la energía en nuestra relación.* Volvía a ser él mismo, y recordé lo que yo tanto valoraba y me gustaba de él. Puedo afirmar que, más allá de lo que suceda, las cosas serán muy distintas. Se produjo una conexión diferente.

»Por eso quiero que alientes a las personas a que pongan esto en práctica. Es asombroso y me ocuparé de ver qué han estado pensando y sintiendo estos dos colaboradores míos acerca de esta situación. ¿Quién sabe? Quizás he pasado algo por alto, pero como sea, será para bien».

Fue fantástico ver cómo alguien se apartaba de su propia experiencia para relacionarse con aquellos a quienes trataba de liderar en vez de tironearlos imponiendo su voluntad. La energía que él percibió es el beneficio colateral de la conectividad. Es la *fuerza vital* que alimenta toda clase de iniciativa, pasión y logro, en todos los aspectos de la vida. Y es lo opuesto a la ausencia de energía presente en la sala con el gerente general de la empresa de salud. En aquella situación, al igual que en la empresa del hombre del último relato antes de su llamado, reinaba una atmósfera depresiva, aburrida y sin vida. A veces es complicado y difícil de definir o explicar, pero no es difícil de sentir para alguien que esté atento. Tan solo busca en tu memoria y recordarás alguna ocasión en la que saliste de una reunión con un jefe u otra persona, y comentaste a un amigo: «No me entendió». Sabes lo que significa no ser escuchado y por esa razón un carácter que se conecta jamás quiere producir esa experiencia en otro que le interesa. No desea que nadie sienta que «no lo comprendieron».

La conexión y el asesino de la confianza

Si involucrarse en la realidad del otro, validarla y tratarla con respeto produce una conexión, ¿qué la destruye? El opuesto: la *invalidación*. La invalidación se produce cuando la experiencia de una persona es todo lo que existe para él. Entonces, niega la experiencia del otro tratándolo como si no fuera real o no existiera. Eso es lo que hizo el gerente general de más arriba. De inmediato no permitió que en su realidad hubiera espacio para la realidad de los demás:

«Bueno, eso no será un problema».

«No tendrás que preocuparte por eso».

«Eso no será un estorbo».

«Les encantará».

Aunque esas declaraciones reflejaban lo que él sentía, estaban tan lejos de donde se hallaban los demás que era como tratar de darse la mano a través del cañón del Colorado. Mientras que estas afirmaciones podrían ser ciertas, al pronunciarlas de inmediato sin primero conectarse con la persona, estaba aniquilando la realidad del otro y haciendo que se cerrara por completo. Es lo mismo que me hizo a mí a la salida de la reunión. Mi experiencia fue que la reunión había sido espantosa. Cuando lo dije, descartó de inmediato todo lo que yo había pensado o sentido respecto a ello. «No es cierto», me dijo, sin conectarse en absoluto con mi experiencia. La negó directamente.

La zona comprometida para las personas que no se conectan se produce cuando tienen una realidad diferente del otro, e incluso una serie de hechos que saben que son verdaderos. En esas ocasiones, les parece demente «sumarse» a la «verdad» de otro que saben que está equivocada o incorrecto. Tienen miedo de validarlo si no están de acuerdo porque temen que eso parezca que le están dando credibilidad a algo que saben positivamente que no está bien.

Sin embargo, ese no es el punto. Por supuesto, la comunicación muchas veces se trata de la persuasión y de llevar a una persona a una perspectiva distinta. Sentir empatía y validar lo que alguien experimenta no significa que uno siempre concuerde o siquiera piense que el otro tiene razón. Solo significa que consideras *válido que esa sea en realidad su experiencia*, y confías en esa persona y le demuestras que comprendes lo que piensan y sienten. Y eso viene al percibir y preocuparse por el corazón del otro, y comunicarlo estés o no de acuerdo. Tienes que conectarte primero.

No obstante, en ocasiones significará que si te conectas aprenderás del otro también y puede que cambies la manera en que percibes el asunto. Por esta razón la comunicación nos ayuda a conocer al otro y nos permite ampliar nuestro entendimiento de la realidad. Recuerdo cierto proyecto de consultoría en que se produjo una ruptura entre dos departamentos de una empresa constructora. Tenían un conflicto recurrente porque el personal de obra no informaba los costos a tiempo al departamento contable, por lo que el personal de ese departamento estaba siempre disgustado con ellos. En respuesta, la gente de obra estaba cansada de que los vieran como problemáticos y se mostraban agrios con la oficina central.

Cuando los reuní, ambos me relataron su lado de las cosas y me dijeron por qué el otro estaba equivocado y no se mostraba razonable. Solo les interesaba que los otros vieran que su postura era la correcta. El personal de contabilidad hablaba acerca de vencimientos y plazos y cuándo necesitaban los informes, y la gente de obra hablaba del trabajo en sí que debían hacer y que era más importante que el papeleo. No estábamos llegando a ninguna parte. En ese momento vislumbré una salida.

Le pedí a una de las damas que trabajaba en la oficina de contabilidad que relatara cómo era su día cuando la gente de obra no le entregaba las cifras que necesitaba. Relató que primero hacía una llamada recordatoria. Al hacerlo, su asistente debía controlar eso. Mientras esperaba, su jefe entraba y se molestaba por la demora. La presionaba. Ella se sentía tensa.

Luego comenzaba a atrasarse en otras cosas. Le entraban otras llamadas por cosas que se suponía que debió de haber hecho mientras se ocupaba de rastrear la demora de la información. Entonces, se sentía todavía más atrasada por estar apagando todos esos incendios a la vez. Uno puede observar el efecto dominó que se produce hasta que al llegar al final del día ella dice: «Cuando por fin consigo la información, tengo que quedarme después del horario del trabajo para teclearla para la reunión al día siguiente con los directores del proyecto y...» Se le quebró la voz y los ojos se le llenaron de lágrimas. «Lo siento... cuando llego tarde a casa, me pierdo de estar con mi hija».

Cuando dije que había visto una salida, no tenía idea de que llegaríamos a esto. Solo quería que la gente de obra escuchara cuál era la realidad del trabajo del personal contable y cómo su conducta afectaba el día de ellos. Pensé que la empatía surgiría cuando vieran los problemas que les estaban ocasionando. No tenía idea de que el efecto en cadena llegaría hasta una pequeña de tres años. En cuanto ellos tomaron conciencia de *esa* realidad, la empatía se transformó en deseo, y el deseo terminó en un cambio. Sin embargo, mientras se producía la invalidación de la otra parte, eso jamás ocurrió.

El personal contable también debió dejar de invalidar al personal de obra y escuchar lo que significaba para ellos detener su trabajo para cumplir con las entregas de los números de una manera que interrumpía su labor. Luego de escucharlos, ambas partes hallaron juntas una solución con un tiempo flotante que otorgó flexibilidad y resultó mejor para ambos. Y al final, fueron felices.

La conexión y la confianza se producen cuando un corazón se une a otro. La invalidación deja de lado al otro y este se cierra. Piensa en los contextos de la vida cuando una persona tiene la capacidad de conectarse con otra: En lo comercial, se cierran tratos y se producen ventas. Empleados y empleadores se sirven mejor y se alejan las discusiones. Los conflictos se resuelven dentro de las relaciones contractuales y se evitan los juicios. Las demandas por mala práctica se evitan cuando el médico escucha y comprende lo que el paciente y su familia han pasado como resultado de un error. En las relaciones personales se sanan los matrimonios cuando un cónyuge cerrado por fin escucha y comprende lo que el otro siente y experimenta. Los hijos descarriados se recuperan cuando perciben que por fin se escucha su visión de las cosas y viceversa. Los problemas con la familia extendida y con los hijos adultos se restauran cuando cada uno se comienza a conectar con el otro. No hay un contexto de la vida en que escuchar y conectarse con el otro, con su experiencia y su realidad, resulte infructuoso.

Lo triste es que la mayoría de las veces las personas que invalidan la experiencia del otro no tienen consciencia de que están haciendo algo destructivo. Es más, piensan que están ayudando. El gerente general, según lo reveló su propio comentario, pensó que había sido útil para las personas que estaban en la reunión. Cuando él dijo: «Eso no será un problema», creyó que producía alivio a la ansiedad de una persona cuando en realidad la estaba aumentando.

Todos hemos experimentado alguna situación en la que alguien (que incluso podemos ser nosotros mismos) expresa algo negativo como: «Soy un perdedor» y otra persona de inmediato replica: «¡No digas eso, tú no te sientes así!» u otro intento de ayuda que solo hace que la persona sienta una mayor desazón. La razón es que ahora tiene dos problemas en vez de uno. Él tiene el problema inicial que le generó pensamientos negativos y encima ahora se siente solo y que nadie lo comprende. Esa es la razón por la cual la gente que intenta ayudar a los demás diciéndoles algo distinto a lo que sienten, por lo general no ayudan para nada. Es también la razón por la que las investigaciones han probado durante décadas que uno puede ayudar inmensamente a la gente desesperada al no darles respuestas sino solo manifestándoles empatía.

Es más, otra investigación ha demostrado que la invalidación emocional es la base de varios desórdenes del carácter que conducen a la gente a enfermedades psiquiátricas y a un pobre desempeño académico. Ha demostrado ser un factor en casi todo lo que está mal en las personas, pese a las causas psicológicas y orgánicas. «Deja de llorar o te daré un verdadero motivo para que llores» produce mucho más en un niño que simplemente lograr que se calme. Hace que el niño se desconecte con sus propios sentimientos y estado interior. Como resultado de ello, podrá desarrollar problemas de impulsividad así como cuestiones emocionales y relacionales que afectarán su desenvolvimiento.

El verdadero motivo de esa ruptura radica en la ruptura de la estructura de la relación misma, que es de donde obtenemos todas nuestras capacidades para el desarrollo. Cuando el niño se desconecta del padre o de su cuidador, pierde la conexión con la fuente de las funciones que necesita para aprender e internalizar. Entonces, el control de los impulsos, la disciplina, la empatía, la prueba de la realidad, la regulación emocional, la esperanza, la confianza, el juicio y otras cosas que el niño toma de su cuidador, todas se vuelven inaccesibles al perderse la conexión. Ahora el niño pasa a estar solo y sin las capacidades que necesita.

Traslademos esto mismo al liderazgo o al matrimonio. *Si el líder, en nuestro caso el gerente general, no hubiera dado el mensaje de «no llores, no pasa nada», se podría haber logrado una conexión para darle a su gente todos los elementos necesarios para que alcanzaran los objetivos.* La disciplina, la esperanza, el juicio y la creatividad podrían haber florecido. Sin embargo, debido a su fracaso, se anuló el ánimo en la sala. En el matrimonio sucede lo mismo. Los cónyuges que se relacionan descubren formas para controlar sus impulsos destructivos, alcanzar un sentido más alto de funcionamiento en el conflicto y trascender cualquier cosa que les toque enfrentar. Al restablecer la conexión por medio de la empatía, se elevan a un nivel más alto de funcionamiento. Desde la infancia hasta la sala de juntas de las corporaciones, la conexión es la clave y la invalidación es un cáncer. Los ambientes laborales diseñados para la resolución de problemas están actualmente estructurados y transformados hacia niveles más altos de funcionamiento por medio de la empatía.

Los costos de no tener un carácter conector

«No logro entenderlo» afirma Sheila. «Desde el inicio levantamos juntas este negocio y ahora ella me traiciona de esta manera. No consigo imaginar por qué lo hizo».

Lo que Sheila no sabe es que yo sí sabía el porqué. Lo comprendí perfectamente porque Sarah, su socia, me había llamado un mes antes para solicitar mi ayuda. Me dijo que le preocupaban ciertas cosas acerca de la manera en que Sheila llevaba adelante el negocio e implicó que había algunas cuestiones éticas. No me lo expresó directamente pero se podría decir que ella trataba de poner en entredicho el carácter de Sheila.

La conversación me hizo sentir incómodo. La gente que llama a una persona para solicitar ayuda por alguien que les preocupa no proceden como ella. Me dio la impresión de que lo que deseaba era contar con un aliado. No acepté.

Sin embargo, lo comprendía. Lo sucedido fue lo que las empresas, las familias, las iglesias, los departamentos y las organizaciones ven cotidianamente, una típica escisión. Hay una persona que está insatisfecha de alguna manera, parecido al caso anterior en que no estaba de acuerdo con la adquisición que el jefe planeaba. Como de costumbre, esa persona estuvo tratando de «captar la atención» del líder, socio o colega acerca de un problema o percepción de un problema. Sin embargo, el otro invalida su experiencia, pensando que es alguien negativo o quejoso o que no capta la idea y no lo debe tener en cuenta. Cualquiera sea el sentido en el que sucede, la otra persona no escucha ni se conecta con los reclamos del otro. Al cabo de un tiempo, la persona que cuestiona se desalienta porque no la escucharon y se desconecta. Sin esperanzas, la persona *se desconecta del otro y se da por vencida.*

Sin embargo, aunque las personas ya no esperan que el otro las escuche, sí creen que alguien las va a escuchar. Cualquiera. No obstante, por lo general, buscan a alguien con posibilidades de unirse a él en contra de la primera persona, en vez de buscar a alguien que ayude a resolver el conflicto. Buscan aliados contra aquel que los ha herido o no los ha tenido en cuenta. Y, por lo general, encontrarán a alguien junto a la máquina de café o en la sala de juntas.

En una organización no es poco común que una persona encuentre a uno, dos o varios empleados clave a quien contarle la experiencia. Cuando encuentra un oído dispuesto a escuchar, comienza a hablar acerca de que la otra persona no es ética, está centrada en sí misma, no le importan los demás, es dominante, incompetente o, de una u otra manera, pone en duda el carácter y la personalidad del otro. En el matrimonio, el cónyuge que se siente invalidado y no conectado encontrará ese oído atento en alguien del sexo opuesto. Las raíces de una aventura amorosa comienzan con un oído dispuesto a escuchar. En la familia, uno de los miembros tiene una queja contra alguien de la familia extendida y divide al grupo contra la persona «problemática».

Esto fue exactamente lo que sucedió en el caso de Sheila. Sarah se sintió invalidada durante mucho tiempo y Sheila la ignoró. Entonces, buscó apoyo. Primero en algunos de los empleados clave, y luego con un par de inversionistas quienes también se habían sentido ignorados por Sheila. En consecuencia, se unieron y dividieron la empresa. Sheila quedó desplazada y Sarah se lanzó a una nueva aventura, llevándose la mitad de los empleados.

«¿Cómo pudo suceder esto?», era el abrumador pensamiento que perseguía a Sheila. «Éramos excelentes amigas y socias. No puedo creer que me haya hecho esto. No puedo creerlo».

Intenté explicarle que ella colaboró para que sucediera al ignorar e invalidar la experiencia de Sarah durante varios años. Sarah había intentado hablar; Sheila no escuchó. Por último, Sarah terminó por irse. Y este es el peligro que los que no se conectan son incapaces de ver:

> El corazón humano buscará ser conocido, comprendido y conectado por encima de todo. Si tú no te conectas, aquellos a tu cargo hallarán alguien que lo haga.

Por eso, las personas se quedan atónitas al enterarse que:

- Su cónyuge conoció a otro
- La mitad de los empleados se sumarán al número dos en un nuevo comienzo
- La mitad de la familia «se puso en mi contra»
- La mitad de la iglesia piensa irse a iniciar una nueva obra

Y muchas veces esto se podría haber prevenido de haber sabido la persona cómo conectarse. De todos modos, esto no justifica de ninguna manera lo que el otro ha hecho. Por supuesto, la gente de carácter maduro no habría creado una escisión semejante. Habrían tratado de ayudar a resolver el conflicto y ser una fuerza de colaboración y no de división. Eso es lo que hace una buena intervención. Sus intentos no son los de provocar división sino de unificar en torno a la persona problemática y conseguir que comprenda. Todos están de su lado y apoyándola en esa situación. En los casos anteriores, el otro no hizo esto, de manera que es evidente que tienen sus propias cuestiones y generaron más problemas de los que resolvieron, tales como una división innecesaria.

Repito: la idea central es que *el carácter enfrenta las demandas de la realidad*. Alguien que sea adepto a conectarse habría previsto la desconexión y habría dado pasos en pro de reparar esto y procurar la unidad. Luego, si el otro no cooperara, quedaría expuesto como persona problemática sin ningún apoyo. Sin embargo, en los casos mencionados, como las personas se sienten que no son escuchadas, surgen como la pobre «víctima» del líder que no se conecta y los demás se suman a rescatarla de tan terrible villano.

Si Sheila hubiera sido alguien que escucha y establece conexiones, capaz de ingresar en la realidad del otro, hubiera percibido como válido el descontento de Sarah. Quizás no correcto ni justificado, pero sí válido. Para ella era algo cierto. Y luego Sheila podría haber tratado el asunto con el respeto que se merecía. Eso podría haber sido intentar de ayudar a Sarah a que lograra una mejor comprensión de la realidad, si Sarah estaba en un mundo de fantasías. Durante el proceso de escuchar verdaderamente y llegar a la raíz del asunto, con el tiempo se hubiera evidenciado si Sarah tenía sus propios planes y torcía la realidad. De haber sido así, no habría obtenido apoyo porque los esfuerzos de Sheila por escucharla habrían revelado los asuntos de Sarah. Sarah no habría quedado como la víctima sino como una causante de la división.

O, si Sarah hubiera sido escuchada y tomada en cuenta, Sheila podría haber descubierto que esta tenía razón. Sheila podría haber detectado que necesitaba cambiar algunas cosas por lo que podría haber tomado ciertas decisiones al respecto. Lo cierto es que Sheila tuvo parte en la situación al ignorar y no tener idea de lo que sucedía. De haber escuchado, no habría perdido su empresa.

El carácter relacionador que enfrenta las demandas de la realidad

En la mayoría de los casos, la vida involucra a las personas. Esto resulta evidente en el ámbito de las relaciones, tales como amistad, familia, matrimonio y comunidad. Sin embargo, con frecuencia no estamos conscientes de la importancia que tiene el aspecto humano en que un trabajo se pueda hacer bien. Resulta vital. De manera que si tu carácter va a enfrentar las demandas de la realidad, tendrá que ser capaz de negociar en el mundo de las personas. Y eso solo puede lograrse de manera satisfactoria por medio de la relación o la conectividad.

Para algunos, esto parece pura jerga psicológica, como si nada tuviera que ver con los negocios o el éxito. Sin embargo, sí tiene que ver. ¿Qué sucedería, por ejemplo, si dirigieras una empresa con un ingreso de $50 mil millones, y descubres que más de la mitad de los empleados están listos para irse a otra empresa en cuanto se presente la oportunidad? ¿Creerías que tienes un problema de negocios? Ojalá. Ese dato llamaría la atención de cualquier buen gerente general. ¡Qué situación tan precaria!

¿Qué clase de problema de negocios podría causar esto? ¿Una estrategia inadecuada? ¿Escasos beneficios? ¿Salarios relegados? A veces. ¿Pero qué si te digo que tiene que ver con la indiferencia emocional, la falta de conexión y ausencia de saber escuchar por parte del liderazgo? Esto parece relacionarse más con un retiro matrimonial que con un periódico de negocios.

Sin embargo, es exactamente lo que informó la revista *Business Week* en su número del 3 de noviembre de 2003, en cuanto a la empresa *Dell Computers*:

> *Cuando Michael S. Dell, el gerente general de Dell, y el presidente de la compañía, Kevin B. Rollins, se reunieron en privado en el otoño de 2001, se mostraron confiados en que la empresa se estaba recuperando del fracaso financiero en la venta de computadores personales. Su propio desempeño personal, sin embargo, era otro tema. Las entrevistas internas revelaron que los subordinados pensaron que Dell, de 38 años, era impersonal y emocionalmente indiferente, mientras que Rollins, de 50, era visto como autocrático y antagonista. Pocos sentían una marcada fidelidad a los líderes de la empresa. Peor aun, el descontento se desparramaba: una encuesta realizada durante el verano, luego del primer despido en masa de la empresa, detectó que la mitad de los empleados de Dell Inc., de presentarse la oportunidad, se irían.*
>
> *Lo que sucedió después dice mucho acerca de por qué Dell es la empresa de tecnología mejor administrada. En otros gigantes de la industria, el gerente general y su compañero en el liderazgo podrían haber desdeñado la crítica o dejar el tema a un lado. No en Dell. Temerosos de que se produjera un éxodo de talentos, ambos ejecutivos se concentraron en las quejas. En*

el término de una semana, Dell enfrentó a sus veinte gerentes principales para ofrecer una sincera autocrítica, reconociendo que era tremendamente tímido y que eso a veces lo hacía verse distante e inalcanzable. Se comprometió a estrechar lazos con su equipo. Algunos de los presentes se quedaron estupefactos. Ellos sabían que los tests de personalidad que les hacen a los ejecutivos clave una y otra vez demostraban que Dell era «extremadamente introvertido», y semejante reconocimiento de su parte debió de haber sido muy doloroso. «Fue algo muy impactante» afirmó Brian Wook, el responsable de las ventas al sector público de las Américas. «No debió de haber sido sencillo para él».

Michael Dell no se detuvo allí. A los pocos días comenzó a mostrar un video de su conversación a todos los gerentes de la empresa (varios miles de personas). Luego, Dell y Rollins adquirieron unos elementos de escritorio que les ayudaran a hacer lo que por naturaleza propia no hacían. Una excavadora de plástico le advertía a Dell que no llevara adelante ideas sin incluir a los demás, y un monito «Jorge el curioso» alentaba a Rolling a escuchar a su equipo antes de tomar decisiones.

Presta atención a las palabras que se mencionan en el artículo: *impersonal, emocionalmente indiferente, autocrático, antagonista, fidelidad, se concentraron en las quejas, tímido, distante, inalcanzable, estrechar lazos, incluir a los demás, escuchar a su equipo*. No suelen ser las cosas que uno escucha en la capacitación en negocios o para el éxito, pero son cosas de la vida real. Más allá del impresionante éxito producido por los talentos, los cerebros, la competencia y las alianzas de Dell, aún quedaba esta cuestión que llamamos la estela que tiene que ver con la forma de ser de una persona. Y tal como les dije a los muchachos en el capítulo 1, al final todos tenemos que prestar atención a esto, porque esto *acaparará la atención*. La atención de la mitad de la fuerza laboral de una empresa es mucha atención. **Será mejor si actuamos de manera proactiva como lo hizo Michael Dell.** ¿No desearíamos que todos los gerentes generales prestaran atención a esa clase de retroalimentación y tomaran esa clase de medidas valerosas, o que lo hicieran los cónyuges o los padres? Esto resolvería multitud de problemas.

La realidad que es necesaria reconocer es que *estas cuestiones importan*. Conectarse con los demás de una forma que los haga sentirse comprendidos y valorados es clave para la vida y es la base para conseguir confianza y lealtad. A partir de esa base, todo lo demás funciona. Para lograrlo hace falta esa clase de carácter orientado hacia los demás y que realiza conexiones proactivas con ellos de una manera que genera lazos. En el capítulo siguiente daremos una mirada a otro aspecto del carácter que ayuda a generar confianza.

5

Generar confianza al mostrar favor

detesto que una persona considere hacer negocios con alguien que sabe que yo he tenido trato y que me pregunte si le aconsejo seguir adelante, cuando mi experiencia me indica que no debo repetir la experiencia, debo ser sincero y decirles la verdad. Si la persona es un estafador malvado o pésimo en lo suyo, no tengo reparos en decirlo. Lo difícil es cuando la otra persona es básicamente buena, no miente ni engaña ni roba, y además es competente y alguien con quien me llevo bien. Sin embargo, hay algo que no está bien, y es algo que la persona jamás reconocerá como «equivocado», aunque se trate de una de las claves esenciales de generación de confianza.

Permíteme dar un ejemplo de una llamada como esa que me hicieron hace varios años. Me preguntaron acerca de la «integridad» de la persona. Tragué saliva, porque en realidad deseaba darle una respuesta del tipo: «¡Maravilloso! Contrátalo de inmediato. ¡Te encantará!». Sin embargo, esta fue mi respuesta:

—No sé muy bien cómo explicarlo. Aprecio a Joe y es una persona sumamente talentosa. Es honesto y no miente, ni engaña ni roba. Básicamente hará lo que te dice que irá a hacer. Son todas cosas buenas y puedes confiar en que es así».

—Entonces, qué es lo que no sabes cómo explicar o que no me estás contando —preguntó mi amigo.

—Bueno, esta es la única forma en que sé expresarlo. Asegúrate por escrito de ser tú el que protejas tus intereses al 100% y que seas el que haga los contratos y compromisos para todo lo que vayas a necesitar. Tienes que asegurarte de que todo lo que para ti sea importante estará protegido, por escrito.

—Eso suena horrible, como si él no fuera confiable. Si es tan honesto y tiene integridad, ¿por qué habría de preocuparme tanto de velar por mis intereses? —preguntó mi amigo un tanto confundido.

Comprendía su confusión, que es del tipo que se experimenta cuando conoces a alguien que es básicamente bueno pero que, por alguna razón, no puedes confiar en él de todo corazón. ¿Cómo podía explicarlo?

—Esta es la mejor manera de decirlo… tienes que preocuparte por cuidar tus intereses *porque él no va a hacerlo* —le dije—. No va a mentirte, ni a robarte y hará lo que te diga que va a hacer. Sin embargo, solo va a pensar en lo que es bueno para él, no en lo que sea mejor para ti. Él no va a velar por tus intereses, *por eso asegúrate de hacerlo tú*. Eso es lo que quiero decir.

—Sigo sin entender —dijo mi amigo.

—Yo haría contratos blindados hechos por abogados muy astutos de manera que él haga lo que tú necesitas, y no lo que no deseas. Si lo haces y negocias estas cosas de antemano, no tendrás problemas.

Mi amigo siguió adelante con la idea e hizo el trato. Todo funcionó de maravillas y tuvo éxito. Tres años más tarde nos encontramos en una fiesta y él se acercó para decirme:

—Te agradezco el consejo. Hice exactamente como me dijiste y funcionó. Sin embargo, pude comprobar al 100% que lo que me dijiste era cierto y si no hubiera hecho todos los ajustes necesarios, no estaría donde estoy. Él hace lo que acuerda hacer pero no se fija en nadie más durante el proceso. Hay cosas que no habría hecho si no estuviera obligado por contrato. De manera que si no hubiera hecho eso, no estoy seguro de que hubiera salido tan bien.

—Me alegra de que haya funcionado —le dije—. ¿Lo volverías a intentar?

Se me quedó mirando.

Interpreté lo que me quería decir.

Un carácter confiable a otro nivel

En cierto sentido, la persona de la que hablábamos era «confiable». Se podía confiar que haría lo acordado. Si él decía que iba a proveer algo en el contrato, lo haría. Uno podía confiar en lo acordado. Fantástico. ¿Fantástico? Solo tienes que asegurarte de prever todo lo necesario para cubrirte de antemano. Porque si aparece algo en lo que no hayas pensado ni previsto y es algo que no sea necesario para él, las probabilidades son que no suceda. En síntesis, tienes que cuidar tus intereses.

Sin embargo, existe un grado muy superior de confianza en la persona con una integridad más completa. Es la clase de confianza que *vela por tus intereses al mismo tiempo que por los suyos*. En otras palabras, no estás solo en eso. Es alguien que no solo se fija en lo que es bueno para él sino también en lo que sea bueno para ti. Esto va más allá del «ganar-ganar», en que él velará por tus intereses cuando eso lo beneficie a él. Es velar por tus intereses y punto.

Una de las palabras hebreas que significa «confianza» hace una de las asociaciones que más me gusta cuando pienso en lo que realmente significa «confianza»:

Confiar significa estar despreocupado.

Significa que no tienes por qué preocuparte sobre cómo «preocuparte» por ti mismo en cuanto a esa persona porque él se preocupará por eso también. Quiere decir que no tienes que «protegerte» de ella, porque ella estará preocupada por lo que es bueno para ti y lo que no es bueno para ti. No tienes que andar «cuidando tus espaldas» porque él las cuidará por ti. De manera que, si más adelante aparece algo que ninguno de los dos previó, sabrás que el que está del otro lado del escritorio se preocupará por tus intereses tanto como por los suyos. No es que vaya a ignorar sus necesidades, pero se preocupará por las tuyas también, aunque no tenga que hacerlo.

Un amigo propietario de una empresa manufacturera me contó una historia acerca de una investigación que hicieron y en la que descubrieron que los empleados pensaban que su paquete de beneficios no era tan bueno como creían que debía ser. Ante los resultados, al principio se sintió un poco molesto al conocer el descontento de los empleados, porque tenían buenos salarios, y luego se enteró que su empresa gastaba más en beneficios que cualquiera de sus competidoras. Él había hecho la asignación presupuestaria, por lo que estaba seguro de que era así. De manera que su primer impulso fue darles una lección para que aprendieran a ser agradecidos y a estar conformes con lo que recibían.

Sin embargo, como era una persona de carácter íntegro, se contuvo y decidió investigar qué había detrás de todo eso. Descubrió que era cierto que gastaba más que la competencia en los beneficios, pero no obtenía mucho a cambio de su dinero porque existían paquetes de beneficios más convenientes. Sus empleados no estaban obteniendo lo mejor, según había sido su promesa y compromiso previo. Le encargó a su gerente de recursos humanos que investigara cuál era el mejor paquete de beneficios y le informara. Y encontró uno que era mucho mejor que el que tenían sus empleados y que *significaría un gran ahorro para la empresa*. No solo tenía más beneficios sino que era más económico.

Ahora bien, en esto vemos el obrar de su carácter. Podría haber comprado el nuevo paquete, anunciarlo a los empleados y decirles que había tomado en cuenta sus reclamos y que había cumplido con lo prometido (el mejor paquete del mercado) y podría haber ahorrado el dinero de la empresa. Estoy seguro de que hubieran estado encantados con eso, pero no fue lo que él hizo.

Lo que hizo fue pensar lo siguiente: «Espera un momento, esa cifra ya está presupuestada para los beneficios. Podemos solventarlo y ya ha sido designado para el personal. Como el beneficio cuesta menos de eso, pongamos esa diferencia en la cuenta jubilatoria de cada uno. Según considero, es dinero que ya ha sido puesto aparte para ellos, y dado que no necesitamos usarlo en los beneficios, démosle a ellos el dinero ahorrado».

Cuando hizo el anuncio en la empresa, sucedieron cuatro cosas y la cuarta es, notablemente, la más importante.

Primero, los empleados descubrieron que podían confiar en que serían *escuchados* cuando manifestaran que algo no les parecía bien. Él había tomado en serio el sondeo y había hecho algo al respecto. Habían sido «escuchados» de la manera que mencionamos en el capítulo anterior.

Segundo, podían confiar en que él cumpliría con lo prometido, es decir, conseguirles el mejor beneficio. Cumplió su promesa por eso se podía «confiar» que haría lo que dijo. Su palabra era veraz.

Tercero, recibieron un beneficio extra que no esperaban. Recibieron «más» de lo que creyeron que recibirían. Por decirlo de alguna manera: se sacaron la lotería y eso era bueno. Un beneficio inesperado.

Y cuarto, lo mejor de todo:

> No tenían representación del otro lado.
> Sin embargo, la otra parte, y no ellos
> mismos, cuidaban sus intereses.

Alguien velaba por sus intereses cuando ellos no lo hacían. Y esto no tiene nada que ver con «ganar-ganar», ya que no había una mayor ganancia para ellos. *Esto es confianza.* Piensa en cuánto menos necesitan estar «en guardia» en cualquier trato que tengan que hacer con él o con la empresa. Y esa es la suprema esencia de la confianza, no tener que estar «en guardia». Si todas las empresas funcionaran así, *conflicto laboral* sería un oxímoron.

Un dato adicional interesante acerca de esta historia y que puede ilustrar más acerca de la integración del carácter de este hombre en particular surgió de una discusión posterior. Cuando le pregunté acerca del hecho, me contó otro aspecto de «favor» que incluso conduce a una mayor confianza. Me dijo que su temor en tratar de hacer el bien a las personas de manera «unilateral» como en el ejemplo de más arriba, puede a veces verse como paternalista o tendencioso. Puede parecer algo así como «Yo sé lo que es mejor para ustedes».

Me dijo que cuando intenta actuar en beneficio de otro, tiene que ser además sensible en varios aspectos con tal de incluir a la persona en el proceso, de manera de no estar «decidiendo la realidad por ellos». Esto es lo que lo preocupaba en este caso, el haber decidido por su cuenta algo a favor de ellos. Sin embargo, el solo hecho de que él se preocupara de eso refuerza el concepto del que estuvimos hablando. Él también procuraba que sus intereses fueran parte del proceso. El temor era además que la percepción de ellos fuera que no los estuvieran cuidando, aunque él estuviera seguro de que era así, otro ejemplo de lo que es preocuparse por el otro.

Cuando las dos partes «bajan la guardia» suceden cosas increíbles. Se vuelven abiertos, creativos, asumen riesgos, aprenden el uno del otro, y producen fruto en cualquier emprendimiento en mayor grado que si operan en el modo de estarse cuidando. Esto sucede en las relaciones personales, como el matrimonio, la amistad, la paternidad y también en los negocios. Para alcanzar todo lo que pueden ofrecer dos corazones, mentes y almas, tienes que ser abierto y exponerte a ser vulnerable. Tienes que ser *accesible*. Y ese acceso se permite cuando aumenta la confianza.

Cuando crece el acceso, se da más. Hemos visto en el capítulo anterior que relacionarse es la primera clave para acceder a un corazón. Significa que uno conoce en verdad al otro. Sin embargo, cuando conoces a la persona, la confianza avanza a otro nivel cuando ambos comprenden que el otro está «a favor» de ti y no «en contra» ni es indiferente, incluso cuando tú no estás atento. El acceso se multiplica cuando deseas dar más de ti a esta persona que verdaderamente desea lo mejor para ti.

Las negociaciones son muy distintas cuando se quitan del medio el estar a la defensiva y procurar protegerse. Se hallan las respuestas y las soluciones cuando ambas partes se ocupan de las necesidades del otro. Cuando uno presta atención a eso, suceden cosas trascendentes que no podrían hacer sucedido en el modo protector. Observa a cualquier pareja que procura solucionar un problema cuando tienen la clase de confianza que sabe que el otro está tan preocupado por ellas tanto como por ellos mismos, y estarás frente a una relación que genera un espacio que funciona para todos. Observa una relación comercial que se maneja de esta manera y comprenderás por qué los gastos de abogados son menores que los de los demás. Nunca se convierten en «adversarios».

«A favor» y no «en contra»

Este tipo de carácter tiene una postura básica «a favor» del otro y no «neutral» ni «en contra» de ellos. Es una orientación que llega a los aspectos más profundos del carácter, al reflejar cuánto se valora realmente a las personas. Si son objetos, como vimos antes, entonces serán usados y manipuleados e incluso se tratarán bien como un medio para lograr un fin. Sin embargo, si son valorados como personas, entonces serán tratados como lo hacemos con aquellos que realmente nos importan, con cuidado, preocupación y un intento de hacerles un bien y no dañarlos. Los trataremos como deseamos que nos traten.

Casi se podría clasificar a la capacidad de confiar y ser confiable en tres categorías o posturas. La primera es la que denominamos paranoica. Esta clase de persona no considera que la confianza sea una opción y les va bien, mientras todo marche sobre rieles. Sin embargo, estas personas básicamente no se brindan al otro en el sentido de entrega y vulnerabilidad que vimos antes, porque consideran que cualquiera puede volverse en su contra. De alguna manera terminarán «esquilmados». Eso es lo que perciben. «Ningún favor queda impune», podría ser su lema, y cuando algo sale mal, instantáneamente toman represalias.

Dado que enseguida sienten que uno puede atacarlos, confiar en ellos se hace difícil porque de un instante a otro se convierten en un adversario, basados en una sospecha o incluso en un leve desaire de cualquier tipo. Y como se sienten tan amenazados, responden con artillería pesada y atacan. Uno nunca está seguro, aunque las cosas marchen bien, porque enseguida pueden volverse desagradables. Uno suele escuchar lo siguiente acerca de ellos: «Ojalá no tengas que enfrentarte con su lado malo». Eso es porque perciben el mundo dividido entre los buenos y los malos, y debido a esto están siempre a la expectativa de que el chico malo aparezca a la vuelta de la esquina, y ese puedes ser tú. Y como puedes convertirte en «malo» con bastante rapidez, tienes que cuidarte de ellos también. Todo el mundo vive al límite y jamás se da la «confianza despreocupada».

La segunda clase de persona no es realmente alguien que sospeche o espere que las cosas salgan mal. Este tipo desea la confianza y las buenas relaciones y tratan bien a las personas, siempre y cuando a ellos los traten bien. Y no convierten colinas en montañas ni buscan significados paranoicos en los errores inocentes. Saben perdonar y pueden resolver problemas. También saben hacer cosas maravillosas y pueden ser dadivosos *con las personas que les hacen bien a ellos*. Dan siempre que reciban y mientras las cosas sigan siendo mutuas. Están en verdad «a favor» de aquellos que están «a favor» de ellos. En ese sentido, son personas que «juegan limpio». «Si tú me tratas bien, yo te trataré bien» parece ser su norma de vida.

Sin embargo, si algo va mal o, aunque no vaya mal sino que de algún modo no le parece justo o ecuánime, gritan «falta» y dejan de tratar bien a los demás. Si no los halagan, no halagarán. «Esta no es una situación de ganar-ganar», piensan ellos. Entonces, lo que están haciendo «a favor» del otro, lo abandonan.

Si lo piensas, es un trato justo. Lo justo remite al antiguo «ojo por ojo y diente por diente». *Trátame bien y yo haré lo mismo, pero si no lo haces, olvídalo*. Aquí nacen la mayoría de los divorcios y de las rupturas entre socios. Las personas se enamoran y se entregan por completo. Sin embargo, es una entrega *dependiente* y un amor *dependiente*. En otras palabras, se brindan el uno al otro porque el otro también se brinda a ellos. Son gratificados en cierto sentido, por eso dan «a cambio». Mientras el otro les dé, ellos le dan al otro.

Cuando una pareja se enamora y se entrega el uno al otro, jamás imaginan que podrían llegar a terminar divorciados. Sin embargo, lo hacen. Lo que sucede es que uno se brinda un poco menos, o se vuelve un poco taciturno y ya no es tan cariñoso como antes. Entonces el otro se retrae y siente que no es querido. Se vuelve resentido y ya no manifiesta la clase de amor que solía expresar. Eso hace que el otro se vuelva más taciturno y malhumorado. Y así continúa la espiral descendente. Si introduces una influencia externa gratificante para uno de ellos, tendrás los ingredientes propicios para una aventura amorosa, y luego la ruptura. Sin embargo... ellos comenzaron amándose *tanto* el uno al otro... *La confianza parecía darse con mucha libertad.*

Lo cierto es que es difícil confiar en alguien basándose en la exigencia del desempeño mutuo. Si solo puedo confiar que estarás conmigo cuando te estoy haciendo algún bien, entonces estoy en problemas. Porque lo cierto es que te fallaré en algún momento, y en ese momento necesito que me ayudes y no que te vuelvas en mi contra. Sin embargo, si vas a volverte contra mí cuando yo no haga bien mi parte, entonces siempre estaré con temor y protegiéndome, creyendo que puedo perder tu apoyo en cualquier momento. Así que no vivimos en confianza sino en temor recíproco. Esto es lo que sucede en la mayoría de las relaciones internacionales y por qué muchas veces son tan endebles. «Confían» y se convierten en «aliados», pero también tienen miedo porque las cosas pueden cambiar si los intereses de alguno de ellos no se ven satisfechos. Y la pareja que vive en esa clase de acuerdo siempre será vulnerable a un «mejor trato» que se pudiera presentar. El amor depende de que el otro lo gratifique.

La confianza viene cuando reconocemos que la bondad del otro y el velar por mis intereses no depende de nada. Es algo que forma parte de la integridad de la persona. Es *lo que la persona es*, la clase de persona que desea lo mejor para los demás y que hará todo lo que pueda para lograrlo. Entonces, no hay nada que temer. Si yo me equivoco, tú estarás para ayudarme. Me vas a hacer el bien, aunque yo no esté mirando. Eso de ninguna manera significa que pasarás por alto mis errores. Puedes intervenir o hacer algo que me haga reaccionar y ver mi mal desempeño. Sin embargo, seguirás procurando mi bienestar y esa será tu motivación. En consecuencia, podré confiar en tu intervención y recibir tu ayuda.

Y lo cierto es que esa clase de persona jamás inicia el ponerse «contra» alguien, a menos que esa persona haga algo que produzca un daño para sí o para los demás. Llegado ese punto, la persona intervendrá para dar por finalizada la destrucción, pero incluso esa clase de intervención estará en contra de la tendencia destructiva. Existe una enorme diferencia entre un lobo y un pastor alemán que a veces gruñe para proteger a alguien. Es la diferencia entre un predador y una mascota fiel. La persona íntegra solo va «contra» alguien que destruye algo bueno, y aun así se pone en contra de la destrucción y no de la persona en sí. De ser posible solo lo someterá o lo retendrá hasta que lleguen refuerzos, por oposición a dañar o asesinar.

Una persona con gracia

Existen muchas maneras de explicar la dinámica que mencionamos más arriba. Algunos piensan en términos de «altruismo» o «amor». La filosofía, la psicología y la teología se han referido a esto durante milenios.

Todos tenemos diferentes maneras de describirlo, pero todos lo reconocemos al verlo. Entre todas esas descripciones, la palabra que prefiero para este tipo de carácter es *gracia*.

Este término nos resulta familiar de muchas maneras, desde contar con un período de «gracia» cuando no enviamos un cheque a tiempo, hasta escucharlo en los himnos o en las descripciones de personas excepcionales. El uso preferido del término es el teológico que lo define como «favor inmerecido». Gracia es cuando extendemos «favor» a alguien, no porque se lo haya ganado de alguna manera sino porque nosotros lo tenemos para darlo. Es una postura en la vida, una manera de ser. Una «persona con gracia» es alguien que hace las cosas que describimos antes, de estar «a favor» de alguien y no «en contra», y tratar a los demás de la manera en que él quiere que lo traten. Esto lleva a una confianza suprema.

De manera que si deseas dejar la mejor estela, deja detrás de ti muchas personas que hayan experimentado que tú estás «a favor de ellos». Escuché a un hombre que describía a su jefa de la siguiente manera: «Era ruda, pero siempre sentí que ella quería que yo lo hiciera bien. Quería que ganara, aunque me exigía». Las personas con gracia dejan a los demás siendo mejores de lo que eran, aunque no obtengan nada a cambio.

Ayuda inmerecida

En el liderazgo, esto significa que tú procuras que tu gente haga las cosas bien y que se conviertan en lo mejor que puedan. También significa que tú harás cosas «a favor» ellos que «no se lo merecen» y los ayudarás a lograrlo. Eso no significa, como ya veremos, que no tengas requisitos ni normas de desempeño para todos los que están en tu vida. Sin embargo, lo que sí significa es que harás esfuerzos por ayudarlos a alcanzar esas normas. Un líder con gracia reconoce que para alcanzar las altas normas que él establece para su gente se requiere que él les brinde entrenamiento o capacitación o aliento u otros recursos para ayudarlos a lograrlo. No se «ganan» esas cosas ni son «inmerecidas». Sin embargo, les sirven para ayudarlos a alcanzar el nivel deseado. *Los líderes sin gracia exigen y no hacen nada por ayudar a la gente a alcanzarlo.* Entonces, cuando no lo hacen, se convierten en adversarios.

Un padre con gracia opera de la misma manera. Conseguir el logro es responsabilidad del niño pero darle las posibilidades de hacerlo es responsabilidad del padre. Entonces, en vez de solo definir una norma, el padre con gracia brinda apoyo, entrenamiento, enseñanza, estructura, ejemplo, ayuda y consecuencias para darle la posibilidad al niño de que lo logre. Esas son cosas que el niño no puede proveer y por lo tanto son «inmerecidas». Son cosas que se dan sin que tengan que ganarse, y eso es la gracia. No obstante, no es gracia eliminar la norma establecida. Los requisitos se mantienen, y la persona de gracia hace lo posible para estar « a favor» de la persona, para que esta lo logre.

En el matrimonio o en las relaciones íntimas, esta clase de carácter produce lo mismo. Por supuesto, uno tiene ciertos requisitos y normas. Sin embargo, si la otra persona no las alcanza, la persona de carácter no busca venganza ni sale de inmediato a buscar a alguien que pueda alcanzarlos. En cambio, se convierte en una fuerza redentora que hace el bien «a favor» del otro dándole una ayuda «inmerecida». Esto puede ser preguntando: «¿En qué puedo ayudarte?» o llamando a un consejero o usando a otros amigos con influencia redentora, todo lo que sea intervención, como mencionábamos antes. La clave es que esta persona mantiene las normas mientras al mismo tiempo intenta ser una fuerza que colabora para que el otro pueda alcanzarlos. Ese es un carácter confiable en quien apoyarnos y depender en el largo plazo.

La integridad —del tipo que enfrenta las demandas de la realidad— es el carácter que puede ocuparse de la persona que no es todo lo que necesita ser. Es moverse como una fuerza positiva que está «a favor» de la mejoría del otro, en contraste con ponerse en contra o descartarlo porque no mejora. La persona íntegra eleva al otro a un nivel superior. En consecuencia, estas personas no se estancan debido a los fracasos de los demás sino que operan como fuerza redentora en toda situación, llevándolos a un nivel superior. Esto se traduce en una relación sana en la vida personal o en una empresa transformada en la vida laboral. Como sea, su carácter se ha convertido en una fuerza «a favor» del bien de los demás, aunque nadie lo haya obligado. Y por esto cuando miras a largo plazo la estela de esta clase de persona, encuentras relaciones y ámbitos laborales exitosos y de mucho tiempo. Cuando se presentan las dificultades, su carácter puede enfrentar esas demandas y convertirse en una fuerza redentora.

6

Generar confianza por medio de la vulnerabilidad

Para que la confianza funcione, existe un componente delicado de poder. Piensa en esto por un instante. ¿Cuánto confías en alguien que no tiene poder, que es un pelele o que es incompetente? Puede que confíes en que estas personas no van a mentirte pero, ¿qué aspectos de la vida les «confiarías» a ellos? ¿O para que lo hagan mejor que tú? Cuando compras un seguro, por ejemplo, no lo haces en un quiosco en el mercado de las pulgas. Lo contratas en uno de esos edificios altos que aparentan haber estado allí durante años y no parecen irse a ninguna parte. Lo eliges de la «Roca» o algún otro símbolo que denote fuerza y estabilidad. La confianza requiere fuerza y poder. Los niños, por ejemplo, se sienten seguros con un padre fuerte y se sienten perdidos cuando no lo tienen. Las parejas permanecen unidas en amor cuando el cónyuge es lo suficientemente firme como para respetarlo y depender de él.

Sin embargo, por el otro lado, si la persona es tan fuerte que resulta en cierto sentido impenetrable, o incluso mucho más fuerte que nosotros, nos encontraremos con una gran brecha a salvar entre uno y el otro. No conseguimos identificarnos con él o ella lo suficiente como para creer que va a comprendernos. Es demasiado «distinta» a nosotros para que podamos confiar en esa persona, por eso nos retraemos y conversamos en cambio con personas que no parecen ser tan «de otro mundo» que no puedan relacionarse con nosotros, los humanos. Para que la confianza funcione en las relaciones humanas de cualquier tipo, ya sea liderazgo, matrimonio, paternidad o negocios, tenemos que ser capaces de ver alguna fisura en la armadura de modo que podamos percibir que la otra persona es real. Podemos temer a alguien poderoso e incluso admirarlo, pero confiar es otro tema. En este sentido, observamos *una tensión en la dinámica de poder y confianza*:

Si no tiene suficiente poder no podemos confiarle cosas de valor a la persona. Si tiene demasiado poder, no podemos sentir que nos comprenderá o que podría relacionarse con nuestra vulnerabilidad.

Para que el carácter de alguien pueda ser capaz de negociar la realidad, deberá existir esta tensión dinámica entre poder y vulnerabilidad. Recuerdo una ocasión en la que mi mamá hizo esto con un éxito rotundo. Ella tenía una realidad desigual para negociar conmigo cuando yo estaba en sexto grado. Tuve mononucleosis con ciertas complicaciones que hicieron que durante un mes me internaran en un hospital que quedaba a 300 km de mi casa. En consecuencia, perdí muchas clases de la escuela y no se sabía si lograría pasar de año. No obstante, todos decidieron darme la oportunidad.

Poco después, fue notorio que no me iba bien. La fatiga que produce la enfermedad, sumada al volumen de tareas, más haber perdido el ritmo de mis compañeros y amigos, era demasiado. No quería seguir adelante y recuerdo que pensé que era una montaña imposible de escalar. Llegado a ese punto, poniéndome en el lugar de mi mamá, sé que ella estaba en crisis. Estoy seguro de que ella habrá sentido la presión de tratar de que yo continuara y empujarme a hacerlo con tal de que no perdiera un año, tuviera que repetir el grado, y enfrentarme a un nuevo curso con amigos nuevos, y que me rotularan como fracasado. Sin pretender dramatizar la crisis que involucra a un muchacho de once años, a veces ser padre puede sentirse como si uno fuera JFK negociando la Bahía de Cochinos. Estoy seguro de que mi mamá sintió la presión, sabiendo que todo aquello estaba en la balanza.

Las cosas llegaron al colmo una mañana en la que me preparaba para ir a la escuela a enfrentar otro día sin energías, con la exigencia de tener que quedarme luego de las clases para ponerme al día con el trabajo atrasado y a la vez sin perder el ritmo de lo nuevo que estaban dando, sintiéndome solo, a un lado y marginado. Mientras me vestía, me quedé petrificado con la camisa a medio abotonar. En estado de semiinconsciencia, me quedé ahí parado por lo que pareció ser mucho tiempo, pensando en todo eso y a la vez incapaz de pensar o de moverme. Todo me parecía muy pesado. Cuando había estado allí durante quién sabe cuánto tiempo, me madre apareció.

—Vamos, vístete que tienes que ir a la escuela —dijo, tratando de que me moviera.

—No quiero ir. Ya no quiero ir más. No puedo.

Y por alguna razón, aunque parezca insignificante, jamás olvidaré lo que sucedió después. Me rodeó con su brazo y me dijo:

—Te entiendo. Yo tampoco tengo ganas de ir a trabajar cuando me siento así.

El mundo pareció detenerse.

—¿Qué? —exclamé—. ¿Que a veces tampoco tienes ganas de ir a trabajar?

—¡Claro! A veces, cuando estoy enferma o no me siento bien, siento que es demasiado y no quiero seguir adelante.

—Pero de todas formas vas…

Ella asintió.

Lo que sé es que en aquel momento algo cambió dentro de mí. Yo seguía tan cansado, abrumado y enfermo como antes, cuando me quedé petrificado. Sin embargo, por alguna razón, sentí que podía hacerlo. Sentí que cambiaba por dentro, transmutaba, de estar abrumado y ser incapaz a sentirme abrumado pero capaz. El valor, la perseverancia y la esperanza habían renacido en cierta medida a partir de aquel intercambio.

Ella me había transmitido su valor, su perseverancia y su fortaleza para que me identificara y la usara. Cuando dije «transmutar» eso es exactamente lo que sucedió. *Transmutar* es un término que significa que algo cambia en su forma, sustancia o naturaleza. En esta instancia, un estado emocional y también un estado del carácter fue transmutado o «cambiado» en otro por medio de una interacción y conexión. Los aspectos técnicos de cómo sucede son para los psicólogos y los físicos cuánticos, pero los aspectos de la realidad están disponibles todos los días para las personas que tienen que «enfrentar las exigencias de la realidad». Los estados emocionales, intelectuales y de carácter de las personas pueden modificarse al conectarse unos con otros. Y cuando estás en cualquier contexto relacional significativo, ya sea liderazgo, matrimonio, paternidad u otro, te encontrarás con momentos en que alguien necesitará «transmutar» contigo. Se trata de una realidad que producirá una demanda en tu carácter. Hazlo bien y generarás confianza.

Si tu carácter está integrado, tal como lo hemos definido aquí, serás capaz de evitar que un niño de once años pierda un año de estudios. Serás capaz de hacer que una empresa o un departamento no pierda su activo al hacer una ganancia. Serás capaz de retener a alguien que amas para que no abandone la relación. O quizás seas capaz de ayudar a los que estén en tu camino. Como sea, si puedes conectarte de una manera que le dé a los demás algo que puedan usar, estarás haciendo el bien. Eso es una gran parte de lo que los líderes, los maestros, los padres, los encargados y los entrenadores hacen cada día. Sin embargo, para hacerlo tendremos que generar confianza y conexión a través del ojo de la cerradura del *equilibrio del poder* del que estábamos hablando.

Lo que sucedió allí con mi madre fue que mis funciones ejecutivas, aquellas cosas internas que necesitaba para «lograrlo» me resultaban inaccesibles en aquel momento. Mis capacidades para utilizar mi fuerza, mi iniciativa y mis talentos no estaban a mi alcance, que es justamente el desánimo. Un estado emocional que abruma las posibilidades que uno tiene de resolver un problema y seguir adelante. Uno necesita el «valor» para usar sus capacidades y además, la manera de volver a hallarlas. Y en ese estado, el corazón desanimado y las habilidades ejecutivas no están conectadas, como si el cable no alcanzara entre los dos. Por eso, las partes de mí que yo necesitaba, no estaban disponibles. No podía hallarlas. Me sentía desanimado y no podía encontrar mis capacidades para seguir adelante y lograrlo.

Por eso, mi madre sirvió de conector. En lo que yo estaba desconectado, ella estaba integrada y al conectarse con la integración de su carácter, hizo que yo me rearmara. Yo estaba partido entre mis sentimientos abrumadores y mis verdaderas capacidades para salir adelante. No se conectaban, por eso mi desaliento me dejaba sin fuerzas. Sin embargo, ella se acerca y dice: «A veces estoy enferma y tampoco quiero ir, *pero* lo hago». Eso es integración de carácter. No era que ella se sintiera mal y no fuera o que se sintiera bien y sí fuera. Ella sumó ambas cosas, la parte abrumada y la capaz.

Eso logró integrar mi desánimo con las capacidades y la fortaleza que yo tenía. Ahora mis partes abrumadas tenían algo de ayuda. Estaban conectadas con mis fortalezas. Podía seguir adelante y cumplir con mi tarea. Había sido transmutado.

El otro aspecto de esto tiene que ver con otro proceso llamado internalización. Eso significa que recibimos de otros lo que no tenemos. Cuando alguien nos alienta, nos está poniendo valor «en» nosotros desde afuera. Nuestro carácter y nuestras capacidades crecen por medio de la internalización de otros que no poseemos en nuestro ser. Mi madre literalmente «me dio fuerzas» como si hubiera sido una transfusión.

Sin embargo, eso no podría haber sucedido si solo se hubiera acercado a decirme: «No tengas miedo. Puedes hacerlo» o «No es tan difícil», porque ninguna de esas frases hubiera sido capaz de integrar ambos lados. Para que yo pudiera recibir ayuda y conectarme con ella, necesité de un modelo *lo suficientemente fuerte como para poder depender de él pero lo suficientemente vulnerable como para identificarme con él.* Esa combinación fue la que funcionó. En esencia, es como si dijera: *«¡Epa! Ella es como yo en que a veces siente miedo y cree no poder lograrlo; pero lo hace de todos modos. Va adelante».*

> Su vulnerabilidad fue lo que hizo
> que su poder estuviera a mi alcance

Ese es el punto clave acerca del carácter en esta dimensión en particular. Para poder generar confianza en las personas, tienes que ser lo suficientemente vulnerable como para que ellos puedan identificarse contigo, de modo que no seas tan «distinto» que parezcas un extraterrestre. Y tienes que ser lo suficientemente fuerte para que ellos sepan que pueden depender de ti.

La investigación demuestra que los modelos que se siguen, que en definitiva son los confiables, son los que tienen las siguientes características:

1. Tienen fortaleza
2. Tienen «similitud» con sus seguidores
3. Son cálidos
4. Son modelos imperfectos y lidian con las cosas, en contraste a los perfectos

Son puentes de poder y de vulnerabilidad que tienen que ver con el carácter. Por ejemplo, si un líder es débil, la gente pierde la fe. Uno no sigue a los líderes incompetentes porque no sentimos que podamos confiarles nuestra vida o futuro. Resulta interesante que la fortaleza trate de un poder ejecutivo o de capacidad pero no de fuerza. Una persona dominante por la fuerza no es tan confiable como aquel que muestra fortaleza a través de la exhibición de un desempeño competente. Algunos de los líderes más débiles son los que tratan de dominar por medio de la fuerza de la personalidad, en contraste con los que lideran a través de la fortaleza de su eficiencia. Ser eficiente es lo que los demás experimentan como fortaleza.

La «similitud» tiene que ver con tener puntos con los que podemos identificarnos que hacen que la persona se me parezca y no que sea un completo extraño. Por esta razón la publicidad de las campañas políticas muestran a los candidatos como esposos o esposas, padres y madres o pateando una pelota en un picnic o dando una caminata por el parque con sus hijos o amigos. Podemos ver que es una persona común y corriente y todo el mundo se siente más cómodo de confiar en él. La ansiedad por lo «extraño» desaparece cuando vemos que los candidatos se nos parecen, son «como» nosotros. En consecuencia, podemos relacionarnos con ellos y, al mismo tiempo, deseamos seguir sus fortalezas.

Cuando hablamos de «calidez» significa que su sentimiento básico hacia los demás es positivo y amable. Las personas que son frías, distantes e inalcanzables generan un vacío de conexión que puede destruir la confianza. Podemos ver esto en la retroalimentación de Michael Dell en el capítulo anterior. Sin embargo, cuando comenzó a abrirse, empezó a ser más como sus empleados y más alcanzable que antes, por lo que la confianza se restableció.

«Imperfecto» significa que no siempre hacen todo bien. Cometen errores y tienen faltas. Pero «lidiar» significa que encaran y se ocupan de estas hasta que las superan. De este modo integran la imperfección con la resolución de problemas y la superación, y esto le da a las personas un punto con el cual identificarse y sentirse inspirados.

Como puedes ver, hace falta una persona real y auténtica. Si se trata de personas narcisistas o que tienen una necesidad de ser vistas como más de lo que realmente son, o de ser admiradas porque hacen todo bien, entonces otros no los seguirán ni tampoco podrán confiar en ellos. La brecha es demasiado amplia como para salvarla. O si intentan dominar a los demás, intimidarlos y ser más «poderosos» por medio de la fuerza bruta, no se genera confianza. Podrá haber conformidad, pero en definitiva nos apartamos de las personas a las que sencillamente obedecemos. Sin embargo, a aquellos en quienes confiamos, los seguimos y dejamos todo con tal de darles lo mejor.

Recuerdo una charla que di en cierta ocasión en una empresa donde comenté un ejemplo de cómo yo había fracasado en uno de los conceptos que estaba enseñando. Al finalizar, un hombre se acercó y me dijo: «Me ha sido muy útil. Sin embargo, debo reconocer que era muy escéptico y al principio no le presté mucha atención. Me decía: "¿Qué sabe este hombre acerca de mi mundo real, donde a mí me toca vivir? Él se cree que toda su teoría es tan sencilla". Entonces, usted relató cómo había metido la pata y de pronto sentí que podía confiar en lo que decía. Usted había pasado por eso. De modo que presté atención y saqué algunos conceptos interesantes. Creo que van a servirme de ayuda. Sin embargo, jamás los habría incorporado si no hubiera demostrado que usted también necesitó aprenderlos».

El jefe, el líder, el padre o el amigo que puede ser lo suficientemente vulnerable como para demostrar que ha sentido cosas parecidas y ha pasado por eso y lo ha superado de alguna manera es el que se gana la confianza.

Confianza por medio de la necesidad

Otro aspecto poderoso de la vulnerabilidad que genera confianza es la expresión de necesidad. Cuando la gente se siente necesaria, se desempeña más allá de los niveles que provienen de otras exigencias. Tener un empleo y cumplir con el trabajo es una cosa. Sin embargo, el rendimiento que se obtiene cuando uno se siente necesario te lleva a niveles a los que solo el corazón puede impulsarte. Existe una enorme diferencia entre el tipo de líder que viene y dice: «Estos son los objetivos. Vienen de arriba y la empresa exige que los cumplamos. De manera que no hay que lograr ni un uno por ciento menos de eso. Logren estos números o les aseguro que rodarán algunas cabezas. Me aseguraré de ello. El que no cumpla con su parte, mejor será que vaya preparando su currículum» a diferencia de «Muy bien, muchachos. Tenemos grandes objetivos por cumplir. En cierto sentido son intimidantes. Sin embargo, es lo que nos pidieron.

»Déjenme decirles algo: Creo que podemos lograrlo, pero no podré hacerlo sin ustedes. Necesitaré de todos y de cada uno. Joe, sin tu inteligencia no soy capaz de entender qué significan estos números. Necesitaré que hagas un análisis exhaustivo. Y Jen, necesitaré tu habilidad especial de vender calefacción en el desierto. No lo lograremos sin tu capacidad que es exclusiva. Y Patty, realmente se hará imprescindible que te ocupes de las interferencias con la cadena de suministros. Será caótico, pero me van a estar vigilando y molestando mientras intento desarrollar esto... No obstante, si ustedes son capaces de hacer lo que les dije, podremos lograrlo».

Mucho se ha escrito acerca del líder «transparente». Según mi experiencia, los mejores tienen un equilibrio en su transparencia, en el sentido que mencionamos aquí. Son transparentes en que muestran la realidad como es y dan a conocer la situación. Al final solo podremos confiar en las personas que sean auténticas con nosotros. No obstante, parte de eso es la transparencia no solo en cuanto a los hechos sino también acerca de ellos mismos. Necesitamos percibir su vulnerabilidad y cómo se sienten respecto de las cosas. También es necesario que conozcamos sus fracasos y las oportunidades en que no lo han logrado. Eso nos ayudará a seguirlos.

Una de las mayores cosas que puede hacer un mentor o un gerente es sentarse junto a alguien que está en problemas con su tarea y decirle: «Permíteme contarte acerca de una situación similar que tuve que pasar cuando estaba en tu lugar. Cometí un error y pensé que jamás podría recuperarme de eso. Después...». Mostrar esa clase de realidad da valor a la persona al verte ahora, porque saben que lo conseguiste y que no siempre fue de esa manera.

Ahora bien, repito: el equilibrio es la clave. Esa tensión existente entre vulnerabilidad y fortaleza en los líderes no puede perderse. Si un líder o un padre usa a aquellos que él está tratando de guiar como su grupo de apoyo primario y trata de obtener de ellos su propio sustento, entonces las cosas se pondrán patas para arriba. La vulnerabilidad es buena, pero uno no debe depender de aquellos a los que está liderando. Esa clase de dependencia y sanidad debe provenir de otro lado. Michel Dell habrá tenido un grupo de terapeutas o consultores para tratar su timidez, no a sus empleados. Lo que hizo con ellos fue mostrarles que era un ser humano y al mismo tiempo que era capaz de seguir cumpliendo con su tarea. Esa es la clase de vulnerabilidad que genera confianza.

III

SEGUNDA DIMENSIÓN DEL CARÁCTER

Orientado hacia la verdad

7

Al tanto de la realidad

hay una vieja historia sobre una empresa de alimento para perros que enfrentó tiempos difíciles. Las ventas estaban en picada y no mejoraban. El gerente general fue quien inició la compañía y estaba muy apegado a su desempeño. Cuando las cosas iban mal, estaba preocupado. Como era de tomar decisiones, se dispuso a actuar. De modo que rescindió el contrato con la empresa que se ocupaba de la publicidad y que organizaba las campañas nacionales.

La empresa se orientó hacia una nueva línea, con nueva presentación de envoltorio, un cambio de fisonomía e incluso un nuevo modelo de bolsa. Pusieron mucho en juego. Sin embargo, al analizar los números, no hubo mucho cambio. El gerente general se enojó aun más. Otra empresa de publicidad inepta que lo había defraudado. ¿Qué hacer? «¡Deshágganse de ellos y esta vez consigan una buena!» le ordenó a su equipo. «No quiero más perdedores. ¡Estamos invirtiendo muchísimo en publicidad como para que esto nos vuelva a ocurrir!»

Se movieron con rapidez, contrataron a la mejor empresa e hicieron el lanzamiento con enormes expectativas. Seguro que esta vez funcionaría. Pusieron nuevos exhibidores, dejaron muestras gratis en los negocios para mascotas y casa por casa, también repartieron en los parques donde los dueños paseaban a sus perros. No dejaron libre ningún resquicio del mundo canino. Todos conocerían este alimento. Ningún perro se dejó de lado.

Cuando llegaron los informes de la primera quincena con las novedades, no se habían producido ganancias. Las ventas habían sido las mismas. Entonces el gerente general tomó una decisión más drástica: despidió a todo el equipo de marketing y lo reemplazó con los mejores y los más brillantes. Por fin había eliminado a la incompetencia. Ya no habría más perdedores ni dentro ni afuera de la empresa. Sería un nuevo comienzo.

El nuevo equipo armó un nuevo plan y lo llevó a la práctica. Cuando analizaron las primeras cifras, nadie se alegró. Eran prácticamente las mismas que en los últimos años. No hubo ganancias. El gerente general convocó a una reunión. Quería saber quién era el responsable de esto. Alguien no estaba haciendo su trabajo, les dijo, y quería saber quién era. Encuéntrenlo y consigan a alguien que pueda hacer el trabajo, fue el mensaje.

Justo en medio de la reunión, cuando estaba desmenuzando la agenda de entregas, el alquiler de espacios y anaqueles en las tiendas, analizando la demografía y los precios de publicidades y otras cuestiones operativas, un joven y tranquilo gerente levantó la mano.

—Señor, ¿puedo decir algo?

—Sí, Jones. ¿Qué quiere? —le respondió el gerente general un tanto molesto por la interrupción.

—Señor… a los perros no les agrada el alimento —dijo Jones.

La sala permaneció en silencio por lo que parecieron horas mientras el gerente miraba fijamente a Jones. Lo que sucedió después es justo este aspecto del carácter.

Orientación hacia la verdad: estudios del primer año

Como ya vimos, cuando se discute acerca de la «integridad», se habla de honestidad y de ética. Como ya mencionamos, ese es por cierto un aspecto de su fundamento, ya que sin eso no podría haber nada. Si alguien es un mentiroso o engaña, entonces no se puede ir con esa persona a ninguna parte. Como dijo Jack Welch en *Winning*, despedir a esa clase de personas es algo que no hay ni siquiera que pensarlo. Si todos tuvieran esa honestidad básica, no habrían existido escándalos que sacudieron a Wall Street en las tremendas derrotas de Enron y otros. «Decir la verdad» es lo primordial si vamos a estar orientados a la verdad. Todos deseamos estar con personas veraces y honestas.

No obstante, la triste realidad indica que muchas personas mienten. Es más, según cómo lo definamos, la mayoría lo hacemos en alguna ocasión y de cierta manera. «¿Cómo estás?» Y respondes que bien, aunque no sea así. «¿Qué te pareció mi solo?» te pregunta un amigo luego del concierto en la comunidad o en la iglesia. Respondes: «¡Fabuloso! Lo disfruté muchísimo». ¿En serio? ¿Es eso lo que pensabas realmente? No siempre, pero lo hacemos por varias razones. A veces queremos hacer sentir bien a la persona, no queremos dañarlos, no queremos que se enojen con nosotros y muchos otros factores hacen que, en ocasiones, nos vayamos por la tangente, al menos en estas cuestiones. Sin embargo, si toda falta de confianza fuera a este nivel, es probable que estaríamos bien, aunque a veces los «solo» no sean espectaculares. En el capítulo diez ampliaremos este problema al tratar la aceptación de lo negativo.

Es lamentable que la mentira no se detenga ahí. Muchas personas de buen carácter se manejan de la siguiente manera: «No voy a herir innecesariamente los sentimientos de alguien (no hay una buena respuesta a la pregunta: "¿Este vestido me hace verme gorda?"), pero no voy a mentir acerca de hechos que importen». Esa es la clase de persona con la cual nos gusta tratar mejor. Sin embargo, a decir verdad, otras personas también buenas *van a mentir* cuando esto los favorezca. Cierta vez tuve un empleado que solicitó una hipoteca y quería que falsificara la cifra de sus ingresos para que pudiera conseguir el préstamo. Ambos sabíamos que él podía afrontar los pagos, así que en realidad no habría problemas. Esta persona era básicamente honesta, confiable en lo personal y en los negocios, sin embargo, esta clase de «mentira» le parecía bien. Le respondí que no, aunque no había una cuestión real acerca de si podría pagarlos.

Aunque yo podría haberme visto tentado a decirle que su canto estuvo bien, no iría a decir una mentira acerca de este hecho. Eso era un fraude y estaba claramente mal, y no me importó su reacción (esperaba que esto no afectara nuestra relación), pero no tenía opción. Hubiera sido una clara mentira. Sin embargo, muchas personas no lo ven así. Consideran que una falsificación ocasional está bien, si existe una buena razón para hacerlo y no daña a nadie. Mienten desde los impuestos hasta dar excusas para no asistir a una invitación.

Por cierto que existen algunas realidades que tienen que ver con la ética situacional. Si alguien ingresa con un arma y pregunta si hay alguien más en la oficina, la mayoría seríamos los primeros en decir que no, para proteger la vida del que está oculto debajo del escritorio. Sin embargo, esa clase de razonamiento moral hay que filtrarlo a través de la jerarquía del «bien supremo» y se torna complicado. Por lo general, las personas que sufren con preguntas como esa son personas de integridad, y no debemos preocuparnos por ellos. Ellos ya se preocupan lo suficiente. Su interés es siempre el bien supremo, aunque en algunas situaciones se equivoquen.

Sin embargo, en las situaciones en que no existe un razonamiento moral supremo que nos lleve a decir algo menos que la verdad, entonces debemos afirmar que para tener integridad de carácter debemos decir la verdad, más allá de lo que nos cueste. Es más, la confianza se suele medir en términos de nuestra tendencia a decirla cuando produce alguna clase de daño. La gente miente cuando existe el peligro de algún tipo de pérdida o una consecuencia negativa. Y allí es donde comienza nuestro estudio sobre confianza en el carácter.

«Yo no tuve relaciones sexuales con aquella mujer, la Srta. Lewinsky», es una frase que todos reconocen. Fue dicha, por supuesto, a la luz de una pérdida eminente o de consecuencias negativas. ¿Y si hubiera dicho desde el principio: «Hice algo malo, lo siento»? Es probable que hubiéramos visto una estela distinta. Sin embargo, la tendencia a ocultar la verdad donde podría haber consecuencias es parte de la naturaleza humana y, lamentablemente, *una que por lo general nos hace incurrir en más consecuencias negativas que si hubiéramos dicho la verdad.*

Mi trabajo con parejas a través de los años me ha mostrado esta realidad una y otra vez. Recuerdo a una mujer que lloraba en mi oficina al descubrir que el cuadro económico de su matrimonio era diferente de lo que le había hecho creer el esposo, por centésima vez. Él había intentado lo mejor que pudo conseguir el dinero que necesitaban, pero no funcionó. Era comprensible que ella no estuviera conforme con la inseguridad económica que vivían, y los constantes intentos del marido por crear su propia empresa en contraste con lo que es trabajar para otro a cambio de un sueldo fijo, lo que tampoco contribuía a que ella se calmara. Los comienzos son difíciles, como todo el mundo lo sabe, y algunas personas son más vulnerables que otras a esa clase de inestabilidad. Ella era así y cuando se producía un déficit, se sentía muy mal. Reaccionaba emocionalmente y se enojaba o se entristecía porque las cosas no eran como «deberían ser».

Poco a poco, a medida que el proceso avanzaba, él sintió el peso de tener que hacer que ella estuviera contenta y a la vez que se mantuviera alejada del tema. El enojo y la decepción de ella lo atemorizaban, de modo que él la llevó a pensar que las cosas estaban mejor de lo que estaban, con la esperanza de lograr de alguna manera que todo funcionara antes de que ella lo descubriera. Estaba robándole a Pedro para pagarle a Pablo, lo que significa que hacía malabarismos para hacer que ella se sintiera segura y, a la vez, que disminuyera la presión sobre él.

Sin embargo, el gran problema aquí no era que él estuviera haciendo malabarismos sino que no se lo hubiera dicho a ella. Hubo otras oportunidades en su matrimonio en las que, para evitar el enojo y la decepción de ella, le había hecho pensar que las cosas estaban mejor de lo que estaban en realidad. Luego, cuando ella descubrió la verdad, él aprendió una de las lecciones más difíciles de aprender para aquellos que fingen la verdad para hacer felices a los demás o para evitar las consecuencias negativas:

Las consecuencias del engaño por lo general son
mayores que las consecuencias de la verdad.

Ella no lloraba en mi oficina debido a las finanzas. Ella podría haber enfrentado el problema económico en el que estaban y lo habría superado. Lo que la desconsolaba, según expresó, era no poder confiar en él. «Siento como si estuviera sobre arenas movedizas» gemía. «Pienso que las cosas son de una manera, para descubrir que son de otra. Puedo enfrentarme a la verdad, *pero no puedo soportar el pensar que una cosa es verdad para luego descubrir que nunca fue cierta*».

La mayor consecuencia para él, más que su decepción por el dinero, fue que ella perdiera la confianza en la relación y la realidad de sus vidas.

Podemos negociar con la realidad si la conocemos; pero cuando nos dan algo que no es verdad, estamos en problemas. Ella sentía ahora esa espantosa inseguridad cada vez que él le decía algo. Ella no tenía motivos para pensar que fuera cierto lo que le decía. Según su experiencia, si él le decía que todo estaba bien, las noticias de la ejecución hipotecaria vendrían al día siguiente.

Ahora bien, si trasladas la ansiedad de ella a la dimensión de *Wall Street*, podrás observar por qué los inversionistas huyeron de escena luego de los escándalos corporativos de los últimos años. No había manera de confiar hasta que se atacara el problema básico de la credibilidad con mayor rigurosidad. El problema es el mismo en *Wall Street* que en la vida personal: integridad del carácter.

La confianza básica y la realidad, como lo llamamos aquí, es que las personas de buen carácter son aquellas en quienes se puede confiar que dicen la verdad y *dan a los demás una representación de la realidad de la mejor manera que la entienden.* Esos son los cimientos de toda la vida, desde los negocios al gobierno pasando por la familia, el comercio y la amistad. Sin eso, no tenemos mucho. Esta es la razón por la que algunos países tienen tan poca perspectiva económica. La corrupción y la falta de integridad en los niveles básicos es tan desenfrenada que nadie puede invertir ni hacer negocios allí. Es una cuestión básica.

¿Pero qué tiene que ver esto con la comida para perros?

La verdad, estudios de segundo año y más

Si los aspectos básicos para tener una orientación hacia la realidad son no mentir ni falsificar, ¿qué viene después? ¿Y qué tiene que ver eso con el éxito? Mucho.

La premisa es que decir la verdad es básico, pero **no suficiente** para tener éxito en el amor y en la vida. Muchas personas honestas, que no falsifican, no alcanzan su máximo potencial ni llegan al nivel de desarrollo y éxito que deberían de estar alcanzando con su inteligencia y sus talentos. *Y la razón no es que estén mintiendo sino que pasan por alto partes de la realidad que son importantes para hacer que las cosas funcionen.* En el tipo de carácter exitoso que mencionamos aquí —el carácter integrado o «pleno»— está siempre presente y en aumento una comprensión de la verdad, lo que requiere algunos rasgos específicos. Los analizaremos, pero primero asegurémonos de comprender por qué esto es tan importante.

Si estás en el negocio de la comida para perros, no harás dinero si tienes el mejor producto del mundo pero nadie lo conoce, según el razonamiento del gerente general del ejemplo anterior. Necesitas tener una manera de comercializarlo y decirle al mundo cómo conseguirlo. La realidad indica que si no tienes capacidades para el mercadeo, cuando los comentarios de persona a persona cubran el país, tus inversiones habrán superado la línea del tiempo y tú estarás fuera del negocio. Te irá mejor si muchas personas se enteran rápidamente para alcanzar a la masa crítica o el punto crítico. Por eso, si tu comercialización es pobre, tienes que considerar esta realidad para que puedas conseguir a alguien de mercadeo que haga la tarea.

Sin embargo, ¿qué sucede si tu personal de mercadeo es el mejor del mundo pero tu *comida para perros es horrible*? Una mejor comercialización solo produce más perros decepcionados y te coloca en un lugar más atrás que si vendieras menos porque tu marca se va a la basura. Ya la han probado y cambiaron de producto. Es mucho mejor saber que tu comida no le gusta a los perros y solucionar eso antes de salir a venderla al mundo. Entonces estarás en y sobre la realidad, que es el único sitio donde pasan las cosas buenas.

¿O qué si sucede algo más delicado como, por ejemplo, vender comida para perros a los supermercados que no es donde se halla el verdadero mercado? *¿Qué sucede si el mundo ha cambiado y no lo has visto?* ¿Y si tienes unas anteojeras que no te permiten ver que la tendencia ha cambiado hacia un negocio de comidas rápidas para mascotas donde se compra sin bajar del auto?

O algo peor… si en la vida personal el problema no es que el maestro de tu hijo esté en babia sino que tu hijo está aislado y lo estás perdiendo sin saberlo, y esa es la razón por la que sus notas no son buenas? No ver la realidad, como en este caso, puede tener consecuencias desastrosas en las cosas que más nos importan.

A pesar de lo difícil que es escucharlo, este es uno de mis dichos preferidos:

La realidad siempre es tu aliada.

El motivo es algo que salta a la vista: todo lo demás es fantasía. Por eso, para que podamos obtener resultados reales en el mundo real *debemos estar al tanto de lo que es, y no de lo que desearíamos que las cosas fueran o de lo que pensamos que deberían ser o que somos inducidos por los demás a creer que son*. Lo único que al final va a ser real es lo que es. Allí es donde se producirán las ganancias y se hallará el amor.

En el libro *Good to Great*, Jim Collins menciona una investigación de empresas que lograron una transformación hacia la grandeza, multiplicaron los mercados 6.9 veces y mantuvieron esos resultados durante quince años. Estas empresas, que tenían una estela muy real, contaban con un factor que él mencionaba como confrontación de los hechos brutales. Se trataba de un principio de que el éxito solo puede construirse si se observa la realidad claramente y se la enfrenta. Si a los perros no les gusta, tienes que poner manos a la obra en eso. Él lo explica de este modo:

«Las empresas que se transformaron de buenas a excelentes manifiestan dos formas distintas de pensamiento disciplinado. El primero, que es el tema de este capítulo, es que infundieron la totalidad del proceso con los hechos brutales de la realidad. No tienes posibilidades de tomar una serie de buenas decisiones si primero no confrontas los hechos brutales. Las empresas que se transformaron de buenas a excelentes operan en concordancia con este principio y las empresas de comparación por lo general no» (p. 70, en inglés).

Su lenguaje proviene de una frase en una conversación con el almirante Jim Stockdale, prisionero de guerra en Vietnam, torturado y encarcelado durante ocho años, y honrado con la medalla de honor del Congreso. En dicha conversación, Stockdale revela el secreto de su supervivencia:

«Esta es una lección muy importante. Jamás debes confundir la fe de que al final vencerás (algo que jamás debes perder) *con la disciplina para confrontar los hechos más brutales de tu realidad actual, cualquiera sean*» (pág. 85, cursivas del autor).

Ya sea que estés en un espantoso campo de prisioneros de guerra, en un conflicto económico en tu matrimonio, o en la estrategia de una empresa que ocupa el puesto 500 en Fortune, enfrentar la realidad siempre será tu aliada. Será tu clave para crear y alcanzar una nueva realidad. Sin embargo, no podrás alcanzarla si primero no sabes dónde estás parado. Como lo expresó la mujer que aconsejaba: «No me importa cuál sea la verdad, tan solo dila. Tengo que saber lo que es cierto, y luego sabré qué hacer».

Quienes obtienen los máximos resultados enfrentan la realidad y tratan con ella. Los que no, evitan la realidad de alguna manera o tienen aspectos de su carácter que los mantienen alejados de ella, como ya veremos. Muchas veces esto es por mantener la comodidad. Es difícil ver lo que es la realidad y vivir de acuerdo a eso. Nos sentimos mejor cuando podemos hacer que no sea tan así de alguna manera. Atribuimos la verdad de nuestro comportamiento a alguna influencia externa, como si dijéramos: «No fui yo». Por alguna razón, el gerente general no podía ver que no era culpa del mercadeo. Era la comida para perros. ¿Qué aspecto de su forma de ser le impedía ver esto?

Me desarrollé como golfista de torneo, y una de las mejores lecciones que aprendí en la vida provino de mi entrenador infantil, un malhumorado profesional lleno de experiencia. En mi temprana adolescencia, si jugaba un torneo debía informarle cómo había sido. Él me preguntaba cómo habían sido mis golpes y yo comenzaba a hacer comentarios editoriales. «Me iba muy bien y hubiera hecho golpes bajo el par, hasta el número dieciséis. La lancé a una zona sin pasto y de ahí directo al matorral. No pude salir de ahí por lo que hice un dos sobre par. Si no me hubiera pasado eso, habría hecho ¡69 golpes! Después de esto, me desconcentré e hice dos errores más». Casi podía sentir la emoción de mi ronda subpar que se había convertido en 73. Sin embargo, lo que le estaba transmitiendo a él era la falsa realidad que yo vivía, como si el 69 fuera más real que el 73. Me hacía sentir mucho mejor pensar en «lo que podría haber sido… si tan solo…».

No recuerdo cuándo me lo dijo por primera vez, solo recuerdo que me lo dijo *siempre* hasta que no fue necesario que lo repitiera más porque lo había aprendido: «Henry, no te pregunté *cómo*. Te pregunté *cuántos*». En otras palabras, a **la tarjeta de puntuación** no le interesa cómo hiciste tal o cual mal golpe ni cómo podrías haber jugado bien, ni cómo serías Jack Nicklaus si la tierra fuera cuadrada. Con ese mantra sencilla, lo que me estaba diciendo era: *la realidad son los golpes.* Cuántos golpes diste y punto. Eso es lo cierto, y mientras permanezcas en lo que desearías que fuera verdad o cómo pensarías que debería ser, jamás verás lo que *es* verdad y jamás llegarás a donde podrías llegar.

Sin embargo, cuando aprendí aquello, tuve que ver lo que era real. Yo *mandé* la bola al matorral, e *hice* uno sobre par en dos hoyos. *Arruiné* el juego. Ahora, vive con eso. Enfrenta los hábitos del balanceo que produjeron eso, trabájalos, y la próxima vez tendrás una oportunidad de hacer las cosas de manera diferente. Sin embargo, no será así hasta que no reconozcas que diste 73 golpes y no 69 o los que hubieras deseado.

Mi cliente estaba usando el mismo proceso mental con su esposa, y muchos ejemplos de empresas de Collins han fracasado por usarlo también: *pasar tiempo en un universo alternativo que no existe para hacer que aquel en el que vivimos nos parezca mejor.* Sin embargo, en la realidad, podemos hacer que el universo en que vivimos sea mejor solo viendo lo que sucede y encarándolo. Según lo señala Collins, así es cuando se puede lograr el éxito, y no está fuera del alcance de la gente, cuando enfrentan la realidad. Si lo piensas, existe una razón muy simple: las cosas suceden por una razón.

Conversaba con una persona exitosa del rubro editorial acerca de los libros que tienen éxito y por qué. Eso nos llevó a una conversación acerca de las personas que tienen éxito y por qué. Ya finalizando la charla, él dijo: «En definitiva, la gente llega a donde debe llegar. Si lo logran, hay una razón. Si no lo logran, también la hay».

Sabía a qué se refería. Si bien existen golpes de suerte excepcionales y circunstancias que adornan la vida de la gente, y espantosas tragedias que golpean a otros y afectan los resultados, la regla general es que puedes observar determinado escenario y ver el «porqué».

Tiene mucho que ver con la gravedad y los aviones. No es por suerte que se mantienen en el aire. Si se mantienen allí y siguen volando, es porque las alas están firmes y el motor funciona. Las turbinas no están incendiadas. Si está en el aire, hay una razón. Esas son las clases de realidades que gobiernan este universo. A pesar de la teoría del caos y las antinomias acerca del azar que aparecen, y todo tipo de cosas extrañas que no comprendemos, sigue habiendo orden en el universo y las reglas de la realidad. El truco es hallarlo y mantenerse en ello, sea aleatorio u ordenado. Es lo que es. Y las personas de éxito viven en él y negocian en él. No obstante, para llegar a eso primero tenemos que poder *ver*. ¿Qué evita que veamos que no se trata del mercadeo sino del producto (la comida para perros) en sí?

Estudios de segundo año y más realmente es para los que son honestos. Tienen la base y no mienten. Sin embargo, cuentan con otros aspectos del carácter que evitan que tengan puntos ciegos. Nuestro gerente general de la comida para perros no era mentiroso. Estaba desenfocado. Y aquí está el punto: lo que hizo que eso sucediera está enraizado en su carácter. Daremos una mirada a algunas de esas cosas, más allá de la honestidad básica. ¿Cómo es el carácter de algunas personas para que los ayude a ver y estar más al tanto de la realidad que los demás? ¿Qué les da una visión clara? Veamos.

Cómo son las personas que están al tanto de la realidad

el pastor Rick Warren hizo historia en el ámbito de las publicaciones cuando *Una vida con propósito* se convirtió en el libro de mayor venta dentro del rubro no ficción en la historia de las publicaciones. Él consiguió logros increíbles tanto en el campo editorial como en crear una iglesia y una organización exitosas. Saddleback, la iglesia que él inició, tiene 80.000 miembros inscriptos.

No obstante, no siempre ha sido así. En 1980, cuando él y su esposa Kaye sin un céntimo y recién egresados del seminario se mudaron al sur de California para iniciar una iglesia, tuvo una iniciativa interesante. En lugar de hacer como todos y buscar un salón, conseguir músicos y preparar algunos sermones, su primera iniciativa fue no comenzar nada de eso. En cambio, fue puerta por puerta para preguntarle a la gente por qué no asistía a la iglesia. Entonces creó una iglesia que no tuviera ninguna de esas características indeseadas. Y les ofreció lo que necesitaban. Hoy Saddleback es una de las iglesias más grandes de los EE.UU. Forbes lo expresa así: «Si la iglesia de Saddleback fuera una empresa sería comparable a Dell, Google o Starbucks» (16/02/04).

Buscar la realidad

Pues bien, ¿qué tiene que ver esto con el carácter? Piénsalo. Warren *no supuso, ni pensó ni actuó* como si conociera la realidad. En cambio, *la buscó*. Fue tras ella, incluso puerta por puerta. Sin embargo, muchas personas debido a su orgullo o narcisismo, o porque son terriblemente obstinados, encaran una tarea como esa y dicen básicamente: «Apártense de mi camino, sé lo que hago». Tienen un enfoque de sabelotodo y, en consecuencia, se pierden de saber cuál es la realidad.

Pero las personas que consideran que la realidad es su amiga, no creen tener la comprensión absoluta de esta. En algún lugar escribí la historia de un amigo que era el vicepresidente general de mercadeo de Procter & Gamble y había tenido un éxito extraordinario en dos continentes cuando lo enviaron a China para desarrollar el negocio desde un pequeño comienzo. En dos años llevó el negocio de casi nada a poco menos que mil millones de dólares en ventas. Fue un logro excepcional. Un día le pregunté cómo lo había hecho.

En realidad uno no sabe lo que no sabe. Cuando crees que todos piensan que los dientes son dientes, descubres algo distinto, si es que buscas conocer la realidad. Él fue allá y primero trató de comprender a la gente. Vivió en un campo de arroz para descubrir cómo usaban el detergente y también para aprender lo más que pudiera sobre las personas. Entonces descubrió algo más sobre ellos que lo llevó a conseguir grandes beneficios:

«Me enteré que los chinos creían que los dientes eran de esmalte sólido e inmunes al daño. Esto hacía que el cepillado de los dientes fuera solo para "limpiar la superficie". Las pastas dentales chinas eran muy espumosas y de diversos sabores, pero solo un par de líneas intrascendentes tenían fluoruro. Colgate con fluoruro se había lanzado al mercado tres años antes, de manera que corríamos con desventaja. En contraste con esta creencia establecida del consumidor, cuando le mostramos a los chinos que los dientes son, en realidad, porosos con miles de pequeños orificios y que Crest con fluoruro los rellenaba fortaleciendo así los dientes, pudimos observar una importante y duradera respuesta de los consumidores hacia la línea».

¿Qué consiguió esto? El carácter. Fue su carácter que no supuso que lo sabía todo sino que hábil como era, tenía todavía más cosas que aprender. Fue allá a descubrir lo que no sabía y en el proceso conoció la realidad que necesitaba saber.

Tuvo la humildad para entrar y no suponer que ya conocía cómo era la cosa para en cambio *procurar descubrir cuál era la realidad*. Las personas con una orientación hacia la verdad, *la buscan*. La buscan y hacen todo lo posible por hallarla para saber dónde están parados y qué pasos hay que dar. Básicamente consideran que la realidad es su mejor aliado, por eso hallarla se convierte en algo de suma importancia.

Lo interesante en cuanto a esta clase de personas es el profundo deseo que tienen por descubrir lo que es cierto. Se diferencian de las personas que son honestas pero que no dan los pasos concretos necesarios para descubrir más sobre la realidad. Muchas personas no niegan la realidad cuando esta acude a su puerta. Son capaces de reconocerla y no rechazarla. Sin embargo, son básicamente pasivos en cuanto a esto, en vez de activos. La clase de personas a las que me estoy refiriendo aquí van tras la realidad como si de ello dependiera su vida. *Tienen* que hallarla.

En el ejemplo anterior de Michael Dell nadie vino a decirle que la mitad de los empleados estaban por irse de la empresa. Descubrió esa realidad porque la buscó. Se hicieron entrevistas internas para descubrir dónde estaban las personas y cómo se sentían allí. Esa es la clase de búsqueda a la que me refiero, y es importante en todos los aspectos de la vida. Los matrimonios que funcionan, por ejemplo, están formados por miembros que continuamente van tras la realidad de cómo está el otro. Por ejemplo, John Gottman descubrió en su investigación que, en los matrimonios sólidos, los cónyuges están sumamente conscientes de la realidad del mundo del otro:

«Al contrario, las parejas emocionalmente inteligentes están íntimamente familiarizadas con el mundo del otro. A esto lo denomino tener un mapa de amor rico y detallado (denomino mapa a la porción del cerebro donde se almacena toda la información importante acerca de la vida de tu cónyuge). Otra manera de expresarlo es diciendo que estas parejas han hecho un gran espacio cognitivo para su matrimonio. Recuerdan los hechos importantes en la vida del otro y mantienen esta información actualizada a medida que los hechos y los sentimientos del mundo de su cónyuge van cambiando».

Y más adelante: «Las parejas que tienen mapas de amor detallados del mundo del otro están mucho mejor capacitados para enfrentar los conflictos y los sucesos estresantes» (Dr. John M. Gottman y Nan Silver, *The Seven Principles for Making Marriage Work,* Three Rivers Press, NY, 1999).

Estas parejas «mantienen esa información actualizada a medida que los sucesos y los sentimientos del mundo de su cónyuge van cambiando», con la idea de que procuran activamente conocer la realidad del otro. En otras palabras, conocer la realidad tanto en los negocios como en el matrimonio es el primer paso para hacer que todo funcione. Sin embargo, esta clase de conocimiento no viene de manera pasiva. Debe procurarse de manera activa.

El opuesto de buscar la realidad de manera activa es evitarla. La persona que evita descubrir lo que es cierto podría estar haciendo esto por una amplia variedad de razones del carácter. Tomemos a nuestro gerente de la comida para perros. Al no ver que su producto tenía graves problemas, perdió muchísimo dinero, recursos humanos, tiempo y posicionamiento en el mercado. ¿Cómo pudo ser tan ciego? A nosotros nos parece sencillo al escuchar la historia, pero todos los días la gente hace esta misma clase de cosas por culpa de problemas básicos del carácter. Algunos de los ejemplos más comunes son:

- Inversión emocional en la realidad de otro (podría ser que el padre del gerente iniciara la empresa y fuera el creador de la fórmula original del alimento. Afirmar que no era buena implicaría abandonar una porción importante de historia emotiva).
- Temor de lidiar con las implicaciones (si el producto es malo entonces, ¿dónde estamos parados? ¿Ya no estamos en el negocio? Si esa es nuestra fórmula principal, y es horrible, entonces, ¿cuál es el próximo paso? Este tipo de realidad exige cierta dosis de valor para posiblemente encarar un nuevo comienzo y descubrir toda una nueva estrategia que permita que esto funcione).

Esencialmente orgulloso, arrogante, ostentoso o narcisista es la persona que se considera por encima de los demás, mejor que todos, que lo sabe todo y que está al tanto de cómo es la realidad. Reconocer que está equivocado en alguna cosa es algo que ni siquiera asoma en su horizonte.

Cualquiera sean los temores o las razones, se relacionan con la forma de ser básica del individuo. La orientación hacia la verdad es una postura que la gente asume en la vida. Es su manera de ser en el planeta o, como lo expresaron los existencialistas, su manera de «estar en el mundo». Su tendencia es la verdad y se apoyan en la realidad como orientación para su vida, del mismo modo que una brújula señala el norte. Así son.

Esta búsqueda de la verdad suele equilibrarse en tres direcciones. Primero, la buscan en el mundo exterior. Desean saber qué es cierto en su entorno, en su empresa, en el mercado y en el universo. Desean estar bien al tanto de cómo son las cosas. Saben que esa es la única manera de tener éxito al final y han abandonado el orgullo de «ya saber cómo es» a cambio del beneficio de hallar cómo es en realidad. Como lo expresó Peter Drucker:

«Un tema constante es la necesidad para el tomador de decisiones en la empresa individual de enfrentar la realidad y resistir la tentación de lo que "todo el mundo sabe", la tentación de las certezas, del ayer, que están por convertirse en las nocivas supersticiones del mañana. Administrar en momentos de turbulencia, por tanto, implica enfrentarse a las nuevas realidades. Significa que hay que preguntarse: "¿Cómo es el mundo en realidad? En vez de empezar con las aseveraciones y suposiciones que tuvieron sentido hace unos años» (Peter F. Drucker, *The Daily Drucker*, Harper Business, 2004).

Segundo, buscan esta clase de retroalimentación sobre **sí mismos**. No solamente esperan que los demás den su opinión sino que la procuran por ellos mismos. La desean y la consideran una oportunidad de crecimiento. En cierta oportunidad estuve en un retiro de ejecutivos con un reducido grupo de altos directivos que se habían reunido durante tres días para procesar cosas. Uno de ellos era alguien con mucho futuro, una estrella que recién estaba surgiendo. El resto del grupo ya eran veteranos con mayor experiencia. La primera noche todos dijeron al grupo de dónde eran, a qué se dedicaban, cómo les iba y qué necesitaban del resto del grupo.

Cuando él terminó, uno de los más experimentados ofreció: «¿Quieres una opinión?» Lo dijo de una manera que uno se quedaba pensando si estaba por dar un consejo sabio o una reprimenda por haber estado en Babia en algún sentido. No había manera de deducirlo de su cara de póquer. Sin embargo, jamás olvidaré la respuesta inmediata del joven súperestrella: «Por supuesto, será un regalo». Él consideraba la retroalimentación, cualquiera que fuera, como un don ya que le daría un poco de realidad que él no conocía. Recuerdo que entonces pensé: «Vamos a ver los logros de este joven perdurar durante mucho tiempo».

Los buenos quieren conocer la realidad de lo que son y están al tanto de que no somos proclives a vernos a nosotros mismos con exactitud. «Buscan» estos conocimientos en una variedad de maneras. Algunos comisionan proyectos de retroalimentación panorámica para ver cómo les va. Otros se ponen en manos de mentores, de un grupo de referencia al que rendir cuentas, de un terapeuta o de alguien que los conozca. Sin embargo, al hacerlo, no andan tras los halagos sino tras la realidad. Les piden a los demás que les digan lo que ven.

Si deseas conocer tu nivel de comodidad respecto a este asunto, piensa en lo que sería ir con las personas que trabajan contigo o con quienes tienes una estrecha relación y darles absoluto permiso de ser sinceros al responder a la siguiente pregunta: «¿Cómo es relacionarse conmigo?» Algunos se entusiasmarán de poder conocer más de sí mismos, mientras otros se pondrán nerviosos ante la idea. El buscador por lo general se siente animado ante la posibilidad y considera que esa realidad es su aliada. Aunque signifique tener que enfrentar algunas novedades no demasiado agradables, ve los resultados como positivos.

Solo por medio del descubrimiento de esta clase de realidad conoceremos nuestras verdaderas fortalezas y debilidades. Los grandes ejecutores se apoyan en ese conocimiento. Se concentran en sus fortalezas y se protegen de sus debilidades. Sin el conocimiento de la realidad sobre nosotros mismos, con frecuencia ni siquiera sabemos cuáles son unas y otras. Y conocer las propias fortalezas y debilidades puede ser la diferencia entre el éxito y el fracaso. Así lo expresan Marcus Buckingham y Donald Clifton de la Organización Gallup:

> *Te destacarás solo si maximizas tus fortalezas, jamás si solucionas tus debilidades. Esto no es lo mismo que decir: «ignora tus debilidades». Las personas que describimos no ignoraron*

sus debilidades sino que hicieron algo mucho más efectivo. Hallaron formas para obrar esquivando sus debilidades y permitiéndose así afilar sus fortalezas para optimizarlas. Cada uno lo hizo de manera distinta. Pam se liberó contratando a un consultor externo para que escribiera el plan estratégico. Bill Gates hizo algo sencillo: eligió a un socio, Steve Ballmer, que se ocupara de la empresa y él pudo regresar al desarrollo de software y redescubrir la senda de sus fortalezas. Sherie, la dermatóloga, sencillamente abandonó el tipo de medicina que la agotaba. Paula, la editora de la revista, declinó ofertas laborales (Buckingham and Clifton, Now, Discover Your Strengths, *Free Press, 2001, pp. 26-27).*

Los ganadores son los que se conocen así mismo a la perfección y pueden construir sobre ese conocimiento. Pueden usar sus fortalezas y rodear sus debilidades. A mi modo de ver, esta clase de debilidades no son las cuestiones del carácter de las que estamos hablando sino aspectos en los que no se tiene habilidad. El carácter siempre tiene que ser administrado y «arreglado». Sin embargo, a lo largo del camino, mientras crecemos hacia la entereza, realmente necesitamos conocer la verdad de lo que se trata. Cuanto más sepamos sobre nosotros mismos, más fuerte será nuestra posición.

Si reflexionas en esto, son las personas poco conscientes de sí mismas (ver más adelante) las más disfuncionales. Resulta una paradoja de la vida que mientras menos nos fijamos en nuestras debilidades, más se fijan los demás. El grado en que neguemos nuestras debilidades por lo general es el grado en que los demás nos miran diciendo: «¿Cuál es su problema?» Mientras menos nos observamos a nosotros mismos, más deben hacerlo los demás.

La clave de esto es que la naturaleza humana está preparada para «no ver». Desde la hoja de higuera en el huerto del Edén, hasta los conceptos freudianos de los mecanismos de defensa, pasando por Shakespeare y los conceptos existencialistas y humanistas de la psicología sobre el «falso yo», esconder la verdad de nosotros mismos es un rasgo de la humanidad que nadie pone en duda. Como lo expresó Shakespeare: «El necio cree ser sabio, pero el hombre sabio se sabe necio» (*Como quieras.*) El necio está fuera del alcance, no solo por sus partes necias o «debilidades» sino también por sus puntos fuertes. La tendencia humana natural es no vernos como somos en realidad.

Sin embargo, el carácter sabio sí se enfrenta consigo. Y he aquí el problema: Si nos engañamos a nosotros mismos, ¿cómo habremos de vernos dado que el «observador» (nosotros) es engañado? La respuesta está en esta cualidad del carácter que se llama «buscar» la verdad desde afuera. Los ganadores preguntan. En ocasiones contratan a personas que los ayuden a ver esto. Valoran la retroalimentación de los demás sobre ellos mismos porque saben que uno tiene puntos ciegos que no reconoce. Michael Dell necesitó escucharlo de otros. Desde su perspectiva, era tímido. Desde la de ellos, era distante. Sin embargo, salió ganando cuando procuró información desde afuera.

Si tememos la verdad acerca de nosotros mismos y tenemos una «postura» del carácter para esconder, entonces apuntamos en la dirección incorrecta, lejos de la realidad. Piensa en los rasgos del carácter que se interponen para generar esta clase de temor:

Temor de ver que estoy equivocado y tengo errores indeseados. Eso conduce a la culpa, o a temer que se pueda perder el amor, la aprobación o la reputación que me asignen las personas que me importan.

- Una mirada fija sobre mi persona debido a una experiencia pasada, ya sea positiva o negativa. Nuestras primeras relaciones nos dan una idea de quiénes somos, y fijarnos en nuevas percepciones significa que debemos desafiar aquellas primeras visiones, y eso genera ansiedad.
- Falta de habilidades o recursos para lidiar con lo que descubro. Si abro la caja de Pandora, ¿qué haré después?
- Una necesidad de rehacer por completo el plan o proyecto de vida. ¿Y si mis padres me hicieron creer que yo era habilidoso en un aspecto o que debía ser capaz de hacer tal y tal cosa, pero en realidad no tengo esa capacidad? ¿Y ahora, qué? ¿O si este fue mi sueño pero no conozco mis verdaderos talentos?
- El carácter que busca la realidad acerca de sí tiene el valor para enfrentar cualquier realidad que descubra. Cuando hablamos de «carácter que enfrenta las demandas de la realidad», parte de eso

implica enfrentar la demanda de la verdad acerca de nosotros mismos. La promesa de ese dolor es que cuando lo hacemos, podemos enfrentar incluso mejor las exigencias del mundo externo. Aquel que es veraz acerca de sí es también el más capaz para negociar las cuestiones externas a su persona.

La escuela de negocios de Harvard estudió la iglesia de Willow Creek en los suburbios de Chicago como resultado de su increíble cultura de crecimiento. Se inició modestamente, pero hoy es una de las iglesias más grandes de los EE.UU., con **20.000** asistentes, y sus conferencias para el liderazgo han recibido desde presidentes hasta importantes líderes empresariales de los EE.UU. Si pasas mucho tiempo trabajando dentro de su cultura, escucharás la frase: «dame el último diez por ciento». Eso significa que ellos saben dos cosas.

Primero, las personas tienen la tendencia de retener la opinión que al otro puede costarle escuchar y no siempre expresan una crítica completa sobre el desempeño de alguien. Por ejemplo, pueden decirte: «Estuvo bien, no de lo mejor, pero bien». Sin embargo, la parte que retienen, el último diez por ciento, es «Bueno, para serte sincero, necesitarías volver al tablero de dibujo y comenzar de nuevo», o «Antes de hacer eso de nuevo, busca ayuda». Segundo, *necesitamos ese último diez por ciento para llegar a dar lo mejor de nosotros*. Estoy convencido de que un aspecto de su increíble éxito en alcanzar sus objetivos ha sido el desarrollo de una cultura de caracteres que desean prestar atención a ese diez por ciento.

Para poder hacer eso, necesitamos un carácter que tenga avidez por la verdad. No solo la negativa sino también la positiva y la neutral. Más adelante nos referiremos, en el capítulo 10, a cómo aceptar las realidades negativas y ampliaremos las cuestiones del carácter que se interponen en el camino. Sin embargo, la cuestión es que el carácter de integridad siente *avidez, apetito,* por conocer la verdad acerca de sí mismo. Y esto viene de la búsqueda de las fuentes externas y de estar abierto a prestarles atención.

A veces incluso es positivo. En ocasiones, la gente rechaza la realidad positiva en cuanto a sí porque implicaría una enorme responsabilidad. «Tienes dones y capacidades que no estás usando y vamos a proponerte para que dirijas un departamento», pueden ser las aterradoras noticias. Y puede que ellos lo rechacen o no lo vean, a menos que provenga del exterior. En su autovaloración, puede que jamás den el paso de crecimiento necesario para convertirse en la clase de persona que podrían ser. A veces evitamos la verdad en ambas direcciones, positiva y negativa. Los ganadores procuran ambas, incluso aquella que los hace salir de su zona de comodidad.

Y tercero, buscan la verdad acerca de **otras personas**. No solo evitamos ver la realidad acerca de nosotros mismos, sino que a veces debido a nuestras experiencias pasadas o para mantener nuestra estabilidad interior, no vemos a los demás tal y como son en realidad.

¿Recuerdas a nuestro líder Brad del capítulo 2? Él no podía ver la realidad de Rick, su ejecutivo de ventas. No fue capaz de ver con claridad quién era ese muchacho en realidad, con sus fortalezas y sus debilidades. Eso no fue debido a algún tipo de bondad al estilo del Sr. Rogers que jamás reconocería algo negativo en una persona. Estuvo, en cambio, fundado en su dependencia de Rick para su propio desarrollo. Él no trataba de ser un buen chico que le daba a otro una oportunidad. Él trataba de salvarse a sí mismo. En consecuencia, se estaba metiendo en problemas por no enfrentar la verdad sobre otra persona.

Desde el individuo solitario que se enamora de un chiflado aunque sus amigos le digan: *«¿En qué estás pensando?»*, a las personas que contratan empleados equivocadamente o hacen alianzas impropias, nuestra tendencia a distorsionar a los demás tiene muchísimo que ver con cómo nos metemos en problemas. Y solemos hacerlo por unas pocas razones que tienen que ver con nuestra forma de ser.

Primero, somos ciegos para ver correctamente a los demás que de alguna manera nos recuerdan imágenes no resueltas de nuestro pasado. Habrás escuchado hablar de transferencia. Tenemos la tendencia de ver a los demás a través de los lentes de personas que hemos conocido previamente. En el buen sentido, nos puede motivar a estar más en sintonía con cosas que los demás pueden pasar por alto; por ejemplo, pudiéramos estar atentos para ver patrones dañinos con los cuales podríamos haber crecido. Sin embargo, si jamás lo hemos resuelto, puede suceder que seamos ciegos a eso o que reaccionemos de manera desmedida cuando lo enfrentemos. Casi todos pueden sentirse reflejados en esta experiencia, en la que tenemos más dificultad con cierta clase de personas que con otra. No obstante, otras personas pueden experimentar que esa persona tiene una rareza que pueden sobrellevar. Pero nos afecta, por supuesto, debido a una cuestión o herida no resuelta con una persona como esa que está en nuestro pasado.

Segundo, los distorsionamos según nuestras propias necesidades. Este fue el ejemplo de Brad y Rick. O la persona solitaria que necesita tanto una relación que todo el mundo le cae bien. O, por ejemplo, si nos sentimos abrumados, podemos idealizar a las personas que aparentan firmeza. Nos brindan un sentimiento de seguridad en medio de todo el caos. Lo que pasamos por alto es que pueden ser rudos e insensibles para con las necesidades de la gente. Ese amor por la firmeza desaparece y nos quedamos con un torpe. O puede suceder lo contrario. Si has pasado por un período en el que padeciste con alguien muy rígido, entonces te sentirás atraído por una persona con cierta sensibilidad hacia la gente. Sin embargo, no tomas en cuenta que en su amabilidad es una persona excesivamente pasiva, por lo que pierdes el respeto por él luego del primer alivio experimentado.

Tercero, a veces los distorsionamos porque no estamos conscientes de algo respecto a nosotros mismos. Recuerdo a un cliente que le recriminaba a unos que eran irresponsables y engañadores. Lo pusieron como loco. Y algunos de los que él etiquetaba de esa manera no eran para tanto. Tenían algunas manías pero no eran irresponsables ni impostores. Sin embargo, él los etiquetó de esa manera. Recuerdo que pensé que los había considerado de manera distorsionada, pero cuando lo confronté con eso, él no lo reconocía en absoluto.

No obstante, luego de un tiempo, otros que trabajaban a su lado aparecieron con una verdad que él no había revelado. Él no prestaba atención a muchas de sus responsabilidades y engañaba a la gente haciéndoles creer cosas que no eran. En la jerga psicológica eso se llama «proyección». Estaba proyectando en otros aquello que no era capaz de ver en sí. En consecuencia, no veía la realidad en ellos y perdía muchas personas buenas en el camino. Él era incapaz de ver lo bueno en esas personas porque proyectaba sus propios errores en ellas.

Recuerdo a un líder que estaba a punto de desperdiciar un negocio al contratar a un joven debido a las «asombrosas fortalezas» de este muchacho en determinado aspecto. Cuando lo entrevisté como parte de mi asesoramiento, no pude creer cómo el líder había idealizado las fortalezas de este joven. De ninguna manera era tan «asombroso» como mi cliente me lo había descrito. Sin embargo, lo más sorprendente era que las mismas capacidades que mi cliente observaba en el muchacho y por las que pensaba pagar bastante, eran capacidades *que él mismo tenía pero de las que no podía apropiarse*. No formaban parte de su imagen personal. Él proyectaba sus propias fortalezas en este joven porque él no se había apropiado de ellas. No necesitaba contratarlo. Necesitaba ver que era perfectamente capaz de hacer todo aquello por lo que estaba a punto de contratar a alguien que lo hiciera. Necesitaba dar un gigantesco paso de crecimiento para superar una imagen que tenía de sí, que había desarrollado en su relación con un padre y un hermano que siempre lo rebajaron.

Al contrario, las personas con un carácter integrado tienden a engañarse menos respecto a los demás. Han atravesado y superado sus propias cuestiones y distorsiones sobre otras personas al grado tal que pueden ver con mucha claridad. Y, como parte de esto, procuran conocer más. Los sabios son «cautelosos en la amistad», como dice el proverbio. Buscan conocer bien a la persona, cómo es esta realmente, antes de contratarla, de casarse con ella, de asociarse o de divorciarse, de despedirla o de no seguir con ella. *Podemos bandearnos hacia uno u otro lado, y el carácter completo siempre se pregunta: «¿Soy yo o es él?».* Procuran darse cuenta de dónde proviene la percepción y tratan de descubrir la verdad. Todos hemos escuchado alguna vez: «La subestimé» o «La sobreestimé». Las personas que han integrado su carácter tienden a hacer menos esas cosas porque van tras la realidad y desean verla, aunque esta sea incómoda o los haga enfrentar ciertas cosas.

El ego observador

Hemos visto el valor de obtener una retroalimentación de la realidad por parte de otros para conseguir una clara imagen de nosotros mismos. Eso es esencial. Otro mecanismo de retroalimentación que necesitamos acerca de nosotros mismos *de parte de nosotros*. Esta es nuestra capacidad para monitorear nuestros propios pensamientos, conductas, actitudes, sentimientos, capacidades, elecciones, valores, deseos, talentos y demás. Una cosa es conducir de manera segura cuando por el espejo retrovisor ves a un policía. Esa es una retroalimentación externa. Otra cosa es conducir de manera segura cuando estás en el camino solo. Eso es madurez.

Existen muchos términos para referirse a este aspecto de la forma de ser del hombre, pero los psicólogos lo denominan el ego observador. Ego significa yo, y observador se refiere al que «vigila», «está al tanto» o «presta atención». Entonces, es la parte de mí que me observa. Y los caracteres exitosos que dejan las mejores estelas tienen mucho de esto. Suelen verse como son y observan su conducta tal y como se manifiesta.

Hace poco estuve en un retiro de planeamiento estratégico con un grupo con el que estamos encarando un proyecto editorial. Al final del encuentro las cosas se estropearon. El problema fue que el presidente de la empresa que lideraba el encuentro se desvió en una dirección y agenda particulares, dejando al resto a un lado y luego, de alguna manera, impulsó su plan y se puso a hablar como si fuera el plan de todos. Pude percibir que la atmósfera cambiaba. Antes de dejarlos, quise contar con un poco de tiempo para pensar en cómo habría de responder ante lo sucedido antes de hablar con él. Era algo común en esta persona, y yo quería presentar el problema en el contexto del cuadro general. Era un buen hombre y alguien con quien me agradaba trabajar, por eso me interesaba llegar a buen puerto con él.

Sin embargo, antes de que pudiera confrontarlo, recibí un correo electrónico en el que se disculpaba por lo sucedido y reconocía que había «tirado un balde de agua fría» en aquella reunión, según sus propias palabras. Más tarde conversamos y me manifestó que él estaba consciente de esa tendencia suya de hacer lo que hizo aquel día, y me dijo que deseaba conversar más sobre ese tema. Él había visto lo que había hecho *antes* de que se lo dijeran. Mi esperanza de que esto no volviera a ocurrir aumentó. El carácter que se ve a sí mismo por lo general es capaz de autocorregirse.

Todos tenemos cosas y momentos de torpeza. Sin embargo, es bueno que seamos capaces de verlos por nosotros mismos y corregirlos. Este incidente no solo me dio más confianza respecto al futuro sino que también revelaba por qué este hombre había llegado a ser gerente general en una empresa pública y había logrado tener éxito durante tantos años.

Recuerdo otra reunión que presencié en la que el director de una importante red de televisión hablaba y se detuvo en medio de lo que estaba diciendo para aclarar: «Perdonen si estoy pareciendo dominante. Tengo la tendencia a hacerlo a veces, así que si hablo demasiado, solo díganmelo. Lo que pasa es que tengo muchas ideas sobre este tema». El resto del grupo dijo: «No, no, prosigue. Es muy útil», etc. Sin embargo, yo me quedé estupefacto al observar esa característica de reconocimiento *instantáneo.* Conocía su tendencia a ser perturbador en ese aspecto y fue capaz de notarlo en el mismo momento. Cuanto más hagamos esto, más nos pareceremos a los mejores aviones y naves espaciales. El tablero de instrumentos al instante le indica al piloto si se está saliendo del curso o si algo se está recalentando. En consecuencia, se pueden efectuar correcciones antes de que suceda algo malo.

Todos los seres humanos tienen errores, debilidades, falsas ilusiones, distorsiones, emociones que no son del todo maduras, fallas en el juicio y muchas otras cosas que pueden causar problemas. Cuando crecemos, estas cosas decrecen a medida que maduramos, pero siempre conservaremos algunas. Es inevitable. Sin embargo, *los problemas que esto puede generarnos sí son evitables, siempre y cuando seamos capaces de notarlo.* Cuando podemos vernos y observar lo que estamos haciendo, siempre podemos hacer algo al respecto. No antes. El ego observador es clave para hacer que cualquier cosa funcione. La capacidad de preguntarse «¿Qué estoy haciendo aquí?» es como una brújula que mantendrá todo en el camino correcto.

«Verdad neutralizada»

Los que siempre consiguen resultados óptimos y producen buenas estelas presentan otro aspecto de su carácter en cuanto a la verdad. Tiene que ver con lo que los psicólogos denominan «valencia emocional» para cualquier verdad con la que tratamos. La valencia tiene que ver con el poder de un asunto de índole emocional. A veces, cuando enfrentamos dificultades, el poder negativo de las emociones participantes supera la capacidad de metabolizar la realidad en sí. El caso extremo sería algo traumático, cuando alguien se ve incapaz de reaccionar. Sin embargo, día a día, todos podemos identificarnos con lo que sucede cuando nos enfrentamos a una noticia difícil en el trabajo y tenemos que responder.

El carácter que lo logra, tiene la capacidad de «neutralizar» la dura verdad, haciendo que no sea abrumadora sino algo a considerar sin la espantosa y terrible carga emocional que viene con ella. Abundaremos sobre el tema en la parte donde nos referiremos a cómo enfrentar lo negativo, sin embargo, es importante mencionarlo ahora ya que es un bloqueador clave del carácter en la capacidad de algunos para ver la realidad.

La idea no es convertir a todo el mundo en el Sr. Spock, carente de sentimientos. Sin embargo, las personas con un carácter integrado son capaces de ver los problemas y las cuestiones en lo que concierne a las cosas aparte de ellos, o concerniente a ellos, o concerniente a los demás, de una manera tal que se quita el «dolor». Por ejemplo, neutralizan la verdad negativa con la amabilidad. O, por lo menos no son rudos para transmitirla. Tiene que ver con la realidad y no con la persona. Se ocupan de las cosas como son y son capaces de ver las cosas de una manera que no está personalizada en ellos ni en otro. De esta manera, pueden desayunarse con la realidad sin sentirse enfermos. Cuando consideran un asunto, se ocupan de este sin aborrecer al otro ni a ellos mismos, tampoco despliegan tanta emoción negativa que no les permita hallar una solución.

Hace varios años, cuando apareció internet, yo subí una página electrónica para la venta de productos. Estaba sumamente emocionado de haberla creado, que funcionara y recuerdo haberme sentido muy bien por haber comenzado a formar parte del comercio electrónico. Luego, un amigo exitoso en el comercio a través de la red me llamó y dijo:

—Vi tu página.

—¿De veras? ¿Y qué te pareció? —le pregunté.

—Tendrás que tener un GPS para poder comprar algo. No funcionará.

¡Vaya aguafiestas! Sin embargo, él me dio su opinión en un tono de voz «neutral». Eran malas noticias, pero neutralizadas por su tono y su cuidado. No me denigró, tan solo me mostró la realidad. Fue muy útil y yo reparé el sitio.

¿Y si él hubiera sido rudo, arrogante o me hubiera rebajado? Es probable que no le hubiera prestado atención a su retroalimentación. Me habría costado asumir el impacto de la interacción más que del problema, que era el punto central. Las personas con un carácter integrado no tienen emociones polarizadas extremas que impidan el uso de la verdad. Han conseguido quitarle el «aguijón» a la dura verdad para poder usarla y mejorar las cosas.

Y «neutralizan» también las cosas positivas. Si se trata de buenas noticias, no se vuelven tan dementes como para no ver la realidad de las otras partes del cuadro, que también forman parte de la verdad. Ampliaremos este concepto en la sección de ruptura, pero es importante prestar atención al tono de la verdad cuando llega a ti. ¿Es demasiado cruel o hiere demasiado por lo que te sientes aplastado? ¿O acaso las buenas noticias te ponen tan eufórico que olvidas que sigue habiendo un mundo real del que tienes que ocuparte? La madurez une verdad, cuidado y realidad, todo junto, para que ningún aspecto se deje de lado.

El juicio y los estados emocionales

En un sentido bastante real tenemos más de un cerebro. O, al menos, más de un sistema en nuestro cerebro. Uno «piensa» emocionalmente, y subjetivamente, y el otro con mayor lógica, con razonamiento y juicio. Si estamos en un buen día, ambos trabajan unidos y asociados. No sería descabellado decir que se «informan» el uno al otro y aportan al tomarse una decisión. En un carácter equilibrado, son buenos amigos y trabajan como si fueran un pequeño comité.

Sin embargo, al igual que en cualquier comité, este estará sujeto a la preponderancia de uno sobre el otro así como a la armonía. En un comité real, uno de los miembros podrá ser más poderoso que los demás y dominar el proceso y terminar tomando todas las decisiones. Nuestro cerebro también puede trabajar de esa manera. Si el costado emocional domina, podremos ser vulnerables y tomar algunas decisiones realmente malas que muestren escaso juicio.

El carácter integrado no hace esto. En el largo plazo mantiene el equilibrio entre las emociones fuertes y el juicio. Aunque pueda sentir que «pierde» frente a alguien en un arrebato y pensar cosas como «lo mataría», no lo hace. Sigue teniendo acceso a todas sus facultades del pensamiento y el estado emocional en el que se halla no se «extralimita».

Así que, un asunto a tratar es el poder de los estados emocionales. Sin embargo, recuerda: cuando debatimos acerca del carácter, nuestra definición no es sobre si alguien es «bueno» o «malo» en el sentido moral. Debatiremos la moralidad en la parte de la trascendencia. Lo que siempre estaremos considerando es la «capacidad de alguien para enfrentar las demandas de la realidad». Cuando una persona experimenta estados emocionales tan fuertes que su capacidad de pensamiento se ve disminuida o superada, entonces su capacidad de enfrentar lo que la realidad le plantea en ese momento se ve disminuida.

Todos podemos sentirnos identificados. Piensa en la ocasión en que recibiste malas noticias y, por tanto, no puedes tomar decisiones importantes en ese momento. Quizás hasta te tomaste el día, sabiendo que no serías de demasiada ayuda para nadie hasta que pudieras metabolizar lo sucedido. O, en menor medida, tuviste un fuerte enfrentamiento con alguien antes de una reunión y al ingresar, en realidad estás pero «no estás» allí. Tu mente está absorbida por el poder de los sentimientos del encuentro previo. Todo esto es normal.

Aparte del poder, el otro tema a considerar es que el lado sentimental de las cosas es absolutamente subjetivo. Por ejemplo, «piensa» en términos globales. En otras palabras, si algo es triste y tiene mucha fuerza, «todo el mundo» parece malo en ese momento. Recuerda a tu compañera de la escuela secundaria que se entera que no conseguirá quitarse los frenos de los dientes para su fiesta de graduación. Se le terminó la vida. Un estado emocional subjetivo tiene escaso acceso a algunos de los aspectos del pensamiento que tienden a brindar estructura y entendimiento al significado del hecho emocional. De modo que si acontece algo que atemoriza o es algo malo, el estado subjetivo se convierte en el total de lo que es y no recuerda que todo va a estar bien, que esas cosas llevan su tiempo, que hay ayuda disponible, que necesitamos buscar más evidencias, que sobreviviremos a esto, que los negocios son cíclicos y que con el tiempo volverán a estar bien, que todos pierden en alguna oportunidad, que otros proyectos funcionan bien, que otras personas te aprecian aunque esta en particular no, que existe alguien en alguna parte que puede solucionar esto, que no es el fin del mundo, etc.

De modo que si sumas el poder de ciertos estados emocionales junto con la subjetividad de las emociones, podrás tomar algunas decisiones espantosas si es que no consigues acceder a tu yo racional y pensante. En un sentido, puedes hallar el origen de muchos éxitos en este mismo componente del carácter. En los negocios hay altas y bajas. Los ganadores en cierto grado están «por encima» de la montaña rusa y tratan con la realidad tal y como es, y no como la perciben con sus sentimientos. Cuando un trato se estropea, ponen manos a la obra y piensan cómo salir de eso. A la inversa, son capaces también de regular las emociones positivas. Cuando obtienen una importante ganancia en el mercado o con un producto, no lo «apuestan todo» de inmediato a esto. Piensan en la necesidad de mantener las reservas, la diversificación, la inversión, los beneficios y otras estrategias «sabias» que se decidieron cuando prevalecían las cabezas frías. Es el equivalente comercial de enamorarse. Luego de un buen fin de semana, no hacen las maletas y se van con su amante a Las Vegas para casarse porque fue «tan bueno». Ellos saben cómo usar ambos lados de su cerebro.

Desde el padre que se enoja con la maestra y de inmediato retira al hijo de la escuela, hasta el gerente que se asusta y se echa atrás porque las cifras no acompañan y cambia de estrategia sin pensar en las consecuencias, la capacidad para controlar tus pensamientos cuando tus emociones están encendidas es vital para el éxito. He sido testigo de cómo algunas personas literalmente tiraron millones de dólares porque su estado emocional superó su buen juicio. Debido a la fuerza de la subjetividad de lo que estaban sintiendo, tomaron decisiones tontas. El carácter integrado no hace esto.

¿Por qué? ¿Poder de decisión? En cierto sentido sí, pero en otro no. No es que quien se abrume por causa de sus estados emocionales sea un cabeza hueca o tenga una voluntad débil. Tiene más que ver con lo que están pasando interiormente y que todavía no se ha metabolizado, trabajado, comprendido, expresado y resuelto. Cualquiera que haya pasado por algo traumático y no lo haya elaborado por completo puede estar sometido a esta clase de cuestiones. De modo que todos somos vulnerables a esto. A todos nos corresponde ocuparnos de cualquier dolor no resuelto para que ninguna cuestión de la realidad interfiera y supere nuestra capacidad de tomar buenas decisiones.

La otra cuestión puede que no sea que las emociones sean tan fuertes sino que el cerebro pensante también necesite crecer un poco. Como veremos a continuación, puede estar sujeto a pensamientos de «todo o nada» o de «catástrofe», o quizás no haya tenido las suficientes experiencias estructuradas para internalizar que ayudan a tranquilizar a la persona en los momentos de emociones intensas. En ese caso, el camino para el crecimiento implica comenzar a exteriorizar esos sentimientos con alguien que pueda ayudar a la persona a internalizar algunos procesos del pensamiento que sirvan como agente tranquilizador interno en la escala emocional.

No importa la causa, la estela de la vida de las personas es diferente si no están dominados por su estado emocional y conservan el buen juicio más allá de lo que estén sintiendo.

Jekyll y Hyde

Todos conocemos a alguien a quien nos referimos como Jekyll y Hyde. Eso por lo general significa que son dos personas completamente diferentes. Si bien es una expresión exagerada, todos podemos en cierta medida relacionarnos con el concepto. El vocablo técnico es *disociación*. Significa que algún aspecto de nosotros no se conecta con otro, y a veces es completamente opuesto.

La forma más común y conocida de esto es la disociación entre «bueno» y «malo». Existe la tendencia de verse uno mismo, a los demás y al mundo en términos de «todo bueno» y «todo malo». Es el sello de la formación inmadura del carácter. Digo inmaduro, porque se trata de una etapa *normal* del desarrollo del pensamiento y la percepción en la etapa inicial de la vida. Si piensas un poco en ello, no te encontrarás con muchos niños pequeños que experimenten un día «gris». Es blanco o negro. O están felices y sonriendo si están calientitos, alimentados, cuidados y secos. O están rojos de furia. No hay mucho intermedio. No piensan: «Estoy un poco incómodo, pero podría ser peor. Ella me alimentó hace unas horas y estoy agradecido por eso. Espero que no tarde mucho en volver». A decir verdad, no «piensan» en absoluto. Sienten y perciben, sin pensarlo demasiado. Experimentan lo que mencionamos como estados, por ejemplo, el estado de las cosas que están «bien» o «mal». Esto los incluye a ellos, a los demás y al resto del mundo.

Esto está bien si tienes menos de tres años de edad y no tienes gente a cargo ni estás tratando de lograr cosas, o no eres un cónyuge, un padre o algo que exija procesos de pensamiento maduros. Sin embargo, si te ves a ti mismo, a los demás o al mundo en términos de todo bien y todo mal, entonces perderás mucho contacto con la realidad y tomarás algunas decisiones necias.

Estuve en una reunión en la que discutían la inclusión de un muchacho en un proyecto. Tenía muchas fortalezas y podría haber aportado mucho a la dirección de las cosas que se consideraban. También tenía algunos aspectos de desarrollo que no habrían aportado mucho. Cuando uno de los directores entró y se enteró lo que estábamos debatiendo, reaccionó de inmediato diciendo: «¡De ninguna manera! ¡Ese muchacho es un necio total! Es un imbécil. De ninguna forma lo traeremos aquí».

Recuerdo que pensé: «¡Vaya! ¿Qué tenemos aquí?». Antes de que tuviera oportunidad de preguntar, el director respondió. Empezó un relato cargado de sentimiento acerca de un proyecto en el que había trabajado y el muchacho no hizo las cosas de la manera en que el director lo deseaba. Lo describió desdeñosamente, como si fuera la peor persona del mundo. Esto decía mucho más acerca del director que del joven en cuestión. Me previne a ser cuidadoso al prestar atención a sus evaluaciones. Además, debía tener cuidado de no confiar en él demasiado ya que quedaba claro que si alguna vez lo frustraba y caía en la mala con él, no habría regreso o, al menos, no sería sencillo.

Nos referiremos con mayor amplitud a esta tendencia en la parte sobre cómo encarar a los que son negativos y tratar con ellos, pero por ahora es importante ver cómo opera la disociación. Cuando la gente ve las cosas de manera polarizada, (esto o lo otro, blanco o negro) pierden mucho de la realidad. Cuando fracasan o cometen un error, se ven como «todo mal» y se sumergen en una espiral descendente. Por supuesto, si alguien les falla o comete errores, hacen lo mismo con esa persona. Si un proyecto empieza a tener problemas, entonces «se estropea».

Pero el carácter maduro no hace esto. Observa el mundo en lo que los sicólogos denominan: representación global. En otras palabras, cuando mira a una persona, incluso alguien que se haya equivocado, lo ve como un «todo» de lo que es y no solo por ese error. Por eso, puede ver también las fortalezas.

Del mismo modo, al observar la realidad externa, el carácter maduro puede ver el cuadro completo sin fijarse en un lado o el otro. Mira algún programa de noticias en el que se debata un tema político y observa la absoluta incapacidad de algunas personas de ver el cuadro completo. Solo ven un extremo, en especial cuando se involucran las emociones. La capacidad de hacerse cargo de complejidades de todo tipo es un distintivo de la mente madura. Los niños, por ejemplo, te dirán enseguida que si alguien toma algo de otro, estará haciendo algo malo. Un adulto comprende que si un oficial de policía se apropia de su automóvil para atrapar a un asesino fugitivo, es algo bueno.

Para conducirnos con madurez, no podemos operar viendo al mundo en términos de «esto o lo otro». Es como tratar de jugar al tenis usando solo golpes derechos y no de revés. Habrá muchos golpes que no podrás devolver. Resulta frustrante trabajar con alguien o relacionarse con alguien que no puede tolerar los «grises» o algún grado de complejidad que desafíe su pensamiento rígido. Resolver conflictos es mucho más difícil todavía, ya que la resolución por lo general requiere una capacidad de ver y trabajar la verdad del otro lado e integrarla con la visión de uno, y hallar una solución que trascienda cualquier polarización.

Verlo de manera diferente: la capacidad de asimilación y adaptación

Entré al elevador junto con el presidente de una empresa con el que estaba trabajando y él me pidió mi tarjeta profesional. Estábamos en 1993 ó 1994, justo cuando internet estaba comenzando a desarrollarse. Le di mi tarjeta con mi flamante dirección de correo de AOL impresa en ella. La tomó y se quedó mirándola asombrado.

—¿Figura aquí, en tu tarjeta profesional, tu dirección de correo electrónico? —me preguntó con cierto recelo.

—Así es —le respondí.

—¿Y por qué alguien querría poner la dirección de correo electrónico en la tarjeta profesional?

—Bueno, según lo que leo, parece ser que a medida que pase el tiempo el mundo hará cada vez más negocios por medio del correo electrónico y de internet. Dicen que se usará más que los fax y otros medios para obtener documentos e información de las personas en el flujo normal de trabajo —respondí, tratando de fijar mi postura como alguien pronto a adaptarse a la nueva tecnología.

Sacudió la cabeza, revoleó los ojos y dijo:

—Ah, no… eso *jamás* sucederá.

Al observarlo, uno habría pensado que acababa de hablar con el mayor necio del planeta.

Sin embargo, recordé su reacción. No porque no estuviera informado sobre lo que sucedía en el mundo, sino por su orientación hacia la nueva información que desafiaba su visión del mundo. No fue que él tomara la información que yo le presenté, la pensara, la cuestionara y luego se mostrara en desacuerdo. Fue como si la información ni siquiera lograra entrar, y punto. Inmediatamente la rechazó, como si le resbalara. O la fulminó como a una figura de un videojuego. Fue inmediato y de alguna manera reflexivo. Pude percibir su rigidez.

Esto hizo que me interesara en su desempeño. Descubrí que tenía una historia (tenía alrededor de cincuenta años) de sumarse a empresas con un nivel particular de ingresos con cierto potencial. Aplicaba buena disciplina y estructura a sus operaciones y las hacía crecer al mejorar lo que estaban haciendo. Luego las llevaba hasta cierto nivel, alrededor de los 60 millones más o menos. Llegado a ese punto, se estancaban y permanecían allí. Parecía que hubiera un techo o límite en su capacidad de hacer que una empresa dentro de esa industria pasara determinado nivel.

Al trabajar en otros proyectos con él, pude ver por qué sucedía esto. Él tomaba lo que tenía frente a él ya existente y trabajaba con diligencia, sacándole el mejor provecho a lo que ya había. Era altamente disciplinado y aplicado. Sin embargo, era incapaz de hacer algún cambio o modificación en cosas que le exigieran ver nuevas maneras de hacer algo u obtener información nueva más allá de su manera de ver el mundo. Si algo entraba en conflicto con su visión del mundo, lo rechazaba como erróneo o falso. Por lo tanto, sus posibilidades de hacer las cosas mejor eran muy limitadas. Solo podía hacer más de lo mismo.

Este proceso se denomina asimilación y adaptación. Significa que alguien ha superado los niveles de procesamiento de la información de la infancia y puede adaptarse a la realidad para conseguir apropiarse de la realidad externa. Lo voy a repetir para enfatizarlo: es la capacidad de hacer que la realidad externa sea la propia realidad. Cuando lo piensas, es algo tremendo. Es bueno para tu visión del mundo ser real. Si no es así, pierdes mucho de tu capacidad de desempeño. Piensa, por ejemplo, que tienes que viajar desde Pittsburgh a Los Ángeles y el único mapa que tienes se trazó hace setenta y cinco años. Hay una gran porción de realidad que no considerarás como muchas autopistas que entonces no existían. Esas realidades externas no serán parte de tu mapa del mundo. Tienes tu visión interna de las cosas y eso es todo. De manera que esa es tu forma de operar.

Para cambiar, primero alguien te da la nueva información de que existen nuevas carreteras que no conocías. Si estás dispuesto, incorporarás dicha información. Eso es asimilación, la incorporación de información nueva. Al menos la incorporas.

El segundo paso es la adaptación, que significa que acomodas la nueva información en tu visión del mundo, de la misma manera que acomodas a un nuevo integrante a la familia. Le haces un lugar y la familia cambia. Por eso, con la nueva información, el mapa del mundo cambia. Adaptas la información y cambia tu visión. Ahora ves el mundo de manera distinta, como el mundo que ahora tiene autopistas interestatales que te permiten llegar más rápido. Y no solo eso, sino que ves el mundo «con precisión» porque esas carreteras en realidad existen.

El carácter inmaduro o no integrado, descarta la nueva información por una gran variedad de razones. A veces se trata de arrogancia, como un carácter de alguien que «se las sabe todas». A veces es orgullo, como el carácter que «no quiere reconocer que está equivocado». O puede ser la ansiedad y el temor de tener que adaptarse a nuevas realidades. Vivir en un mundo que es seguro aunque erróneo, es más seguro. Abandonar la falsa seguridad a cambio de la realidad es para los más maduros y firmes de corazón.

He seguido la trayectoria de este hombre y ahora está trabajando en una cadena minorista que está estancada en su nivel de ingresos, pero opera de manera eficiente. Está bastante por detrás de sus competidores, aun en el mercado local, y parece ser una empresa de hace veinticinco años. Sin embargo, todos se sienten bastante seguros, siempre y cuando no se queden sin papel de fax dado que él no confía en las nuevas tecnologías. No obstante, si se quedaran sin papel no habría problema ya que por algún lado hay una mula que puede traerles más.

Considera el ejemplo reciente de Apple. Steve Jobs y su gente debieron haber notado lo que los demás no notaron. La manera en que los consumidores usaban la música estaba a punto de cambiar radicalmente.

Con la música digital tan disponible y fácil de transferir, estaban ante una nueva realidad que enfrentar. Asimilaron esa realidad y luego hicieron una importante adaptación. Crearon un negocio totalmente nuevo que se convirtió en la manera de escuchar tu música en un dispositivo de mano. «Ponlo en tu iPod», dice la gente ahora, aunque tengas un aparato de otra marca. Apple produjo un cambio gigantesco porque vieron la realidad antes que los demás o, al menos, la adaptaron en su estrategia mejor que el resto. Ahora con el video, siguen adaptándose aun más. ¿Puedes imaginar lo que podrían haber perdido si con un carácter cerrado hubieran dicho: «Ah, no… eso jamás va a suceder» y no hubieran permitido que los nuevos datos los influenciaran?

Las consecuencias a este respecto en la estela de los caracteres no integrados son inmensas. Imagínate que tu hija adolescente está «actuando» (para llamar la atención) y a ti te molesta y solo empleas la disciplina para intentar resolver el problema. Le quitas privilegios y la castigas. Sin embargo, ella se retrae y la rebeldía y el resentimiento empeoran. Consideras que la rebeldía es algo simple que debe tratarse con firmeza. Y hay mucho de cierto en eso.

Sin embargo, en uno de tus viajes, te sientas en el avión junto a otro hombre que te cuenta que tuvo el mismo problema con su hija de quince años. Y te comenta que leyó un libro que decía que a veces las actuaciones se pueden dar porque el niño se siente distanciado de uno o de ambos padres, y él descubrió que su agenda laboral lo había hecho perder contacto con su hija. Cuando volvió a concentrarse en ella e intentó conectarse con ella y su mundo, las cosas cambiaron. Él solía considerarlo un problema unidimensional de desobediencia, pero descubrió que había otros factores involucrados, por lo que tuvo que hacer algunos cambios en su vida y encarar las cosas de manera distinta.

Entonces, ¿qué sucede? Si logras asimilar dicha información, incorporarla y adaptarla, hacer algunos cambios en tu visión de dónde proviene la conducta de «actuar», conseguirás transformar a tu familia. Sin embargo, si eres rígido y no estás dispuesto a la asimilación y la adaptación, entonces las probabilidades son que pierdas a tu hija.

Lo mismo sucede en el matrimonio y en cualquier relación significativa en la que la propia visión de la manera en que una relación «se supone que sea» o «cómo son las mujeres (u hombres)» está distorsionada respecto de la realidad. Cuando alguien está dispuesto a asimilar y adaptar lo que no conoce, las cosas pueden prosperar. De no ser así, se quedará estancado o, lo que es más frecuente, empeorará.

En el aspecto comercial, el de los negocios, hay mucho de este proceso. El mercado cambia, el cliente cambia, los métodos de entrega cambian, las necesidades cambian. En *Good to Great*, Jim Collins relata la historia de la diferencia entre Kroger y A&P. Uno vio que el mundo cambiaba y la gente quería supermercados en vez de bodegas. Entonces, la empresa asimiló esa información y se adaptó. Cambiaron *todo*. Y ganaron. Abandonaron sus propiedades, las remodelaron y las transformaron. Sin embargo, A&P siguió haciendo las cosas cómo solía ser la realidad. Y perdieron. Su mapa del mundo era erróneo. Para comprender cuán alejado puede alguien estar de ver la realidad y perder oportunidades, piensa en el ejecutivo de la discográfica que al conocer a una nueva banda llamada los Beatles, dijo que la guitarra estaba pasada de moda y que ese sonido ya no le gustaba a nadie. Hablando de alguien que rechaza la realidad…

Si las empresas ferroviarias de los EE.UU., se dijo, hubieran visto que eran parte del negocio del transporte y no del negocio de trenes, podrían haber asimilado la nueva información de que los aviones vinieron para quedarse y producir un cambio. Las compañías de música, por ejemplo, tienen que darse cuenta de que no están en el negocio de los casetes o CD. Tienes que asimilar que el mundo es diferente y que la gente ahora quiere bajar su música de internet. En consecuencia, deberán adaptarse a esta realidad o no sobrevivirán durante mucho tiempo. ¿Qué hubiera pasado si Microsoft no se hubiera adaptado a la información de que las personas prefieren hacer clic en un ícono en vez de memorizar y teclear comandos? El mundo se habría volcado a Mac.

La flexibilidad cognitiva y emocional es clave para un desempeño fluido y para negociar la realidad. Esto exige que uno integre sus propios temores, prejuicios, juicios, historia, orgullo, arrogancia, paranoia, inseguridad, pereza y muchas otras cosas que uno tiene como ser humano. No obstante, eso es lo que hacen los caracteres integrados. Hacen el trabajo que requiere la madurez y, en consecuencia, son capaces de «enfrentar las demandas de la realidad» tanto en su vida personal como en su vida profesional. Aquellos que no adaptan su visión del mundo a lo que el mundo es realmente no pueden dar respuesta a muchas exigencias que la realidad espera que hagan. Y siguen enviando faxes a sus clientes que compran casetes.

Pocas cosas son tan valiosas como la capacidad de decir: «Ah, ya veo». Esto asegura que día a día alguien ve cada vez más lo que es la realidad en sí, en los demás y en el mundo que lo rodea. Si las personas pueden hacer esto, su capacidad para enfrentar cualquier cosa que el mundo real exige de ellos avanza de manera exponencial. Y la estela de las relaciones y las metas alcanzadas es muy pero muy distinta de la que sería de haber continuado en su propio mundo.

IV

TERCERA DIMENSIÓN DEL CARÁCTER

Obtención de resultados

9

Terminar bien

Piensa por un momento en tu capacitación para cualquier trabajo que hagas. Mayormente consistió en información y experiencias acerca de «la tarea en sí». Si eres médico, aprendiste acerca de las enfermedades y los tratamientos. Aprendiste mucho sobre cómo diagnosticarlas y cómo ayudar. Si estás en ventas, te capacitaron para conseguir clientes, para conocer tu línea de productos y cómo cerrar un trato. Si estás en el campo técnico, te capacitaron para el diseño, la actualización, la reparación o adaptación, entre otras cosas. Si eres un alto funcionario o un gerente, aprendiste las disciplinas relacionadas con el llevar adelante un negocio. No obstante, más allá de lo que hagas, tu capacitación ha sido mayormente acerca del trabajo en sí.

Sin embargo, con el paso de los años, al desempeñarte en tu campo, te diste cuenta de algo. Muchas personas saben «qué» hacer. Conocen los hechos, los procesos, lo que hay que hacer e incluso cómo hacer el trabajo. Saben tanto o más que otros acerca de eso. Sin embargo, no producen resultados impactantes. No tienen desempeños descollantes. Puedes haberte preguntado esto sobre tu persona. Sabes lo que tienes que hacer, y trabajas duro en esto, pero por alguna extraña razón pareciera que otros hacen más o lo hacen mejor que tú. A veces no comprendes el por qué, dado que «trabajas arduamente».

¿Qué ingrediente está faltando? ¿Qué podrías hacer distinto para conseguir que funcione? ¿Por qué razón a los que les va mejor, les va mejor? Por cierto, existen diversos factores que producen resultados, algunos fuera de nuestro control. Entre otras cosas, los mercados cambian, la economía fluctúa. En ocasiones, puede llegar a ser indescifrable el porqué una persona, un proyecto, un producto o una empresa tiene éxito y otro no.

Sin embargo, a largo plazo, dejando de lado la suerte y la casualidad, hay una razón para todo. Hay «maneras» en que operan los que obtienen resultados. Hay modelos de conducta, formas de pensar y de relacionarse que estos tienen en común. Y, como en todo lo que hemos visto hasta ahora, tiene más que ver con su manera de ser como personas que con lo que saben. Tiene que ver con el carácter que enfrenta las demandas de la realidad. Las personas que están constituidas de determinada manera tienden a obtener más resultados y trabajar de maneras diferentes que aquellos que solo «trabajan duro».

Lo triste es que no pensamos en esto cuando pensamos en «capacitarnos» para el trabajo. Nos enfocamos completamente en el trabajo en sí, en vez de en la persona que hace el trabajo. En más de veinte años como consultor de líderes y organizaciones, he observado que la mayoría de las personas saben lo que tienen que hacer en su campo. Sin embargo, aquellos que lo hacen bien, hacen el trabajo de una manera distinta a aquellos que no lo hacen, y tiene más que ver con lo que son como personas que con lo que saben. Ante igualdad de condiciones, el carácter gana.

¿Cuánta capacitación recibiste en el desarrollo del tipo de carácter que afectará los resultados que obtengas en tu trabajo? ¿Quién te ha mostrado los rasgos de tu personalidad que necesitarás para obtener grandes resultados? ¿A cuántos retiros te ha enviado tu empresa para trabajar en la constitución de tu personalidad? ¿Cuántos cursos en la universidad o en la escuela de negocios te enseñaron en qué sentido debías crecer como persona para tener éxito en los negocios? ¿Qué te enseñaron acerca del carácter?

Como vimos en los capítulos anteriores, lo que más escuchamos al hablar acerca del carácter y del trabajo es «ética laboral» y «compromiso», y cosas por el estilo. Por supuesto que eso es importante, dado que si alguien jamás llega al trabajo o renuncia apenas comenzó algo, no va a durar mucho. Sin embargo, lo cierto es que muchas personas trabajan duro y están comprometidas y no obtienen grandes resultados. El motivo muchas veces es que no tienen en su personalidad los aspectos que importan para los verdaderos resultados. Son los que examinaremos aquí. ¿Quién necesitas ser para hacer que todo funcione?

Conoce quién eres

Mi amigo inició una red satelital muy exitosa. Sin embargo, antes de que esta fuera tan exitosa como lo es en la actualidad, tuvo que haber una intervención, por así decirlo. Al principio, cuando iniciaba la empresa, hizo lo que le salía naturalmente y lo hizo bien. Se le ocurría una idea, buscaba apoyo, reunía gente que se sumara e invirtiera en eso, quitaba los obstáculos del medio y lograba avanzar. De la nada, lograba algo y algo bueno. Su servicio le agregó valor a sus clientes y al público en general. Era bueno. Sin embargo, era solo eso: «bueno». Era como muchas personas que trabajan mucho y obtienen ciertos resultados. Sin embargo, no podemos llamar a eso un éxito impresionante. Tiene más que ver con «hacer un buen trabajo». Su deseo y el de la mayoría de las personas es hacer más que solo «un buen trabajo». Es alcanzar su pleno potencial.

Decidió que para esa clase de crecimiento, necesitaba más dinero. Para alcanzar un nivel más alto, tendría que expandirse a nuevos mercados y nuevas áreas de programación y servicios, y él no podría hacerlo con su capacidad actual. De manera que su respuesta fue la misma que la de muchas otras personas: más efectivo. «Si contara con más recursos» piensan, «entonces podría hacer mucho más». De manera que se dispuso a ir en busca del dinero.

Allí es cuando llegó la intervención. En la búsqueda de más dinero, encontró algo más que el dinero. Descubrió sabiduría y tuvo que hacer también un cambio de carácter. Cuando un grupo de inversionistas experimentados vinieron a ver su empresa, coincidieron con él en que habría grandes posibilidades de crecimiento si agregaban más capacidad y se expandían hacia nuevas áreas. Sin embargo, dijeron algo más. Dijeron que solo invertirían sus millones si él quitaba algo: *a sí mismo*. Querían que estuviera alejado de la administración cotidiana y trajeron a un experimentado gerente operativo. Querían que él se enfocara únicamente en aquello para lo que era bueno: crear la visión, buscar socios, la estrategia, alianzas y nuevos servicios. En otras palabras, que hiciera aquello para lo que era bueno y se alejara de la «cocina».

Lo que sucedió fue exactamente lo que la experiencia y la investigación nos dijeron que ocurriría: crecimiento y éxito. La gente hace bien las cosas cuando hace aquello que sabe hacer bien y permanece alejada de lo que no le sale bien. ¿No es esto acaso sentido común? Sí, pero, ¿cuándo el sentido común tuvo que ver con las prácticas comerciales de la gente? Y más específicamente, ¿qué tiene esto que ver con el carácter?

Las personas que consiguen más logros en la vida tienen una *identidad* bien definida en varios frentes. Están seguros dentro de sus límites, saben lo que quieren y lo que no, están seguros de lo que creen y valoran, y aman y odian las cosas correctas. No son indecisos ni tienen lo que los sicólogos denominan una identidad difusa, no se preguntan quiénes son o qué deben hacer ni se consideran serlo todo. Uno obtiene una buena definición de quiénes son tan solo al estar junto a ellos.

Parte de esa identidad distintiva y discreta está en saber en qué son buenos y en qué no, permanecen en los puntos fuertes de sus talentos y no pasan demasiado tiempo pensando ser algo que no son. En ese sentido, no solo trabajan duro sino que cuando lo hacen es en cosas que tienen una posibilidad de éxito. Como ya mencionamos, Marcus Buckingham y Donald Clifton destacaron cómo los que obtienen grandes logros invierten sus energías en los puntos fuertes en los cuales son talentosos, no en sus debilidades (*Now, Discover Your Strengths*, Free Press, 2001).

Sin embargo, para que esto suceda, la persona debe contar con integridad de carácter en los aspectos de fortaleza, dones y talentos. En primer lugar, deben estar al tanto de esas cosas. No es extraño que las personas que otros han definido durante años no estén al tanto de quiénes son en realidad. Recuerdo un médico que era cirujano con el que trabajé, pero en realidad lo era porque su padre y su abuelo habían sido cirujanos. El guión familiar ya se había escrito: él haría lo que ellos hicieron. Y lo hizo, durante un tiempo. Como era muy inteligente, pudo hacerlo bastante bien, aunque sus dones naturales estaban ligados a las artes. Sin embargo, debido a que su identidad estaba tan ligada a lo que su familia pensó que él debía ser, no adoptó por completo quién era realmente hasta que...

Durante algunos años, se vio involucrado en ciertos juicios desagradables por mala práctica debido a errores tontos. Cometió errores en cirugías que tuvieron que ver más que nada con que no estaba *completamente compenetrado*. Estaba allí, pero en realidad no estaba. No tenía el corazón puesto en eso. Al poco tiempo, el hospital que había iniciado su padre estuvo de acuerdo en que se fuera. El padre estaba desconsolado porque no seguía sus pasos. Sin embargo, él se fue a otra ciudad a comenzar de nuevo.

Al hacerlo, descubrió una nueva vida con una estela distinta. Se sumergió en las artes, algo en lo que era habilidoso y fue como si se hubiera descubierto por primera vez. Se dedicó de lleno a eso. Estar involucrado por completo tiene que ver con operar desde el mismo centro de su ser y, para que esto suceda, tienes que estar al tanto de quién eres y no tratar de ser otro.

Las personas que tienen esa clase de carácter no han sucumbido a las expectativas de los demás ni a cómo los definen. Han tenido la fortaleza para ponerse firmes frente a esas presiones y decir: «Ese no soy yo». En consecuencia, están internamente definidos y la tienen clara. No obstante, no es algo que se obtenga de la noche a la mañana o sin conflictos y luchas. Realmente descubrir quién eres por lo general exige experimentación y asumir riesgos, y por ejemplo, si las personas tienen miedo al fracaso, permanecen en la zona de comodidad y jamás dan un paso para probar algo nuevo. Esta es la manera en que las cuestiones del carácter se interponen en la formación de la identidad. Una persona que vive la vida según sus temores está siempre limitada en su identidad, ya que no puede dar un paso para descubrir quién es en realidad y qué no es.

Esta clase de carácter y confianza en la identidad es una paradoja de la humildad. A primera vista, la persona confiada que dice «Soy bueno para esto» no es lo que consideraríamos alguien «humilde». Sin embargo, al mismo tiempo, como estas personas también son conscientes de lo que *no* son, y saben en qué *no son* buenos, no se presentan como presuntuosos sino como seguros de sí mismos. La humildad no es el deprecio de uno mismo sino una visión real y sincera. Cuando alguien es como es y no actúa como si fuera más de lo que es, no se trata de arrogancia sino de identidad sólida. A partir de esa seguridad, la acción competente fluye y eso produce resultados.

Gracias a que estas personas son lo suficientemente humildes como para saber en qué no son buenas, no creen ser lo que no son ni intentan operar en esos campos. De ahí que presenten menos desempeños pobres. Los empresarios que son exitosos suelen aprender rápido en qué son malos administradores. Por eso, inician las cosas y luego las entregan en manos de personas operativamente mejores que ellos y evitan perder el valor de lo que han creado. Y los administradores que no se engañan creyendo ser visionarios creativos no se aventuran hacia la nada a riesgo de perderlo todo. Las personas exitosas se mantienen en lo que son buenos y buscan la forma de hacerlo crecer. Por lo general, eso implica rodearse de personas que son buenas en las áreas que ellos no son habilidosos. Según Collins, no solo hacen subir al autobús a la gente correcta sino que también las ubican en los asientos correctos.

Sin embargo, si las personas son narcisistas y su imagen de sí mismos es la de ser algo «más» o diferente de lo que son, esa falla del carácter los hará sucumbir. Por ejemplo, si idealizan la imagen de gerente general y piensan que deben hacer eso para sobresalir, se perderíam la increíble carrera que podrían haber hecho como un buen número dos. Algunas personas son increíbles números dos pero inútiles números uno. Pueden ser una estrella en un rol y un desastre en el otro. Su carácter les dictará dónde acabarán. El narcisismo, ceder a las presiones externas o perseguir una imagen ideal de sí mismos, lo llevará en la dirección equivocada. Sin embargo, la humildad y la identidad segura los llevarán en otra, por lo que dejarán una estela muy distinta. Recuerdo a un hombre que se me acercó en una capacitación empresarial para decirme: «Mi carrera arrancó cuando por fin me di cuenta de que yo no soy el tipo de persona para ser dueño de mi propio negocio. Obtuve un buen puesto aquí y desde entonces he avanzado. Estoy muy contento de haber podido enfrentar la verdad acerca de lo que soy en realidad». Humilde, pero competente y exitoso.

Preparen, apunten... ¡fuego!

Cada cometido tiene un proceso con varios componentes. Puedes dividir el cometido de muchas maneras y en diversas etapas, pero una que es simple y que realmente revela el carácter es el componente de **preparen, apunten, fuego**. Los resultados se suelen presentar cuando todas estas etapas han sido sumadas al proceso sin omitir ninguna.

Estar preparado significa que alguien está capacitado. Puede presentarse una oportunidad formidable, pero si la encaras sin estar preparado o incapaz de llevarla a cabo por cualquier razón, fracasarás. Una manera simple de ilustrar esto es en términos de dinero. Si alguien no está listo para una empresa arriesgada con el debido capital, se quedará a mitad de camino y terminará quebrado. Si le faltan recursos humanos o talento, sucederá lo mismo. Pegó el salto antes de estar listo.

Si alguien tiene un carácter impulsivo, entonces, normalmente, no se espera que esté listo para la tarea. El credo de estas personas es más bien: «fuego, preparen, apunten». Pegan el salto antes de que ellos mismos y las otras cosas estén listos, se dan contra la pared y terminan destruidos. *Su naturaleza impulsiva los lleva a empresas arriesgadas a medio pensar o a buenos emprendimientos para los cuales no están preparados.*

Es típico que las personas así no tengan la disciplina para hacer las cosas que la preparación exige: la debida diligencia para hacer un trato o para contratar a alguien, por ejemplo. Están sumamente ansiosos y la espera supone un retraso en la gratificación, de modo que pegan el salto de manera impulsiva. Y lo pagan caro.

La diligencia debida en cualquier aspecto de la vida exige mucha espera para la gratificación y paciencia. Para algunos, esto puede parecer aburrido. Necesitan «cerrar» el trato. Necesitan la excitación maníaca de dar ese salto.

Sin embargo, cuando observas a la gente verdaderamente exitosa en el largo plazo, ellos no toman decisiones impulsivas ni apuradas. Pueden esperar, planificar, analizar todos los ángulos. Desearía haber llevado la cuenta de las personas a las que escuché decir: «Ojalá hubiera tomado mi tiempo para este trato (o para tomar a esta persona o para casarme con esta persona). Más tarde descubrí muchas cosas que, de haberlas sabido antes, no habría seguido adelante. Las habría solucionado de antemano o no me hubiera metido en eso». Es una lección que le enseñanza la experiencia a aquellos cuyo carácter no se lo dictó desde el principio.

Al describir los distintos componentes de lo que él denomina «inteligencia emocional» que lleva al éxito, Daniel Goleman en *Emotional Intelligence*, Bantam, 1995, cita la investigación del psicólogo Walter Mischel de la Universidad de Stanford. Puso a prueba el control de impulso de un niño de cuatro años y estudió el tipo de capacidad predictiva que los rasgos del carácter tienen para el éxito a largo plazo. Resultó ser un mejor parámetro que el índice de coeficiente intelectual para predecir el futuro logro en los estudiantes secundarios. Esto es exactamente lo que venimos diciendo desde los primeros capítulos en cuando a la incapacidad de la inteligencia y los talentos por sí solos para hacer que alguien sea exitoso. Sin el carácter como el vehículo que guía a la mente y a los talentos a responder, no podemos llegar y ganar. Goleman lo expresa de la siguiente manera:

«Lo que Walter Mischel, quien hizo el estudio, describe con la bastante poco feliz frase "dirección por objetivos con una autoimpuesta demora de la gratificación" quizás sea la esencia de la autoregulación emocional: la capacidad para negar el impulso en el servicio de una meta, ya sea en la generación de una empresa, en resolver una ecuación algebraica o en procurar la copa Stanley. Su descubrimiento subraya el rol de la inteligencia emocional como una metacapacidad, que determina lo bien o lo mal que las personas son capaces de usar sus otras capacidades mentales».

Estar listo exige esperar y hacer el trabajo «no gratificante» antes de dar el salto. Es el piloto de avión haciendo el control previo, el cirujano que analiza y lee en detalle la historia clínica, el responsable de hacer tratos comerciales que antes estudia las finanzas de la empresa que quiere adquirir, el gerente que hace entrevistas detalladas y controla las referencias antes de contratar a esa persona «encantadora», el grupo de mercadeo que primero descubre si a los perros les gusta el producto, el «romántico» que hace una averiguación de antecedentes de la persona con la que quiere casarse luego de un mes de citas, o que hace terapia para recuperarse de un divorcio antes de involucrarse en una nueva relación.

En el capítulo anterior mencioné a Rick Warren, el autor de *Una vida con propósito* y pastor de la iglesia de Saddleback, que tiene 80.000 miembros. Cuando enfiló rumbo a California para iniciar su misión, sabía que su destino sería el valle de Saddleback. Sin embargo, antes de comenzar, averiguó todos los datos necesarios. Él mismo le dice a los otros pastores que desean producir un impacto en la comunidad que deben estar preparados:

«Si realmente desea que la iglesia produzca un impacto en la sociedad, conviértase en un experto de su comunidad. Los pastores deben saber más acerca de las comunidades que cualquier otra persona. Como expliqué en el capítulo uno, antes de trasladarme a mi comunidad pasé tres meses estudiando las estadísticas de los censos y los estudios demográficos para determinar qué clase de gente vivía en el Valle de Saddleback. Antes de poner un pie sobre esta tierra yo sabía cuántas personas vivían aquí, dónde trabajaban, cuánto ganaban, su nivel de educación y mucho más» (*Una iglesia con propósito*, Editorial Vida, 1998, p.173).

Otro aspecto de estar preparado, es prepararse *uno mismo*. Esto tiene que ver con preparar las herramientas, capacitarse, hacer un mantenimiento interno, etc. En el liderazgo, esto se traduce en conseguir una organización lista antes de comenzar a hacer lo que se desea. Por ejemplo, a veces se necesita una reestructuración antes de poder entrar al mercado. Sin embargo, si el líder no tiene el carácter para esperar el tiempo necesario y ocuparse de esta clase de tarea aburrida que no tiene una remuneración inmediata, entonces la omitirá. Y la organización lo pagará caro más adelante. Hacer que uno o la organización estén preparados, puede implicar capacitación, aprendizaje, cambio, modernización, reestructuración y gran cantidad de otras cosas. Sin embargo, los ganadores están listos antes del juego. Los que logran cosas a largo plazo rara vez son personas que se arriesgan «a ver qué pasa». Están preparados.

«Apunten», tiene que ver con enfocarse. Está relacionado con *el propósito, la acción orientada por objetivos que conoce dónde se están invirtiendo la energía y los recursos y si se están invirtiéndolos bien*. Muchas personas gastan un montón de energía en su trabajo, pero su carácter es tan disperso que jamás se concentran en metas determinadas ni se mantienen en el rumbo para alcanzarlas. Un sendero lineal exige un carácter capaz de decir no a los impulsos y a los deseos de hacer otras cosas, y decir que no a las nuevas oportunidades que pueden ser buenas pero que no son las mejores. La forma de ser de algunos es tal que piensan que pueden tenerlo todo y, como consecuencia, no logran nada. Están por todas partes. Si fueran capaces de enfocarse, de apuntar y de dirigir toda su energía y talento hacia metas particulares y específicas, entonces tendrían éxito.

El foco muchas veces tiene que ver con los límites. Una persona que rechaza los límites o está en conflicto con los límites carecerá de enfoque. Puede rechazar la aceptación de los límites que imponen el tiempo y la energía, creyendo que no tiene por qué vivir en esa realidad. Se sale del camino porque se rehúsa a reconocer que si uno quiere hacer A, no puede hacer B. Al final, ni uno ni lo otro obtiene la atención necesaria.

Imagina a un niño en una juguetería o una tienda de golosinas. Ve algo y dice: «Quiero eso». Sin embargo, antes de que el dependiente lo saque del estante, la atención del niño se distrae hacia otro artículo en el pasillo contiguo, y ya se ha olvidado de lo primero que escogió. «Quiero eso» es lo que expresa al ver el segundo objeto y se deja llevar por su capricho. Podemos observar dos cosas interesantes. Primero, él se olvidó del primer objeto. Su enfoque se apartó de ello. Segundo, jamás le escuchas decir: «No, quiero este *en vez de* aquél», cuando ve el segundo objeto. No menciona para nada «en vez de». No es que haya cambiado de opinión, como lo haría un adulto maduro para tomar una decisión distinta, al darse cuenta de que debe abandonar lo primero para ir tras lo segundo. Sus deseos y falta de enfoque lo está llevando.

Ahora, traslada esa estructura del carácter a la vida adulta y reconocerás a muchas personas que conoces y con las que trabajas. Comienzan con algo y se distraen en otras direcciones antes de terminarlo. O hacen el seguimiento pero han añadido tantas cosas que la primera obtiene solo una porción del éxito que podría haber tenido. Los detalles se pasan por alto y sufren la calidad del trabajo y del logro. Los colegas o colaboradores se frustran y sienten que no se les presta atención o que son dejados de lado. A veces los clientes y los socios se sienten del mismo modo. Cada persona y proyecto se convierte en «el último orejón del tarro».

La realidad indica que el tiempo, la energía y los recursos son finitos. Enfocarse es dirigirlos de manera tal que la cantidad necesaria de cada uno esté presente de manera que las cosas sucedan. Una gota continua y concentrada en el mismo lugar puede oradar la piedra. Sin embargo, mucha más agua dispersa en una ducha no consigue nada. Es el déficit de atención aplicado a la vida: mucha actividad, ningún resultado.

Y el último de los tres, *fuego*, significa que la persona es capaz de apretar el gatillo. Luego de estar preparado y apuntando, puede hacerlo. No es que eluda el riesgo, si el riesgo tiene sentido. Hubo una importante preparación, de manera que el riesgo quedó minimizado. Esa es la diferencia entre una inversión y el juego al azar. Uno no puede preparase para lanzar los dados. Saldrá lo que salga, por más que uno investigue probabilidades. Sin embargo, el riesgo de inversión es tirarse a la piscina una vez que confirmaste que el agua no es venenosa, ni tóxica ni está contaminada. Por supuesto, el rayo te puede caer encima pero los chances de salir herido son menores si lo comparamos con dar un salto a un pantano desconocido sin haber aprendido a nadar.

Sin embargo, ser capaz de saltar es importante. Algunas personas, aun luego de una evaluación inteligente de los riesgos, no quieren sembrar. Temen colocar la semilla en la tierra y confiar en el proceso. No pueden ver la semilla y ¿si este año no llueve? Les resulta demasiado atemorizante para su carácter. De nuevo regresamos a la realidad. La capacidad para hacer un movimiento, hacer el llamado, enfrentar el rechazo o la pérdida, es una cuestión del carácter, y si eso falta, los resultados no se producen. El temor al fracaso, al rechazo, a la desaprobación, la ansiedad, los resultados desconocidos, la pérdida de seguridad y otros temores mantienen a las personas alejadas de la posibilidad de conseguir los resultados que podrían obtener, si no tuvieran miedo.

Las personas de carácter integrado no piensan en el fracaso de esa manera. Piensan que si las cosas no salen bien, *se trata de otra realidad que enfrentarán y superarán.* En cierto sentido, el carácter integrado jamás ve el fracaso como una opción. Estas personas solo ven problemas a resolver y enfrentarán el desafío cuando este ocurra, de modo que «van tras él». Eso si están preparados y se mantuvieron enfocados en el objetivo. El paracaídas está bien armado, la capacitación se ha completado, la zona de aterrizaje está a la vista y marcada con un círculo, de modo que ¡a saltar del avión!

El equilibrio, la integración y el orden son clave. Preparen, apunten, fuego en conjunto nos habla de una persona madura. Si se altera el orden y es fuego, preparen, apunten o apunten, fuego, preparen o si falta equilibrio y es preparen, preparen, preparen, preparen, preparen, apunten, apunten, apunten, apunten, fuego, entonces también tenemos un problema. El carácter integrado, si bien tiene algunos aspectos fuertes, tiene que contar también con un equilibrio de todo.

Dispuesto a tomar decisiones difíciles

Cierta vez trabajaba con un grupo de padres de niños pequeños cuando relataron una de las más divertidas e increíbles historias que jamás había escuchado. Considero que «tendrías que haber estado allí para creerlo», pero te aseguro que me dieron ganas de tirarme al piso y llorar de la risa. Las madres conversaban sobre las dificultades que debían enfrentar con las personas que se relacionaban con sus hijos. Muchas comenzaron a decir lo difícil que es cambiar de médico o de colegio y otras cosas que implicaban decisiones difíciles que molestarían a las personas. Luego, Jane hizo su confesión.

—Bueno, me avergüenza un poco contarle al grupo lo que hice… pero… bueno… ¡no importa! —comenzó diciendo.

—Vamos, no te detengas ahora. Tienes que contarnos —la animó el resto del grupo.

—De acuerdo, pero van a pensar que soy una tonta. Nuestra niñera no está trabajando bien. No estamos de acuerdo con varias cosas, en especial con su disciplina. Es realmente muy buena y me preocupa lo que podría sucederle si la despido. Sin embargo, no es buena para Ashley. Además, afecta mi trabajo porque lo único que hago mientras estoy en la oficina es preocuparme, por lo que no cumplo con mi tarea y, sin embargo, debo estar ahí. Por eso decidí que tenía que hacer algo.

»De modo que regresé a casa para despedirla. Fui al patio y le dije que tenía que hablar con ella, pero cuando se sentó me di cuenta de que no podía hacerlo. Me puse a pensar en lo doloroso que sería. Entonces, ¿qué hice? Fui adentro y llamé a mi esposo para pedirle que viniera a casa y la despidiera. Él no podía creer cómo yo podía ser tan cobarde.

»Al día siguiente, vino a casa y conversó con ella, por lo que me imaginé que ya estaba todo listo, pero tuve que salir y no regresé hasta bien tarde, de modo que no hablé con él. Mi marido salió rumbo a su trabajo a la mañana siguiente y a continuación apareció la niñera. Me quedé perpleja pero no dije una palabra, así que la evité y me fui a trabajar, pensando que quizás él le había dado una semana o unos días para que dejara todo en condiciones. Estaba contenta de que ya estuviera resuelto ese problema.

»Ese mismo día, más tarde, él regresó con otra mujer. Entraron, la presentó y la llevó para el fondo de la casa donde estaba nuestra niñera. La mujer salió y se puso a conversar con ella. Yo necesitaba saber qué sucedía, así que le pregunté a mi esposo quién era ella y qué estaba haciendo. Entonces me dijo lo que tanto me avergüenza y que nos demuestra lo trastornado que somos: *"Es la señora que contraté para que despidiera a la niñera. Yo tampoco pude hacerlo"*. Ahí tienen. Somos tan bobos como para tener que contratar a alguien para que despida a nuestra niñera. ¡Socorro!»

Todo el grupo se echó a reír con ella, no de ella. Todos pudieron sentirse identificados con lo difícil que es a veces tomar una decisión difícil. Ahora piensa en lo siguiente: ¿cuáles son las posibilidades de un gran éxito por parte de ella o de su marido cuando tienen que superar el malestar que les provoca tomar decisiones que vayan a contrariar a alguien? En el mejor de los casos, se autolimitarán, en un intento por mantener a todos contentos.

Para obtener logros es necesario tomar decisiones difíciles que pueden tener efectos adversos en las personas. Si no te dedicas a entregar premios de la lotería, entonces es probable que en tu trabajo tengas que tomar algunas decisiones difíciles que no le gustarán a algunas personas. Y si tienes que dar resultados, entonces mientras mayores sean esos resultados y mayor sea la posición que ocupes, más difíciles se volverán las decisiones. Una madre a veces tiene que contrariar a alguien en su rol de guardiana y protectora de su hijo. Un gerente deberá tomar decisiones difíciles como administrador de un departamento o de una rama. Un gerente general tendrá que tomar decisiones difíciles como responsable de la vida y el desempeño de una empresa y sus obligaciones hacia sus clientes y accionistas. Y un presidente puede incluso tener que ir a la guerra y enviar a los hombres y mujeres por un camino que les producirá daño con tal de proteger a su país.

Aparte de ser malvado y desconsiderado, virtualmente nada socava el respeto en una persona más que su incapacidad para tomar la decisión difícil. Al contrario, los que pueden hacerlo ganan y retienen el respeto de aquellos a quienes lideran. Jack Welch fue anunciado como uno de los mayores altos directivos de estos tiempos, y mucho de esto provino de su capacidad para tomar decisiones difíciles. Lincoln tomó una difícil decisión que hizo que una nación estuviera en guerra contra sí misma.

«En sus manos, mis compatriotas insatisfechos y no en las mías, se encuentra el trascendente tema de la guerra civil. El gobierno no va a atacarlos. … No tienen un solo juramento registrado en el cielo de destruir al gobierno, *mientras que yo tendré el juramento más solemne de preservarlo, protegerlo y defenderlo*» (Discurso inaugural de Lincoln, cursivas del autor).

En ciertos sentidos, el grado de responsabilidad, que en realidad de eso se trata el éxito, que alguien encare depende de su capacidad y valor para tomar las decisiones difíciles. Y no se trata de un atributo de la inteligencia sino del carácter. La fortaleza para afrontar el enojo, la crítica y el rechazo, que la gente te vuelva la espalda y que a lo mejor nunca te perdone por hacer lo que debía hacerse, de eso se trata. La decisión de un médico de amputar una extremidad, la decisión de un gerente general de cerrar una división, de abandonar una línea de productos, o de reestructurar una empresa, o la decisión de un padre de mudarse con su familia por un futuro mejor, todo tendrá una secuela negativa. Sin embargo, el paciente, la empresa y la familia, al final estarán mejor gracias a la capacidad para enfrentar esa exigencia de la realidad.

De alguna manera halla un camino

A los veintinueve años, cuando iniciaba mi primera empresa en serio, aprendí una lección muy importante:

> Las cosas jamás funcionan. Cuando no lo hacen, es el momento de hacerlas funcionar. Entonces, si lo haces, funcionarán.

Tenía el sueño de iniciar un centro de tratamiento hospitalario psiquiátrico en el que pudiera tener el completo control de las estrategias de tratamiento, los materiales, el ambiente, la filosofía, la elección del equipo de trabajo, de todo. Deseaba construir un lugar que usara los mejores tratamientos, que colocara a los pacientes por encima de todo, y construir algo perdurable que no fuera solo un centro de tratamiento sino también de investigación y educación para la comunidad. Era una visión muy emocionante.

No cuento con el tiempo como para narrar toda la historia, pero más o menos fue así:

Preparé un plan que incluía todos los programas de tratamiento y protocolos y las alianzas estratégicas, y conseguí los inversores y el equipo administrativo. Nuestro plan: encontrar y comprar un hospital y luego implementar la visión. Al cabo de seis meses nos encontramos con el primer obstáculo: nadie quería vender. En aquel entonces los hospitales eran altamente rentables y en California había una ley de certificado de necesidad que prácticamente aseguraba el monopolio de los hospitales existentes. De manera que no teníamos esperanzas de poder comprar uno. Los inversores se fueron y el equipo administrativo se marchó a iniciar otra empresa en el rubro geriátrico. Esto llevó casi un año por lo que estaba nuevamente en el punto de partida.

Sin embargo, la visión que tenía era demasiado fuerte y yo era joven y no conocía otra cosa. Pensé que podía hacerse, solo debía encontrar la manera. Tenía todo para comenzar un hospital, menos el hospital. Era tan solo un obstáculo más. Luego, vino un gran avance. Encontré un socio de otra región del país que administraba varios hospitales en el sur, la región centro oeste y la costa este que estaba relacionado con cadenas de hospitales nacionales y que quería mudarse al oeste. Una de esas cadenas era propietaria de un hospital en Long Beach al que querían rescatar, y se mostraron dispuestos a entregarnos un ala de cirugía para que la convirtiéramos en un psiquiátrico. Por fin… el hospital. Además, con el nuevo socio el ámbito se amplió, de manera que yo también sumé un socio, el Dr. John Townsend.

Ahora estábamos en un mundo diferente, ya que debíamos operar en un ambiente médico ya existente sobre el que no podíamos ejercer control. Y no les agradaba que los psicólogos que no eran médicos fueran los administradores. De manera que contratamos al mejor psiquiatra que pudimos hallar para que fuera el director médico y con mucha dificultad nos ocupamos de los conflictos administrativos. Al final, luego de mucho tiempo y trabajo, estuvimos listos. Teníamos una fecha de inauguración, los médicos estaban listos, las agendas preparadas, se había gastado el dinero de mercadeo, se había contratado la publicidad y se había seleccionado y capacitado al equipo de enfermeras. Estábamos entusiasmadísimos. Estábamos a un mes de la inauguración y de que mi sueño se hiciera realidad. Excepto por un pequeño obstáculo que se presentó de repente.

Leí en el periódico que la empresa propietaria del hospital estaba en bancarrota. No podía creerlo. Después de todo eso, cuando todo estaba listo y en su lugar, nos encontrábamos en un barco que se hundía irremediablemente. No podía hundirme con él, pero tampoco podía seguir adelante sin otro hospital.

No sabía qué hacer, más que orar y trabajar mucho. No obstante, el panorama era desalentador porque hacía tiempo que venía buscando un lugar donde los psicólogos se desempeñaran y este era el único que había hallado en un año y medio. ¿Cómo habría de encontrar uno en un mes?

Después de unas mil llamadas, obtuvimos una pista. Un pequeño hospital propiedad de los médicos, a media hora de allí, había incursionado en ciertas iniciativas empresariales fuera de lo convencional. De manera que acudimos a verlo. Cuando lo pienso ahora, resulta cómico. Aquí estábamos, unos cuantos muchachitos tratando de convencer a un grupo de médicos maduros, cercanos a su jubilación, de que nos dieran un ala de su hospital para que hiciéramos lo que queríamos, algo que jamás habíamos hecho antes. Y, a estas alturas, ya no teníamos dinero para la publicidad ya que eso había sido parte del trato con el otro grupo que fracasó. ¿Pero qué importaba otro obstáculo más?

Jamás olvidaré el encuentro en el que les vendimos la idea y luego pedimos lo impensable, al menos para nosotros. Queríamos que nos dieran otro piso de oficinas para nuestra clínica, sin costos y amueblado. Y… este… ehh, ehh… necesitamos que paguen los gastos de producción y el espacio en el radio para lanzar un programa radial dando a conocer lo que hacemos y comprar los avisos publicitarios. Me dieron ganas de esconderme cuando todo eso salió de nuestra boca.

Por alguna extraña razón que jamás comprenderé como cuando Dios dividió las aguas del mar Rojo, ellos dijeron que sí. Quizás eran fanáticos de los gladiadores y querían observar cómo nos comían vivos, de manera que nos dieron la arena. Como sea, dijeron que sí y abrimos en el término de un mes.

Podría contar mucho más pero me referiré solo a otro de los obstáculos que se presentaron. Al año, el acuerdo económico no funcionaba para nosotros, por lo que nos quedamos de nuevo sin hospital. Tuvimos que volver a comenzar. Esta vez hallamos otra cadena nacional que era propietaria de una facilidad a media hora de donde estábamos, pero que debía comprarse por medio del proceso de licencia estatal para la psiquiatría. Eso incluía la construcción y la remodelación, así como inspecciones del estado y cosas por el estilo. Era volver a comenzar de nuevo. Sin embargo, lo hicimos y seguimos operando.

En unos pocos años, operábamos en treinta y cinco ciudades en cuatro estados y funcionaba. Seguimos así durante nueve años y fue uno de los períodos más emocionantes y gratificantes de mi vida. Me dio la oportunidad de aprender, investigar, capacitarme, hacer consultoría de empresa y de organización, publicar libros, crecimiento personal, disertaciones y tener relación con los medios de comunicaciones... cosas que jamás habría experimentado *si nos hubiéramos dado por vencidos apenas aparecieron los obstáculos.*

No quiero con esto erigirme como modelo de carácter ya que me queda mucho por aprender. Lo que quiero decir es que de no haber perseverado, los diversos obstáculos que encontramos habrían evitado que se concretara una muy exitosa empresa. Desde entonces no he dejado de aprender de esa experiencia una y otra vez y también la he visto en la vida de otros. La capacidad de seguir adelante cuando uno enfrenta un obstáculo, creer que hay una manera de conseguir lo que uno se propone y continuar avanzando hasta lograrlo es una de las habilidades del carácter más importantes que podríamos desarrollar. Es uno de los aspectos más importantes del carácter que conduce al éxito.

La perseverancia exige valor, resistencia, reservas emocionales, juicio, creatividad y otros aspectos del carácter para lograrla. Sin embargo, sin ella, las cosas grandes no suceden. La gente se viene abajo cuando se topan con un obstáculo en el camino. Se desaniman y son controlados por el exterior, en vez de por su interior.

Saber perder bien

En cierta oportunidad disertaba ante padres sobre cómo criar niños con un carácter exitoso. En el momento de las preguntas y respuestas, una mujer levantó la mano para preguntar:

—Si usted pudiera decirle a los padres qué es *lo más importante* que podrían enseñarle a sus hijos acerca del éxito, ¿qué sería?

—Les enseñaría a perder —respondí.

A pesar de que estábamos hablando acerca del éxito.

La mujer ladeó la cabeza, me miró extrañada y dijo:

—¿Por qué querría enseñarles cómo perder?

—*Porque les sucederá* —respondí.

Se me quedó mirando mientras negaba con la cabeza.

Su lentitud para comprender parecía reflejar la lenta curva de aprendizaje que la mayoría de nosotros tenemos en cuanto a este aspecto del carácter. Después de todo, nadie desea pasar por pérdidas para aprender cómo hacerlo bien. ¿Por qué habríamos de practicar el sufrir dolor, para saber sufrir bien? No tiene sentido. Por eso, dado que deseamos el éxito en vez del fracaso, con frecuencia no nos concentramos en saber perder bien más allá de enseñarle a la gente cómo ser amable luego de una derrota deportiva o una elección perdida y felicitar a la otra parte. Sin embargo, eso tiene poco efecto en el éxito futuro.

Por tanto, ¿para qué aprender a saber perder? La razón tiene dos aspectos. Primero, porque como le dije a ella, vamos a perder. Todos perdemos. Las cosas a veces no saldrán bien y a veces serán imposibles de reparar aunque pongamos toda nuestra perseverancia, creatividad y recursos. A veces, no va a suceder y, a decir verdad, incluso más perseverancia puede llevarnos para abajo por el sendero equivocado y seguir perdiendo recursos, tiempo y energía. Tenemos que agitar la bandera de rendición. Por tanto, perder es algo que le sucede a todos, de manera que necesitamos aprender a negociarlo.

Segundo, y lo más importante, la diferencia entre ganadores y perdedores no está en que los ganadores jamás pierden. La diferencia radica en que los ganadores pierden bien y los perdedores pierden mal. En consecuencia, los ganadores pierden menos en el futuro y no vuelven a perder de la misma manera que perdieron antes; porque han aprendido de la experiencia y no repiten la conducta. Sin embargo, los perdedores no aprenden de sus errores y *tienen la tendencia a llevar ese mismo patrón de conducta al siguiente emprendimiento o relación y repetir la misma manera de perder*. De manera que no se convierten en personas que pierden, como todo el mundo, sino que se convierten en personas que jamás ganan porque repiten las mismas cosas que los llevaron a la última pérdida, una y otra vez.

El primer aspecto de perder bien tiene que ver con la capacidad de dejar pasar y enfrentar la realidad de que se ha perdido. En Eclesiastés 3:6 dice: «un tiempo para intentar, y un tiempo para desistir; un tiempo para guardar, y un tiempo para desechar». La versión de Las Vegas dice: «No tires buen dinero después del malo». Lo expreses como lo expreses, lo cierto es que algo ya fue y poner en eso más esfuerzo, más atención o más trabajo es una pérdida de tiempo. No obstante, algunas personas, debido a la constitución de su carácter, no pueden dejar que eso pase. No son capaces de enfrentar la pérdida y reorganizarse en una nueva dirección. Están en la temporada más fría del invierno y siguen buscando fruta en el árbol. Mejor sería que usaras esa energía para prepararte para la primavera y así sembrar las semillas que tienen la posibilidad de crecer.

Cierta vez vi a una empresa que fue detrás de la mala idea de su gerente general y terminó cerca de la quiebra. Todos le decían que eso estaba lejos de su negocio principal, de su fortaleza y de lo que debía ser su enfoque. Sin embargo, él estaba *ligado emocionalmente* e invirtió en la idea, por razones que más tenían que ver con su manera de ser que con la misión o el propósito de su empresa.

Su inversión emocional lo mantuvo alejado de la realidad de que estaba fallando y que eso jamás funcionaría. Se sobreidentificó con la idea y se enamoró tanto del encanto de todo eso, y de la tradición de eso en su industria, que fue incapaz de dejarlo atrás como aquellas personas que no pueden abandonar un amor no correspondido. Y eso era en realidad, ya que este proyecto jamás retribuyó su amor. Él tomó dinero y personal de operaciones y mercados provechosos e importantes, para aplicarlos a su proyecto de mascotas y casi lleva la empresa a la bancarrota. Esto no se detuvo hasta que los bancos y los socios intervinieron para poner los límites que él mismo no era capaz de poner.

Los caracteres integrados saben lidiar bien con la pérdida. Primero que nada, no lo niegan, aunque les encante la idea y el empeño. Son capaces de reconocer la realidad de que eso ya fue. Y cuando se trata de perder a un ser querido, pueden llorar y pasar el luto. Si has visto a personas saludables atravesar una pérdida, habrás notado que reconocen el dolor, luego vuelven a emerger de su luto con el corazón dispuesto otra vez para la vida. Hay una primavera luego del invierno del dolor. No se pierden en lo que perdieron, ni permanecen allí.

Por otro lado, conoces personas que no son capaces de perder a alguien y luego resurgir. Los psicólogos lo denominan dolor complicado. Es la incapacidad para superar la pérdida en las etapas normales por medio de la resolución. La gente se queda estancada en la negación o en el enojo, o en la tristeza, o en el desaliento y no consiguen salir adelante. Esto tiene que ver con su forma de ser y no con la naturaleza de la pérdida en sí. La pérdida es parte de la vida y la gente saludable pasa por eso con dolor pero de manera exitosa. Reinventan y siguen.

Se produce un proceso similar en las relaciones que en el alcanzar metas. La capacidad de las personas para hacer que algo funcione tiene todo que ver con su capacidad de abandonar aquello que no funciona, lamentarlo y seguir adelante. Si algo se pierde y no se puede reparar, entonces ha llegado el momento de agitar la bandera blanca y rendirse, dejarlo ir y que quede en el pasado. Hay una razón para que algunas personas sean capaces de perder y continuar mientras otras se quedan paralizadas. No pueden rendirse y enfrentar los sentimientos y el sentido de algo de pérdida, de manera que se quedan aferrados a algo que está muerto. La gran idea que el carácter de las personas exitosas incorpora en su vida es:

Corta con tus pérdidas y avanza.

El siguiente aspecto de saber perder es mirar atrás cuando uno ha abandonado la situación. Cuando la esperanza de un logro es resignada y se acepta la derrota, *las razones de la pérdida se examinan, se comprenden y se aprende de ellas*. Si la persona hace eso antes de involucrarse en otro emprendimiento del mismo estilo, entonces no tendrá que repetirse la pérdida. Repito, esto es así tanto en las relaciones como para alcanzar objetivos. Si alguien que atraviesa un divorcio, por ejemplo, para poder sobrellevar el dolor corre rápidamente a iniciar otra relación seria, las estadísticas son muy claras al respecto. Las posibilidades de fracaso aumentan enormemente la segunda vez. La razón es que nada cambia. Los mismos patrones que contribuyeron a la primera ruptura se manifestarán en la segunda relación que volverá a fracasar. Lo mismo sucede en los negocios. Los modelos que contribuyeron con la última pérdida contribuirán con la siguiente. Solemos tropezar con la misma piedra hasta que cambiamos el rumbo.

Sin embargo, los ganadores no repiten las cosas. No echan la culpa de la relación rota a que su ex era «malo», ni una pérdida a un «mal» mercado o a los «malos» socios o ex jefes o al «mal» liderazgo o la «mala» empresa. Si bien todas estas cosas podrían haber contribuido, se dan cuenta de que ellos también forman parte de la escena, y sus reacciones, aunque las condiciones externas fueran malas, podrían haber sido distintas. Después de todo, *hubo* empresas y relaciones que sobrevivieron esas mismas cuestiones, condiciones o dinámicas. De manera que se preguntan, ¿cuál es la diferencia? ¿Qué podría haber hecho distinto? ¿Por qué no pude verlo? ¿Qué tengo que cambiar? ¿Qué nuevos recursos necesitaré la próxima vez? ¿Qué tipo de crecimiento personal necesito para que esto no vuelva a ocurrir?

Del mismo modo que los equipos de fútbol exitosos miran la filmación de su último partido y se fijan en las cosas que los llevaron a perder y las cosas que necesitan cambiar, las personas que ganan en la vida se fijan en su propia contribución a los fracasos y las pérdidas y aprenden. Se fijan en las cuestiones del carácter, en los modelos de comunicación, en las actitudes, las conductas, las creencias, las defensas, los temores, la ignorancia y otras cosas que los llevaron a fracasar. Y se ponen a trabajar en eso para cambiarlo. Es una autopsia formal que resulta beneficiosa. La recuperación del divorcio es un buen ejemplo. Son sabias las personas que pasan por un programa de ese tipo en vez de lanzarse a una nueva relación.

Del mismo modo que metabolizamos la comida, metabolizamos la experiencia. La experiencia se convierte en nuestro carácter, como vimos antes, del mismo modo que los alimentos se convierten en la constitución celular de nuestro cuerpo. Eres lo que experimentas, en cierto sentido. Te da forma y te conforma metabólicamente. Ingieres los alimentos y luego los separas entre los que son útiles y los que no. Tu cuerpo toma la parte buena de la experiencia y la almacena para fabricar nuevas células, energía y demás. Luego, *lo que no se aprovecha, se elimina*. Si tus procesos metabólicos operan bien, repites esto todos los días. Sin embargo, si no es así, tal vez no estás asimilando lo bueno de los alimentos o no puedes desechar lo innecesario. De cualquier manera, ya no estás sano y te vuelves incapaz de desempeñarte.

Al metabolizar la experiencia, el proceso puede dañarse de la misma manera. Asimilar las partes buenas de una experiencia de pérdida significa que aprendemos lo que podemos de la experiencia y la incorporamos en forma de nuevas «células» de nuestro carácter, lo que llamamos sabiduría. Además, cuando perseveramos y seguimos adelante para volver a involucrarnos en la vida, desarrollamos fortaleza, paciencia, esperanza, optimismo y muchas otras cualidades del carácter que necesitaremos para hacer que las cosas marchen. Sin embargo, si la gente tiene problemas de actitud en el fracaso o la pérdida, o siguen protestando o culpando, o incluso se culpan a sí mismos, entonces no experimentarán un montón de cosas que una pérdida tiene para enseñarnos. Van rumbo a repetir la experiencia porque no han cambiado en nada.

Del mismo modo, si no son capaces de sufrir, hacer luto y dejarlo ir, no «eliminan» y se constipan y se intoxican. Hemos sido diseñados para ser capaces de lamentar las cosas (fíjate en los conductos lacrimales) y luego avanzar dejando atrás las pérdidas. Al hacerlo, permanecemos saludables. Sin embargo, eso solo se produce cuando metabolizamos la pérdida, haciendo salir lo bueno y dejando atrás lo que es tóxico o inútil.

Trabajé en una empresa con un gerente general que había experimentado enormes éxitos así como también grandes fracasos durante veinte años. En una reunión de planeamiento estratégico con la alta gerencia, preparamos un gráfico con los aciertos y los fracasos de la empresa, y nos fijamos en sus iniciativas estratégicas. *A cada situación de rotundo fracaso se llegó por un «proyecto rebote» luego de la pérdida de un proyecto mayor querido por el gerente.* Cuando algo que a él le importaba mucho no funcionaba, de inmediato ponía en marcha otra gran idea que idealizaba y llevaba a cabo, *como una forma de evitar la depresión natural y los sentimientos de pérdida que le sobrevenían.* La gerencia comenzó a observar que su mayor desafío sería no emprender una nueva iniciativa hasta que supieran qué había salido mal en la última. Sin embargo, la autopsia no era parte de la mentalidad de la empresa, hasta que la gerencia despidió a este gerente. En aquel momento, contrataron a un líder que estaba más interesado en no repetir los errores del pasado que en iniciar planes nuevos y «excitantes» que temporalmente lo salvaran de la desilusión.

Sentarse a analizar el fracaso y la pérdida, comprenderlos, procesarlos y lamentarse antes de seguir adelante, exige profundidad de carácter. Se requiere un caudal de recursos emocionales que pueda alimentar el alma y el espíritu mientras uno hace esa clase de tarea. La persona vacía, que necesita el siguiente «arreglo» maníaco de emoción y optimismo, no puede esperar. Tiene que dar el salto. La persona madura lleva ese optimismo hacia adentro y sabe que existirá otro día, pero solo después que haya vivido a plenitud el actual. De esa manera, este día no necesitará vivirse otra vez.

Perder cuando no has perdido: curso de pérdida posgraduado

Como hemos visto abandonar algo que no funciona es una condición *sine qua non* de las personas saludables y de las que consiguen grandes cosas. Sin embargo, eso es solo el comienzo en el campo de la vida exitosa y de logros. Los que consiguen grandes cosas van un paso más allá. *Abandonan cosas que están funcionando si es que no son óptimas.* Eso significa que están dispuestas a descartar lo que les consuma tiempo, energía y recursos que pueden ser buenos e incluso rentables pero los están alejando de lo mejor. Lo bueno es enemigo de lo mejor.

En mi libro *9 Things You Simply Must Do*, conté sobre un amigo que construyó una empresa con ventas anuales que rondan los 700 millones de dólares. La inició a partir de una pequeña división de otra empresa que ejecutaba una gran diversidad de operaciones. Luego de adquirir esa pequeña empresa, con una venta anual que no superaba los 25 millones de dólares al año, lo primero que hizo fue deshacerse del 80% de las operaciones redituables. Todas producían dinero, pero al analizarlas, el verdadero crecimiento potencial estaba en el otro 20%.

Él no quería que la empresa gastara su tiempo, dinero y recursos en cosas que lo estaban apartando de donde, según él, «estaba la verdadera vida de la empresa».

He observado que esta es una característica distintiva tanto de las personas saludables como de las exitosas. Para decirlo de manera sencilla, son capaces de deshacerse de las cosas. No son «acumuladores compulsivos» de personal ni de negocios. Las cosas que se eliminan van a caridad o, si no le sirven a nadie, a la basura. Hacen espacio que se puede usar para el futuro. Esta es la razón por la que al finalizar el año las tiendas hacen ventas al público y así hacer espacio para lo que vendrá. Mantener el viejo inventario, aunque probablemente puedas llegar a venderlo con el tiempo, no es una buena idea. Necesitan el espacio en los estantes y necesitan permanecer enfocados. Tienen que cambiar la piel.

Sin embargo, otros no son capaces de abandonar las cosas que parecen «buenas» aunque no son las mejores. Están dominados por una relación sentimental con las cosas, o apego a los esfuerzos, o el temor de que si lo abandonan, quizás nunca consigan reemplazarlos: «¿Y si no vuelvo a encontrar otro?» o «¿Y si no puedo reemplazar esos ingresos?» La respuesta es que probablemente no lo logres mientras te mantengas aferrado a las cosas viejas que evitan que vayas tras las nuevas. En cierto punto, un niño debe abandonar el triciclo si quiere andar en bicicleta. No obstante, dejarlo de lado conlleva cierta tristeza y, a veces, resulta atemorizante. Los ganadores no se preocupan por eso, sino que abandonan las cosas que les impiden obtener aquellas que son de verdadero valor. Quitarse la vieja piel para permitir que crezca la nueva es una buena práctica. No puedes quedarte con ambas y, muchas veces, debajo de la vieja hay una piel nueva y reluciente, lista para una nueva temporada.

Más que trabajar arduamente

Entonces, hay algo más en cuanto al carácter aplicado al trabajo que una buena ética laboral. Como hemos visto, trabajar arduamente, de manera constante, con diligencia y perseverancia es primordial. No obstante, según la forma de ser de alguien, es posible que trabaje mucho, con compromiso, sacrificio y perseverancia mientras al mismo tiempo no consigue resultados. Los resultados son el fruto de otros aspectos de nuestra manera de ser.

Si los temores, el narcisismo, el orgullo, los lazos emocionales, el vacío emocional y espiritual y otras cuestiones del carácter están en juego, entonces el trabajo se verá mezclado con los frutos de esas cosas, en vez de con los frutos de la labor. La estela será una en que no se alcanzaron los objetivos, y la misión y los propósitos quedaron sacrificados en el altar de la inmadurez personal. Esta es la razón por la que el éxito y los frutos dependen tanto de cuánto te concentres en «quien» eres como en lo «que» haces. Invierte en tu carácter, y obtendrás la retribución que buscas cuando inviertes solo en el trabajo en sí. No podrás hacer lo segundo sin hacer antes lo primero.

V

CUARTA DIMENSIÓN DEL CARÁCTER

Aceptar lo negativo

10

Problemas alimenticios en el desayuno

n o veía la hora de que nos reuniéramos con los peces gordos de la empresa pública. Yo estaba en el negocio del hospital psiquiátrico y estábamos por hacer el primer trato con una entidad de esa envergadura. Hasta entonces, solo había tratado con empresas pequeñas u hospitales individuales. Recuerdo que al ingresar en la sede central, me preguntaba cómo se haría para conseguir algo tan grande. No lograba imaginar cómo se podía conseguir semejante crecimiento. Seguramente habían comenzado por algún lado, razoné, pero cómo habían llegado desde ahí a lo que eran ahora me resultaba un tanto incomprensible. Es probable que al tener yo esto en mente, aquella experiencia me impactara tanto.

Entré, me encontré con el equipo y el gerente de mercadeo dijo: «Muy bien, vayamos a la sala de guerra y terminemos esto». No tenía idea de qué había querido decir con «sala de guerra», pero se trataba del santuario interior donde se dedicaban a planificar. No sabía qué iría a pasar, pero como era nuevo en esto y bastante joven, estaba ansioso por ver lo que era una sala de guerra.

Hasta el día de hoy no recuerdo cómo era aquel cuarto (cómo estaba diseñado, decorado, la distribución que tenía, etc.). Lo único que recuerdo es que en la pared del fondo había un enorme cartel que rezaba:

Si no hay problemas, no hay utilidades.

Me quedé mirándolo un largo rato y hoy, dieciocho años después, lo sigo mirando fijamente de vez en cuando. Se me ha quedado grabado en la mente para siempre, porque respondía el interrogante que yo tenía al entrar y ha sido una de las respuestas que explica el crecimiento y el éxito de tantas personas que he conocido desde entonces. Los que tienen éxito en la vida son los que se dan cuenta de que la vida se trata mayormente de resolver problemas. Los que comprenden esto, tienen éxito y los que no, no.

Scott Peck, en *The Road Less Traveled*, Touchstone, 1978, comienza diciendo: «La vida es difícil». Y luego agrega: «Una vez que en verdad reconocemos que la vida es difícil, que lo entendemos y lo aceptamos, entonces la vida no será más difícil. Porque una vez que lo aceptamos, el hecho de que la vida sea difícil ya no importa». Fue la manera en que un psiquiatra expresó lo mismo que el líder de aquella empresa dijo a sus empleados cuando ingresaron a la sala de guerra: si se orientan hacia la realidad de que nada *bueno* va a suceder si no pueden lidiar con las cosas *malas* que van a suceder, entonces están listos para hacer que algo bueno pase. Si comprenden esta idea, están en el plan.

Sin embargo, si no pueden orientarse a esa realidad, nada bueno sucederá, porque esa realidad no desaparecerá. Sigue siendo la naturaleza del universo. No hay dudas de que en tus negocios, en tus metas personales y en tus relaciones te verás en problemas. Punto. Si no estás preparado para enfrentarlos y resolverlos, entonces se convertirán en el fin de tus esperanzas por hacer que algo funcione, tanto en el ámbito personal como en el profesional.

«Si la orientación de Soichiro Honda no hubiera sido la de enfrentar y resolver problemas, jamás habríamos visto la motocicleta Honda ni la amplia influencia que tuvo en la industria automotriz. Fue legendario por haber sabido abordar los problemas y los obstáculos y resolverlos. Incluso, una vez regresó a la escuela técnica para descubrir por qué tenía problemas con los pistones. No permitía que los obstáculos se interpusieran en su camino, sino que los aceptaba y los resolvía. Eso es carácter».

Orientarse y comprender de manera intelectual que la vida se trata de problemas, es una cosa. Estar *equipado* para enfrentarlos y resolverlos, es otra. Se trata de una realidad que exige un mecanismo maduro, un mecanismo muy completo para hacerlo bien. Solo el mecanismo del carácter puede enfrentar las demandas de la realidad negativa y transformarlas en cosas beneficiosas. ¿Cuáles son los aspectos del carácter que permiten a la persona «enfrentar las demandas de la realidad *negativa*», resolverlas y producir buen fruto?

No evites el elefante que está en medio de la habitación

Cierta vez yo estaba en una reunión de Pascuas y me encontré con un amigo que es un alto funcionario de una empresa y aprovechamos para ponernos al día. Le pregunté cómo le iba y me dijo: «Tengo que atacar una situación difícil. Estoy por hacer un largo viaje pero, antes de marcharme, tengo algunas cuestiones relacionales complicadas que *tengo que enfrentar*. Necesito aclararlas antes de irme, de manera que programé toda una semana de lo que serán charlas muy difíciles. Va a ser duro».

Me impactó la frase que usó: tengo que enfrentar. En otras oportunidades le había escuchado usar las palabras *inclinarme hacia*. Esto quería decir mucho, en especial para un psicólogo que está entrenado para detenerse en las consecuencias «ontológicas» del lenguaje de la gente. Eso significa que mostramos mucho de lo que somos por la manera en que hablamos. Las personas pasivas, por ejemplo, tienen la tendencia a hablar acerca de los hechos de una manera que los quita de la escena, como si no hubieran tomado parte o no hayan sido causantes de lo ocurrido. «Terminé en», en vez de decir «decidí hacer». Si prestamos atención a la manera de hablar de las personas, aprendemos mucho acerca de «cómo son» y cómo se desempeñan «en el mundo» como lo expresaría un existencialista. La forma en que se expresó mi amigo dijo mucho sobre su manera de «estar en el mundo».

Vio los problemas como cuestiones que debía enfrentar, encarar y no como cosas a evitar. Y *programó* las entrevistas, en contraposición a esperar a que se presente la oportunidad o, lo que sería peor, evitarlo por completo y huir de la situación. Él quería ocuparse del asunto de inmediato, de manera activa y directa. Y deseaba asegurarse de hacerlo antes de irse de viaje, porque no quería que el problema se dilatara y produjera más daño del que ya había producido, y que se le volviera en contra durante su ausencia. Quería resolverlo y que estuviera fuera de su vida y de su empresa.

Se me ocurrió pensar que esta era la manera en que él vivía su vida. No evitaba los problemas, ni en lo personal ni en lo profesional. En su carrera había sido galardonado por su integridad y su manera de llevar adelante la empresa con valores y ha creado una empresa basada en una rápida atención de los problemas del cliente y una resolución que los deja mejor posicionados que antes de que se produjera el inconveniente. También los gobernantes lo habían seleccionado para negociar en ciertos proyectos especiales negados a otros, debido a su reputación como persona que «soluciona con integridad lo que está mal». De manera que este ejemplo no es más que una muestra de su forma de actuar. En su estela ha dejado a muchos socios, clientes, empleados y demás satisfechos, además de ganancias de miles de millones. Él tipificó la frase «si no hay problemas, no hay utilidades» con «enfrenta los problemas y vuélvete muy provechoso», en el aspecto relacional y en el financiero.

La clave para fijarnos en el carácter tiene dos aspectos: Primero, el carácter integrado no evita lo negativo sino que hace lo contrario: procura hallarlo de manera activa para poder solucionarlo. Segundo, el carácter integrado no considera el enfrentar lo negativo solo como algo penoso, sino que lo ve como una oportunidad de hacer mejor las cosas y llegar a un buen lugar.

> El beneficio viene como resultado de enfrentar los problemas,
> así que hacerlo se considera una cosa buena, no negativa.

Una burda analogía sería el ir al dentista. Si tienes un diente que es sensible o que te cuesta usarlo porque te duele, no ves la hora de arreglarlo para disfrutar de comer o dormir sin molestias. Buscas resolver el problema. De manera que quieres ir al dentista apenas puedas con tal de regresar a la vida cotidiana, ¿no es cierto? Pues bien, esto es así *en tanto y en cuanto tu experiencia pasada con los dentistas haya sido buena y te haya llevado a la solución del dolor sin mucho sufrimiento.* Lo ves como algo bueno.

Pero (y este es un gran «pero»), *si tu experiencia pasada con los dentistas ha sido traumática y dolorosa, tendrás fobia a los dentistas y evitarás visitarlos. Entonces, esa evasión hará que te siga doliendo.* No enfrentas el problema, entonces no experimentas el «beneficio» de solucionarlo. La diferencia radica en enfrentar la demanda de la realidad, y tener el carácter de hacerlo, basándote en la experiencia.

Como resultado de las habilidades del carácter, las personas exitosas enfrentan los problemas y la realidad negativa. Su mecanismo interior les permite hacer esto. Y parte de ello es este modo de pensar y esta actitud de que enfrentarlo redundará en algo bueno al final, y no algo malo. Sin embargo, eso tiene muchísimo que ver con la experiencia pasada de la persona. Me ha asombrado cómo personas talentosas y competentes pueden permitir que sus carreras y relaciones queden estancadas o incluso acaben destruidas por evitar las realidades negativas que los hacen sentirse incómodos.

¿Recuerdas a Brad en el capítulo 2? Era el gerente general que enfrentaba un grave problema y no se ocupaba de él. Enamorado por los números que conseguía Rick y temeroso de perder su desempeño, procedió a una negación sobre lo malo que en realidad era. Al final, si lo piensas, terminó perdiendo a los mejores empleados y también su empleo. Esto no fue por falta de inteligencia ni de talento sino de valor para enfrentar el problema. Lo interesante es que cuando tratas con la persona las cuestiones subyacentes, aunque se trate de un escenario de negocios, no difiere de la esposa que no se atreve a confrontar la adicción del marido, o el esposo que no puede confrontar el control de la esposa o viceversa. O el ejecutivo de la empresa de alimento para perros que no acepta la realidad de que las cosas no marchan bien y que eso se debe a que su producto es horrible. Hacer eso, en realidad significaría salir de la zona de comodidad, poner las manos en la masa y aceptar de lleno el problema.

Cuando Tiger Woods era todavía un jugador aficionado, todo el mundo aguardaba su entrada al ámbito profesional. Los patrocinadores hacían fila dispuestos a ofrecerle impresionantes cantidades de dinero jamás vistas. Algunos decían que Nike estaba demente por desembolsar 40 millones de dólares y Titleist otros 20 millones. Por cierto, él era un aficionado asombroso, pero la Asociación de golfistas profesionales es otra cosa, y todavía no se había probado en eso. No obstante, todos esperaban ver si él estaba a la altura de las expectativas. Desde Nicklaus no veíamos algo semejante.

El golf se mide en los torneos principales, y el primer torneo Masters de Tiger como profesional lo vio todo el mundo. ¿Qué pasó? Ganó. No solo jugó muy bien, sino que jugó excelentemente. Y no solo que ganó sino que lo hizo por doce golpes. Algo sin precedentes. ¡Tenían razón! Es de otro planeta. Jamás hemos visto algo semejante. Todo el mundo experimentó lo que Bobby Jones había dicho de Nicklaus: «Juega un juego que no conozco».

Por un momento considera la siguiente: Acabas de ganar el primer Masters en el que compites como profesional. Estableces una nueva marca por lo impactante de tu victoria. Cuentas con la aprobación de todos. Estás en el primerísimo lugar del golf y del mundo deportivo y te nombran el jugador del año de la liga de golf y atleta masculino del año de la *Associated Press*. ¿Y él qué hace?

Decide que presenta ciertas dificultades en su juego de las que debe ocuparse si es que pretende alcanzar su meta de ser el mejor jugador de la historia durante mucho tiempo. De modo que se pone a trabajar en su juego, y prueba ciertos cambios difíciles de realizar, y contrata a un profesor para reconstruir o reformar por completo su *swing*. Si no eres golfista, hay algunas cosas que no comprenderás de esto. Cuando un golfista hace algo así, no experimenta resultados inmediatos. No es como decir: «Ah, creo que voy a hacer las cosas de esta manera y todo marchará mejor. Mañana mismo venceré a cualquiera por veinte golpes en vez de doce». A decir verdad, se da lo contrario. Las cosas van peor antes de que comiencen a andar mejor. Es como la remodelación de una casa. Prácticamente no puedes vivir en ella mientras se efectúa la remodelación. No obstante, tienes la mirada puesta en el futuro y al final será para mejorar.

De modo que las cosas empeoraron. Tuvo lo que se denominó un «año inferior». Estaba en la remodelación. Sin embargo, lo que sucedió después confirma lo cierto de lo que estamos diciendo: «si no hay problemas, no hay beneficios». Surgió con un carácter capaz de «enfrentar los problemas» y consiguió el récord pos segunda guerra mundial del golf profesional de partidos seguidos ganados y a continuación ganó cuatro torneos *majors*, uno tras otro. Desde entonces, siguió superando todas las expectativas y seguirá en el futuro. ¿Por qué? El talento, por supuesto. Pero en el mundo hay mucho talento. Pero considero que superó todas las expectativas gracias a su *carácter. Su «capacidad para enfrentar las demandas de la realidad» es lo que está rompiendo marcas.* Él enfrentó la exigencia de solucionar problemas en su *swing, enfrentó la situación,* aunque eso le significara un gran sufrimiento, titulares negativos, pérdidas, críticas y demás. Él no tuvo miedo de ir al dentista y arreglar lo que hiciera falta para estar bien. Hoy disfruta los resultados, no solo de su golpe de swing sino también de su carácter.

Las masas disfrutan de su «zona de comodidad». Hacen todo lo que les resulte cómodo, aunque no les vaya a producir un «beneficio», cualquiera que sea. Sin embargo, los ganadores le hacen frente a los problemas, como un camino a la tierra prometida, y su carácter no les permite hacer menos. Es algo bueno y uno prácticamente no puede evitar que enfrenten las realidades negativas de las que necesitan ocuparse. Escuchas cosas tales como: «No puedo ir a esquiar tal día. Tengo que ir al dentista». O en el caso de Tiger: «Puede scr que no gane este año. Necesito recrear mi *swing* para poder ser el mejor de la historia».

Poder hacer esto exige una ausencia de temores internos e interpersonales que puede ocasionar esto de enfrentar lo negativo. Si mi amigo que mencioné antes hubiera sentido temor de que enfrentar aquellas confrontaciones le podría acarrear rechazos o que alguien ya no lo apreciaría por lo que había dicho, entonces habría evitado el conflicto. Si Tiger hubiera tenido miedo de la mala prensa o de que la gente pensara que era flor de un día, entonces hubiera protegido su liderazgo y su nivel en vez de desarmarlo para luego reconstruirlo. Sin embargo, no tuvieron miedo. Tuvieron el mecanismo interno necesario para desear el desenlace y sobrellevar el proceso. «La única manera de salir es pasar por ello».

Una de las cosas más sorprendentes acerca del trabajo con adultos que se criaron en un hogar con un padre alcohólico o abusador, es el conjunto de sentimientos que descubren tener por el otro padre, el amoroso. Aunque este haya sido el que les dio el amor y la afirmación necesaria, muchas veces tienen que elaborar profundos sentimientos de decepción o de traición ante la elusividad de ese padre de ocuparse del «malo». Luchan con el interrogante de por qué el padre bueno jamás hizo algo y muchas veces sufren con sus propios modelos de permitir la persistencia de las realidades negativas mucho más de lo que deberían, dado que eso fue lo que observaron de niños. Evitar el elefante en la sala no solo permite que el problema siga, sino que socava la confianza en la persona que trata de obviar el problema y en la naturaleza del mismo amor.

Y esto no solo sucede en el contexto personal. La escena que describí entre Brad y Rick es sumamente corriente. La persona a cargo de un equipo o de una organización evita ser clara y actuar de manera decisiva con una persona que evidentemente produce daño, y esto hace que pierda la confianza de los demás del grupo. Los líderes respetados son aquellos de los que se puede esperar que se ocupen de las cosas de manera directa y competente. Hace poco hice consultoría a una empresa en la que reinaba gran confusión desde hacía tres años, había perdido muchas personas clave, y no alcanzaba muchos de los objetivos debido a que el gerente general evitaba enfrentar la disfunción del presidente de la empresa. Finalmente, al igual que en el caso de Brad, la junta tuvo que intervenir. Se interpusieron al gerente general y lo obligaron a enfrentar el problema.

Lo sucedido fue una lección para todos. En cuestión de meses, toda la organización dio un vuelco porque habían quitado de en medio a la persona problemática. Había estado causando división, falta de moral, desaliento y un persistente negativismo, y cuando se fue, todo esto se fue con él. El clima cambió. Uno podía percibir la diferencia en la energía cuando el equipo hizo un clic y comenzaron a suceder cosas buenas. La enseñanza es que cuando se encaran en verdad los problemas, estos se solucionan. El dolor cesa y produce una sorpresa en las personas que han estado acostumbradas a creer que las cosas pueden funcionar. Y otro aspecto de la enseñanza es que esto puede suceder de manera muy rápida. La elusión a veces lleva años, pero una vez que se enfrentan las cosas con decisión, en cuestión de semanas o meses las cosas regresan a la normalidad. Incluso en el caso de Tiger, dentro de la totalidad de su carrera, un «año inferior» no es nada.

La habilidad de recuperarse

En cierta oportunidad trabajé en un proyecto con una persona que había sido altamente aclamada en los círculos empresariales y muy reconocido por sus logros en mercadeo en todo el mundo. Muchas organizaciones trataron de reclutarlo por su pericia, y a mí me emocionaba la posibilidad de trabajar con él. Estaba seguro de que tendríamos éxito en nuestro emprendimiento.

El primer aspecto requirió gran parte del año para organizarse y terminaría en una fecha de lanzamiento con enormes expectativas. Había reunido a varios socios estratégicos y mucho dependía del éxito de ello. Debido a su reputación, estaba seguro de que funcionaría.

Llegó el día del lanzamiento y todos estaban ansiosos por los resultados. Sería todo un éxito, al menos es lo que pensábamos. Al día siguiente, cuando ya se conocían los resultados, él me llamó.

«¿Cómo te fue?» le pregunté. «Bueno...» respondió. «Perdí más dinero en un día que en toda mi carrera de negocios».

Me quedé sin habla. Mi corazón dio un vuelco. No podía creerlo. ¿Cómo podía ser? Él era el genio que aseguraba el éxito. Esto no podía estar sucediendo. Sin embargo, enseguida me pregunté cómo lo estaba tomando él. ¿Qué haría respecto a irse a un nuevo proyecto y fracasar por completo por estar fuera de sus campos de experiencias? ¿Qué haría yo con una iniciativa fracasada y un líder herido?

«Por eso, yo voy a repasar todo esto» dijo él, «veo ciertos patrones que emergen de esto y creo que hay algunas cosas para aprender. Parece ser que lo que pensábamos obtener de este sector en particular interfirió con el lanzamiento de otros productos, y pienso que si nosotros...» Estaba en el problema y se estaba ocupando. Se había arremangado la camisa y trataba de comprender y de solucionar. Allí pude observar por qué él había generado miles de millones en negocios en sus emprendimientos pasados. Una de sus grandes razones era: *tenía la capacidad de recuperarse con rapidez.*

Lo que los psicólogos denominan recuperabilidad es el proceso por el cual las personas vuelven a funcionar luego de un suceso emocional negativo. Cuando sucede algo malo, ¿se caen del caballo y no pueden levantarse? ¿O se levantan de un salto, rápidamente, y se aprestan para lo que venga?

Los caracteres integrados son capaces de recobrar la motivación, la esperanza, el juicio, la claridad de pensamiento, la conducción, la proactividad y las demás facultades necesarias para hacer que algo salga adelante cuando sucede algo malo. Las noticias o hechos negativos no los dejan marginados durante mucho tiempo. No hablamos de negación, como mencionamos antes, en que evitan el problema o se resisten a hacer la autopsia. Es justamente lo contrario. Tienen los recursos para enfrentarlo con rapidez sin esa clase de respuestas emocionales, cognitivas y de conducta que dificultan o hacen imposible enfrentar las demandas de la realidad.

Compara a mi amigo con otra persona a la que llamaré Miguel. Miguel prosperaba sobre lo positivo y si las cosas le salían bien. Si algo tenía éxito, se sentía con energías y listo para conquistar el mundo. Amaba el éxito y vino a la vida con reafirmación. Sin embargo, en esta etapa en particular, el mercado tuvo un revés y su división debió enfrentar que las condiciones empeoraran. Cuando empezaron a aparecer las cifras, se comenzó a deprimir. Su gente esperaba que él liderara, que buscara una salida, que sugiriera formas de atravesar la situación y hacer que funcionara. Miguel iba en la dirección contraria.

A medida que llegaban las malas noticias, él se iba recluyendo. Comenzó a sentirse como un perdedor y a cuestionar sus capacidades. Perdió confianza en sí mismo, perdió el impulso y su juicio se vio obnubilado. Comenzó a operar en modo de autoprotección, cuando se requería ser decisivo. Comenzó a retraerse del resto del equipo y a deprimirse, y la gente que dependía de él comenzó a acudir a otros funcionarios en busca de la opinión que necesitaban. Él se convirtió en una especie de «desaparecido en acción».

Su jefe estuvo lo bastante atinado como para conseguirle cierta ayuda. Miguel venía de un ambiente familiar muy crítico y duro que él había internalizado. Tuvo que soportar duras y crueles críticas por su desempeño siendo muchacho. Era talentoso para la escuela y los deportes, y si conseguía que todo funcionara, se sentía que mantendría el enojo abusivo alejado. No obstante, cada vez que cometía un error, recibía horribles desaires y reprimendas que eran ahora las monstruosas voces críticas que escuchaba en su cabeza. De niño, se encerraba en sí mismo y se recluía en el aislamiento alejándose de la tormenta. Sin embargo, no tenía más que un camino para salir de ese agujero negro y el odio que sentía por sí mismo al que lo habían arrojado la hondanada de críticas recibidas. Recordaba ocasiones en las que se sentía perdido y «fuera de la realidad», según sus palabras.

Sin embargo, esta experiencia jamás había sido «integrada» ni trabajada para salir de ella. De manera que permanecía allí, como parte de su forma de ser que no surgiría hasta que aconteciera algo malo, como el revés de los mercados. Cuando sucedía, lo hacía sentirse como cuando era pequeño, a excepción de que esta vez las voces que lo rebajaban y lo hacían retraerse y encerrarse en su agujero negro estaban dentro de su cabeza. Como dijimos antes, lo que estaba afuera había pasado a estar dentro de él. Su experiencia había pasado a formar parte de su carácter. El fracaso, las voces, el retraimiento, el pensamiento negativo y la *incapacidad para recobrarse* se habían convertido en parte de lo que él era.

La buena noticia era que él contaba con algunas nuevas experiencias que también habían pasado a formar parte de él y los modelos de irrecuperabilidad cambiaron. Creció en su carácter. Por medio de nuevas experiencias que le sirvieron de apoyo, desarrolló la capacidad de recuperarse y «hacerse cargo» cuando sucedían cosas negativas. Si la premisa «sin problemas no hay beneficios» es cierta, entonces la capacidad para recuperarse cuando estos aparezcan es importantísima para que se produzca el beneficio. Para eso hace falta tener carácter y el carácter viene con la experiencia. Su carácter «lento para recuperarse» provenía de experiencias pasadas y el carácter nuevo de las nuevas experiencias.

La investigación que hizo John Gottman sobre el matrimonio muestra que uno de los predictores de la capacidad de la relación de perdurar y ser satisfactoria es la capacidad de la pareja para recobrarse de la desconexión, del conflicto o del problema. El término que emplea es *reparar* (Dr. John M. Gottman y Nan Silver, *The Seven Principles for Making Marriage Work*, Three River Press, 1999). Si pueden hacerlo, es más probable que lo logren.

Tomar distancia de los resultados

Una de las capacidades que hace que alguien sea capaz de fijarse en lo negativo, enfrentarlo y recuperarse es tomar distancia del problema o de las consecuencias negativas. La identidad segura se refiere a cómo es una persona no a lo que hace ni cuáles sean sus resultados. Cuando la identidad de alguien se ve ligada a sus logros, esa persona en cierta manera no existe. Es lo que sucede. De manera que si las cosas salen bien, ellos están bien; pero si las cosas no salen bien o los resultados son malos, no están para nada bien.

Por ejemplo, cuando los atletas experimentan un bajón, una de las cosas que hacen los entrenadores de desempeño para sacarlos de eso es ayudarlos a tomar distancia de sus resultados. Ve a tu lugar y lanza la pelota, no importa para dónde vaya. «Desdramatizar» el resultado. No importa para dónde salga disparada la bola, regresa a la experiencia. Un drama o una catástrofe es algo que produce daño o sufrimiento. Que alguien experimente un daño en su persona, o en la capacidad personal de desempeñarse, como resultado de un desenlace malo, es un enorme problema.

> Los resultados están separados de la persona, y las personas que hacen cosas mantienen un sentido estable de sí mismos, más allá de lo que suceda.

Quienes obtienen grandes logros no derivan su sentido de identidad ni cómo se sienten según sean los resultados de su desempeño. Por cierto, que las cosas salgan bien nos hace sentirnos bien y contribuye con los buenos sentimientos, pero eso es aparte de los propios sentimientos acerca de uno mismo. Los resultados son los resultados y el yo es el yo. De esa manera, los que consiguen cosas mejoran su desempeño cuando no es lo que debería ser, concentrándose en lo que necesitan hacer distinto y los cambios que tienen que implementar. El problema está en el foco, en vez de estar en el «yo». «Tengo que hacer tal o cual cosa», en vez de «Soy un perdedor». En el segundo caso, nunca se consigue esa tal o cual cosa porque la persona está desanimada, fuera de combate.

Uno de los elementos distintivos clave de un carácter intacto es la «diferenciación». Denota el grado en el que una persona es lo que es independientemente de los demás y de las cosas externas. La identidad está intacta, de manera que no necesitan un desempeño externo, aprobación, imagen, símbolos, riquezas, organizaciones o afiliaciones y demás para saber quiénes son o para regular cómo se sienten. Ocuparse de cuestiones negativas es clave, dado que permite que una persona se ocupe del problema o del resultado, sin convertirse en parte del problema ni afectarse por la cuestión. Vimos antes cómo esto se relaciona con los resultados del desempeño, tanto en un atleta como en una persona de negocios. También podemos comprobarlo en las relaciones interpersonales.

Para que una persona pueda enfrentar las realidades interpersonales negativas, tiene que aislarse de los sentimientos de la otra persona hacia ella o de los sentimientos de la otra persona en general. Por ejemplo, si tienen que caerle bien a los demás o no dejar que se enojen con ellos, entonces resolver los problemas se convierte en algo prácticamente imposible. La naturaleza del conflicto implica que la gente a veces tenga sentimientos negativos el uno hacia el otro. El que se mantiene apartado de los sentimientos de la otra persona puede comprender e identificarse, sin perder la compostura por esos sentimientos ni convertirse en lo que la otra persona considera que debe ser. Además, estas personas son menos propensas a sentirse heridas, dañadas o impedidas por cómo se siente alguien hacia ellos cuando enfrentan una cuestión. Un buen padre, por ejemplo, debe disciplinar a un niño aunque el niño lo odie por esto y lo mire diciendo: «¡No te quiero más!» Un líder debe mantenerse alejado de los sentimientos de las personas cuando las confronta acerca de su desempeño o por algún tema. Alguien que se dedica a negociar, debe permanecer aparte de la presión externa en las negociaciones o conflictos. Para poder actuar, saber mantener la distancia lo es todo. Sin esto, el volante de la personas estará en el auto adyacente. Entonces, compartirá el viaje pero no tiene el control de hacia dónde se va.

Ser propietario de lo que hace

«Hice todo de acuerdo con lo que dijeron los abogados. Cumplí paso por paso con nuestra política. ¿Cómo puedes decirme que cometí un error? Seguí las instrucciones al pie de la letra sobre cómo despedir a alguien», protestó Jim cuando el presidente de la empresa lo llamó a contar debido a un desastre que había generado en su cadena de tiendas. Jim era el vicepresidente de Recursos Humanos y había gestado un «dejar cesante», pero el motivo principal era deshacerse de algunos gerentes de las tiendas, más que hacer una reestructuración corporativa. Cambió algunas líneas regionales, de manera que esos puestos ya no eran necesarios, cuando en realidad lo que quería hacer era despedir a algunas personas. Optó por la opción más sencilla. Temía echarlos y, además de eso, en el pasado no los había disciplinado adecuadamente para poder despedirlos. La documentación de los esfuerzos para remediar sus trabajos no existía. De modo que recurrió a la «suspensión».

El resultado fue caótico. La gente comenzó a llamar de todo el país, preocupada por el estado de la empresa. Los proveedores se preocuparon y amenazaron con retener entregas de pedidos ante el temor de que la empresa no pudiera pagar. La moral estaba por el piso y el presidente se halló en un tremendo lío. Y Jim era el que había iniciado todo esto, de manera que era responsable.

Sin embargo, Jim no asumía la responsabilidad por los resultados. Desde su perspectiva, había hecho todo «correctamente». Había «seguido las normas y hecho lo que habían aconsejado los abogados». No había hecho nada mal. No obstante, si eso era verdad, ¿cómo era que se veía todo «equivocado» en su estela? Lo que le dije al presidente era que su vicepresidente no estaba actuando como un líder sino solo como un «empleado».

—¿Qué quiere decir? —me preguntó.

—Bueno, los empleados hacen un trabajo. Hacen lo que se les indica y eso es de lo único que son responsables, según su estructura mental. Si no se obtiene el resultado esperado, no es su problema porque ellos hicieron lo que se les indicó que hicieran. Y, desde su perspectiva de «empleado» tiene razón. No rinden cuenta por los resultados sino por lo que hacen; por ejemplo, son responsables de seguir o no las instrucciones e implementar lo que los directivos les dice que hagan —expliqué.

—Pero él es uno de nuestros directivos. Es el líder de todo el funcionamiento de Recursos Humanos. No puede esperar escudarse en haber hecho lo que los abogados le dicen que haga. Él debe hacerse responsable de los *resultados* que sus decisiones produjeron. Fue su estrategia la que produjo este desastre, y él no se está haciendo cargo de los resultados de lo que hizo. Él solo quiere que lo vean como «bueno» y no le importan las consecuencias.

«Los líderes asumen los resultados y no tratan de hallar excusas ni de culpar a alguno de eso».

Animé al presidente a que se concentrara en ese tema en su liderazgo si alguna vez llegaba a ser capaz de liderar. Los líderes y, más que eso, todas las personas exitosas no se preocupan solo por hacer que determinada autoridad se sienta feliz. Se preocupan por los resultados. Un mariscal de campo que dice: «Bueno, no me preocupa que hayamos perdido el partido. Yo hice lo que me dijeron que hiciera», coloca un límite a su desempeño y a su capacidad de liderazgo. Parece más el pensamiento del muchacho que alcanza el agua que del mariscal de campo.

Para el carácter integrado no es suficiente que lo vean como alguien que «cumplió órdenes» si el barco se hunde o la empresa no es rentable o si desaprueban a su hijo en la escuela. Los caracteres integrados desean dar buen fruto. Quieren que las cosas funcionen y asumen como propios los resultados al igual que su desempeño personal. En apariencia, esto parece contradecir lo que vimos antes, en cuanto a mantener distancia de los resultados, pero no es así. Puedes permanecer separado en términos de qué significan los resultados respecto a ti y si te identificas demasiado con ellos y te ves como un fracasado que se encierra en un agujero negro. Pero en lugar de esto, asume como propios los resultados y mírate como la persona que se va a ocupar de ellos o hacer algo diferente para producir un resultado distinto.

Por supuesto, existe un límite. No puedes tener el control del universo y hay ocasiones en las que haces todo lo que puedes hacer o, aun más, todo lo que podría hacerse, pero los resultados siguen sin producirse. No podemos controlar a los demás, ni a los mercados mundiales. Podemos influir en ellos, pero no controlarlos. En determinado punto, debes dejar eso atrás y seguir adelante. Muchos padres llegan a esta conclusión cuando han hecho todo lo posible con un hijo descarriado. En ocasiones, los líderes deben hacer lo mismo con empleados o socios. Existe un límite en esto de hacerse cargo de los resultados.

Sin embargo, me estoy refiriendo al otro extremo, cuando la gente se excusa prácticamente de cada resultado de su vida y culpa a algo externo por lo que sucede. No se ven como contribuyentes al resultado, y cuando lo hacen, sucede algo terrible: puedes dar por descontado que no se solucionará.

La culpa es el freno de mano para la mejora.

Culpar y externalizar están dentro de nuestra humana naturaleza. Los niños lo hacen todo el tiempo. Observa a los niños pequeños que están aprendiendo la naturaleza de lo bueno y lo malo. Cuando los confrontas, dicen: «Susie me pegó primero» o «Él empezó». En efecto, lo que hice no es un problema porque en realidad alguien más provocó el resultado.

Las personas exitosas se preocupan bastante poco, casi nada, acerca de la «culpa». No les preocupa ser «culpables» de las cosas. Para ellos la culpa no tiene las consecuencias más importantes, como sí les sucede a los caracteres inmaduros. Lo que tiene las consecuencias más importantes para los caracteres maduros es resolver el problema. Si esto significa que necesitan hacer algo de manera distinta porque la forma en que lo hicieron era parte del problema, para ellos esas son *buenas* noticias, no malas. Les *encanta* saber esto. Les da el control necesario para hacerlo mejor.

Las personas exitosas no culpan al mundo exterior por su falta de éxito en cualquier emprendimiento o relación. Analizan los resultados y se preguntan: «Muy bien, dado este mercado, o dadas las cartas que recibí en esta mano, o dado quien es esta persona, ¿qué puedo hacer para que esto funcione?». Se ven como actores no como que hacen lo que se les indica o como si alguien hubiera escrito el guión con un desenlace pobre sobre el cual no tienen control.

La enfermedad subyacente

Ahora bien, ¿por qué habría alguien de hacer esto? ¿Por qué elegirían estar «paralizados en su desempeño» en vez de ser fortalecidos? Pocas cosas conforman la enfermedad subyacente de culpar a otros. La primera es la peor enfermedad de todas: preservar el «ser bueno». Es el componente del carácter denominado narcisismo, la búsqueda del «yo ideal», o el deseo de verse uno mismo como «que hacemos todo bien», sin faltas o perfecto. Es una de las características más enfermizas que podamos tener.

¿Qué la produce? Una cosa podría ser que las personas pueden tener mucha vergüenza subyacente a su deseo de ser percibido como «bueno». Para proteger sus sentimientos sobre sí mismos, tratan de desempeñarse bien y ser vistos como asombrosos, maravillosos, ideales y obtener toda clase de galardones que los hagan sentirse bien en oposición a sus malos sentimientos subyacentes acerca de sí mismos. Se nutren de la alabanza y la admiración como una medicina para la vulnerabilidad subyacente de su alma.

Quizás fueron menospreciados siendo niños, abusados, el recipiente de toda la maldad del mundo debido a un padre «culposo». Tienen una imagen mala de sí mismos desde hace mucho tiempo por lo que intentan tomar distancia tratando de jamás cometer un error o que los vean cometiendo un error. El problema es que han encarado el camino equivocado para ocuparse de ese tema. Su manera de sobreponerse a la vergüenza y a una «mala imagen» es desempeñarse bien. Sin embargo, eso jamás funciona. *Nunca tendrán los honores suficientes que los ayuden a sobreponerse a los malos sentimientos acerca de sí mismos.* Si así fuera, ¿por qué algunas de las principales estrellas y más reconocidas modelos y actores son drogadictos y personas acomplejadas que no se sienten «lo suficientemente buenos»? No existen los trofeos suficientes para curar el narcisismo.

La cura está en hallar aceptación y amor en las debilidades y los fracasos de uno, y descubrir que uno no es lo que hace sino lo que es. Cuando somos amados por lo que somos, no por lo que hacemos, entonces tenemos un carácter basado en ser y no en hacer. De aquí proviene el contraste entre el «ser humano» y el «hacer humano». Cuando se aceptan a las personas con sus fracasos y se descubre que su yo imperfecto es adorable, son libres para hacerse cargo de sus imperfecciones y mejorar. Por esta razón la corrección que se hace con amor lleva a que la persona sea saludable en vez de la corrección hecha con enojo, basada en la vergüenza o en la crítica. El enfoque está puesto en la conducta y no en la persona.

Sin embargo, si las personas han procurado conseguir el «yo ideal» como cura, entonces estarán expuestas a toda una vida de excusas, culpa y falta de desempeño cuando intentan ser buenos en vez de efectivos.

Por eso, para tener un carácter integrado y fuerte, integra la «mala imagen» y la vergüenza con el resto de lo que eres hablando de esas partes de tu ser con personas que te acepten, en vez de intentar ocultarlas o superarlas siendo perfecto o ideal. Entonces, serás libre para alcanzar tu potencial.

Otra razón por la que las personas traten de preservar su buena imagen es que reconocer la responsabilidad por los resultados hace a esa persona responsable de los resultados. Esto parece un *cliché*, pero piensa en las consecuencias. Si yo me hago cargo del fracaso por no obtener resultados, en vez de tratar de parecer sin faltas, estoy diciendo que estoy en control de hacer que las cosas funcionen y eso podría asustarme. Significa que debo poner manos a la obra y hacer que funcione. Para los grandes ejecutivos esto es música para los oídos. Para quienes temen fracasar o le temen al trabajo duro o a tambalear o cualquier otra cosa, no es música para nada. Es una tormenta eléctrica y corren a resguardarse. Las excusas suenan mucho mejor que asumir la responsabilidad y atravesar el dolor y el daño cerebral que supone tener éxito.

Es más, la palabra indolente que con frecuencia usamos para describir a los que son perezosos, en realidad significa evitar el dolor. Las excusas y la culpa e intentar aparecer como alguien que nunca se equivoca, son en realidad algunas de las mayores maneras de ser holgazán y flojo. El que echa culpas o se la pasa dando excusas es con frecuencia demasiado flojo o temeroso de hacer la tarea de superar cualquier responsabilidad que esto implique. Es una tarea penosa. Por eso, uno de los mejores consejos que podemos recibir es el de abandonar el tratar de ser perfectos o ideales y, en cambio, hacernos cargo de los resultados, atravesar el dolor para mejorar y disfrutar los beneficios. No es bueno aferrarse a la «buena imagen» ya que no producirá resultados reales. Déjala morir para que surja un yo competente. «Ser correcto» jamás podrá competir con «hacerlo bien».

Larry Bossidy, ex presidente y gerente general de *Honeyworld International*, dice lo siguiente en el libro *Execution: The Discipline of Getting Things Done*, Crown Business, 2002:

«En su libro *Jack: Straight from the Gut*, Jack Welch reconoce con absoluta libertad que en sus primeros años cometió muchos errores al contratar a las personas. Tomó muchas decisiones de manera instintiva. No obstante, cuando él se equivocaba decía: "Fue mi error". Se preguntaba cuál había sido su error, escuchaba a otras personas, obtenía más información y se daba una idea de cómo era la cuestión. Y así iba mejorando vez tras vez. También reconoció que no es útil golpear a los demás cuando cometen errores. Al contrario, ese es el momento para alentarlos, enseñarles y ayudarlos a volver a ganar confianza» (p. 83).

Confrontaciones productivas

Uno de los aspectos más importantes del carácter en la vida, sin lugar a dudas, es la capacidad personal de confrontar. Es cierto que uno obtiene lo que tolera. Si la naturaleza de la realidad es que siempre habrá problemas, si no los confrontas y en cambio los toleras, entonces problemas es lo que vas a tener. Jamás me he encontrado ni observado a una persona, con una auténtica estela exitosa, que no confrontara bien.

Esto nos lleva a uno de los mejores aspectos de la necesidad de integración en nuestra perspectiva de integridad del carácter. Los que no confrontan dejan muchos éxitos sobre la mesa. Los problemas los sobrepasan y los detienen, dado que su tendencia política de «agradar a las personas» no los lleva demasiado lejos. Hemos visto algunos ejemplos de esto en otras partes del libro. Para hacerlo bien y para tratar bien a las personas, debemos confrontar los problemas que tenemos con ellos. Y los que no confrontan no solo dejan mucho éxito sobre la mesa, también dejan mucho caos en su estela. Los que se ven afectados por su falta de confrontación y por los desórdenes que permitieron, se sienten sumamente decepcionados de ellos. La confrontación agrega estructura a los equipos, a los proyectos, a las relaciones y a la vida. La estructura añade seguridad y en la seguridad la gente prospera. Sin la seguridad que brinda la confrontación, las personas y las relaciones languidecen. Tanto el desempeño como la intimidad se enferman y mueren. La estela no es buena.

Sin embargo, la ausencia de confrontación es solo una parte del problema. La otra pieza es la confrontación que no se hace *bien*. Muchas personas confrontan con demasiada facilidad y lo hacen de una manera que es más destructiva que útil. Quien confronta y lo hace de manera combativa, enojada, degradante y crítica no resuelve los problemas. Lo que hacen generalmente es impulsar a que los problemas se oculten al generar una atmósfera de temor más que de resolución.

Por esa razón dije que este es uno de los aspectos en el que la integración del carácter es tan importante. Si dejas de confrontar, perderás. Sin embargo, si confrontas malamente, también perderás. De manera que debes confrontar, pero confrontar bien. Esto implica que el lado que dice la verdad de tu carácter debe estar integrado con el lado amoroso y atento de tu carácter. Cuando te haces presente para ocuparte de un problema, debes acudir con ambos lados juntos. Confronta el problema pero de una manera que preserve la relación y a la persona. Si te equivocas en cualquiera de los dos lados, la estela se verá afectada.

Escuchamos muchas maneras de comunicar esta verdad. Como padres, uno escucha la frase *amor y límites*. Esto implica que hay que ser atento y cariñoso pero firme. En teología, escuchamos hablar de *gracia y verdad*, lo que significa que hay que estar a favor de la persona pero tener parámetros. En psicología se habla de *autenticidad y amor*, que implica ser real pero considerado. Sin embargo, fíjate que lo importante es decir lo que hay que decir y hacerlo de una manera que muestre que te importa la persona.

La mejor descripción para líderes que he escuchado sobre cómo hacer esto vino de un amigo que lidera una empresa. Considero que se aplica a toda la vida y no solo al liderazgo. Me dijo: «Trato de ir *con fuerza al problema* y *con suavidad a la persona*». Eso significa que tanto el decir la verdad como su cuidado por la conexión vienen juntos, al mismo tiempo. Aquí puedes ver la importancia de la integración, dado que este concepto une simultáneamente tres de nuestros componentes del carácter: conexión, orientación hacia la verdad y enfrentar y resolver los aspectos negativos. Por eso siempre digo que la integridad se trata tanto de integración como de honestidad. *Honestidad sin amor no es integridad.*

No obstante, esto exige un carácter que haya neutralizado la verdad, como mencionamos antes. Si la persona anda de aquí para allá con mucho enojo acumulado adentro que jamás ha sido integrado y metabolizado, entonces la confrontación será nociva, porque atacará y golpeará a la persona. El amor y la sanidad deben tener lugar primero en el alma de la persona o podrían estar en peligro de no tratar a los demás como ellos quieren ser tratados, sino de la manera en que *han sido tratados*. Repiten el abuso que sufrieron en carne propia.

Otro aspecto de confrontar bien es que las personas integradas se preocupan de los resultados de la confrontación, no para sentirse bien. De manera que se preguntan antes de la confrontación: «¿Qué querría que hubiera sucedido como resultado de esta confrontación?» Si son impulsivos y no lo hacen, entonces deberían preocuparse de no exteriorizar su enojo ni forzar a alguien a que haga las cosas de manera diferente, o vengarse para hacer que alguien se sienta mal y ellos sentirse mejor. Sin embargo, si están integrados de manera consciente, entonces lo que hacen es desear una manifestación integrada. Piensan: «quiero resolver el problema, hacer que la relación se fortalezca, ayudar a que la persona se desarrolle y potenciar su desempeño». Entonces, confrontará de una manera que producirá esa estela.

Incluso suelen permanecer conectados de dos maneras. Cuando la confrontación acabó, controlan para ver cómo resultó antes de irse. «¿Qué me escuchaste decir?» Se quieren asegurar que han sido claros y que la conexión es buena. La otra manera es que hacen un seguimiento y observan cómo marcha y consideran a la confrontación y a la resolución de problemas como un proceso y no un hecho.

La confrontación no tiene por qué ser acusatoria. Sencillamente significa que vamos a «enfrentar esta cuestión juntos en vez de meter la cabeza en la arena e ignorarla». Me gusta la frase «poner el rostro hacia» como una definición de confrontación. No se trata de una destrucción militar de la otra parte, sino de dos personas que juntas enfrentan el problema y hallan una solución que conforma a todos. Los malos confrontadores hacen que las cosas se vuelvan acusatorias con demasiada facilidad y rapidez. Se experimenta como yo contra ti, o nosotros contra ellos, en oposición a:

Tú y yo en contra del problema.

En ese ámbito, somos un equipo contra lo que está mal y nos reunimos a solucionarlo. Eso mantiene el problema, la persona, la relación y el resultado, todo en la mente de una manera integrada.

Permite que las cosas malas se vayan

Antes, en la parte de obtener resultados, nos referimos a la capacidad de «metabolizar» los errores y las pérdidas. En ningún lugar es esto tan importante como al enfrentar no solo la pérdida que es irreparable, sino además en el caso de un problema que se está solucionando. Algunas personas no pueden dejar que esas cosas se vayan. Hay que *superarlas*. Eso significa que cuando hay una cuestión con alguno, o un problema que hay que ya se ha tratado y resuelto, entonces hay que dejarlo atrás. De otro modo, no lo estarás resolviendo sino acarreándolo.

En todas las clases de relaciones, vemos que la estela de las personas se afecta por la incapacidad de dejar que estas cosas se vayan. Si vas a resolver problemas en tus relaciones personales o de negocios, entonces debes ser capaz de dejar cosas atrás. No estoy diciendo que no haya que enfrentarlas, en especial si son actuales. Lo que quiero decir es que una vez que se hayan tratado y solucionado, entonces debes dejarlas ir en términos de las emociones negativas y gravosas que producen. Laméntate y, por decirlo de alguna manera, *perdona*. La gente prospera cuando han enfrentado una cuestión, la han solucionado y la otra persona puede perdonar y seguir adelante. Perdonar significa «cancelar una deuda». En otras palabras, la persona ya no nos debe nada. No más regodeo en la autocompasión, ni culpa, ni vergüenza, ni recordatorios, ni ninguna de esas cosas que interceptan el paso en el futuro. Si algo no se resolvió o no se restableció la confianza, es una cosa. Ahora, si ya ha sido reparado, déjalo atrás, en el pasado.

Si los padres son capaces de confrontar a sus hijos y perdonarlos, entonces esos niños aprenderán a resolver sus problemas y salir adelante. Si los hijos pueden ocuparse de las cosas y perdonar a sus padres, serán capaces de mantenerse saludables. Si los jefes pueden perdonar los errores cuando estos se han reconocido y enfrentado, los empleados pueden convertirse en aprendices y anticipar el futuro. Sin embargo, si no podemos cancelar la deuda y estamos siempre enviando recordatorios, entonces el problema jamás termina en realidad. Lo «pateamos» para adelante. Seguimos castigando. Las personas de tu vida prosperarán al grado que te convertirás en un perdonador que además no teme enfrentar el problema. Juntas, esa clase de integración repara las cosas *y* tiene un futuro. Perdonar no significa que no se enfrente un problema; significa enfrentarlo y luego dejarlo ir.

Hace poco cené con un gerente editorial que venía de una reunión familiar. Dijo que toda la atmósfera se vio afectada por un hermano adulto que seguía pretendiendo que otro de los hermanos pagara unas fechorías del pasado. La frase del gerente era continuamente: «Superemos esto. Déjalo atrás». Mientras tanto los encuentros futuros serán encuentros del pasado, en los que se recuerdan todos los errores del pasado para ponerlos sobre la mesa y recordarlos, lo que hace que se conviertan en los errores presentes.

Sin embargo, la integración y la entereza del carácter son fundamentales en esto también. Es raro que las personas que realmente no han enfrentado sus propios errores, que no se han apropiado de sus equivocaciones para con los demás ni han recibido el perdón ni repararon la situación, manifiesten perdón hacia los demás. Siguen pensando que son moralmente superiores y tratan con prepotencia y superioridad a aquellos que les fallan de manera real o imaginaria. Sin embargo, si han sido sinceros respecto a sus propios fracasos y han sido aceptados de todos modos, entonces son más humildes y dispuestos a perdonar a otras personas imperfectas como ellos.

Confronta bien, y cuando la persona se hace cargo y el problema se resuelve, déjalo ir. No lo acarrees llevándolo contigo en el futuro, manteniendo, por tanto, todas las heridas abiertas. El futuro es algo que hay que ganar y no está para volver a perderlo.

La mejor manera de resolver un problema

Confrontar y resolver problemas es algo distintivo del carácter exitoso. Sin embargo, los caracteres integrados tienen una función igualmente importante en cuanto a los problemas. Es más, es la mejor manera de resolver un problema:

> La mejor manera de resolver un problema
> es no permitir que comience.

Los caracteres integrados tienen un gran sistema inmune contra involucrarse en situaciones malas. Las perciben de antemano y si algo huele mal, o no demasiado bien, dicen no. No aceptan cosas que no concuerdan con su criterio, con sus valores, con sus propósitos o que tienen demasiados puntos negativos o la clase de cosas negativas con las que no desean tener parte. En la sección acerca de obtener resultados mencionamos la debida diligencia necesaria antes de saltar hacia algo y estar listo. Este es el otro lado de aquella cualidad: Una vez que se cumplió con la debida diligencia, y se descubre que algo falta, uno tendrá la habilidad de carácter para decir: «¡No!»

Tengo un amigo que en cierta oportunidad me dio un sabio consejo. Me dijo que había llegado a un punto en la vida en que no hacía nada que involucrara el «factor incomodidad». Dijo que no haría ningún trato ni trabajaría con alguien si percibía el factor incomodidad. No comprendí a qué se refería y se lo pregunté.

«Este es el trago en seco que debes tomar antes de seguir adelante» me explicó. «Mi regla es la siguiente: Cada vez que me siento incómodo o tengo que hacer un esfuerzo por tragar la situación de hacer algo sustancial con alguien, ya sea contratarlo, trabajar con él o cualquier cosa importante, no lo hago. No seguiré adelante siempre que el factor incomodidad esté presente. Punto».

De manera instantánea recordé ocasiones en las que había ignorado el factor incomodidad. Hubo tantas ocasiones en las que yo seguí adelante ignorando aspectos problemáticos acerca de una persona o un trato, pero solo hice esfuerzos por «tragármelo» para luego «vomitarlo». Tuve que aprender esa lección de la manera más difícil, como aprenden la mayoría de los «optimistas». Podemos meternos en problemas que podrían haberse evitado de haber prestado atención a la escritura en la pared y no haber dado el paso donde había una situación de incomodidad.

Es como el sistema inmunitario del carácter. Se trata de «límites». Es como tu piel. Todo tu cuerpo está diseñado para no permitir que nada tóxico entre a tu sistema, a tu cuerpo. Tu piel mantiene afuera lo malo, a menos que una cortada permita que entre la infección. Tu sistema inmune mantiene los gérmenes afuera ocupándose inmediatamente de ellos y diciendo: «no hay trato». No se le permite al germen ser parte del cuerpo, sino que es destruido y eliminado. Y tu carácter debe tener las mismas funciones y ser el sistema inmunológico para las cosas que aceptas hacer o no hacer.

Sin embargo, repito, esto exige integración. Decir que *no* significa que debemos ser lo suficientemente fuertes como para desilusionar a algunos, y también para abandonar algunas cosas que podríamos desear porque presentan varias cosas negativas que los acompañan. Las personas que se han vuelto inmunes al dolor, por ejemplo, a veces hacen tratos problemáticos y sufren las consecuencias porque no tienen el carácter integrado para prestar atención a sus entrañas que les está indicando: «¡No quiero esto!» Han estado tan entumecidos durante tanto tiempo que aceptan tener más dolor y luego sufren las consecuencias. Es como si hubieran aprendido a creer que ese dolor es parte de su suerte y ni siquiera lo notan hasta que es demasiado tarde.

Otras personas niegan lo negativo porque desean tanto lo que está allí que no pueden postergar la gratificación hasta que se presente un buen negocio o situación ideal. En los negocios, muchas veces uno ve a los gerentes que contratan personal porque se ven apremiados por ocupar ese puesto, y saben que la persona no es en realidad lo que desean. Sin embargo, seguir con la complicación de continuar entrevistando es demasiado y quieren ver esto resuelto. Ignoran el malestar que sienten y luego tienen a alguien que al final desean no haber tenido. La gente hace lo mismo cuando se compromete, cuando busca un socio o incluso cuando compra una casa o hace un trato. Directamente no prestan atención a la vocecita que les dice: «No lo hagas». Aquí hay una lista de las cosas que esa voz puede decirnos si estamos lo suficientemente integrados como para escuchar:

- Esto no parece correcto
- No me siento cómodo haciendo o acordando esto
- No es lo que realmente deseo
- No me gusta esto que estoy acordando, al menos a una parte de mí no le gusta
- Esto viola un valor importante
- Voy a resentir esto más tarde
- Voy a resentir esto durante mucho tiempo
- Ya estoy resintiendo esto

- Desearía que esto no sucediera
- Esto parece igual a la última vez

(adaptado de *9 Things You Simple Must Do*,
Cloud, Integrity Publishers, 2004)

La integración dice que nuestro carácter no admitirá que una parte de nosotros haga algo que otra parte de nuestro ser no se siente cómoda al hacerlo. Si un deseo viola tus valores, por ejemplo, no se trata de una movida integrada, y la persona madura dirá no, aunque eso signifique una pérdida. Sin embargo, lo bueno es que implica perder algo que es más importante perder: los problemas que, de seguir adelante, hubieras tenido. Ten el valor de decir que *no* cuando algo no está bien.

Sin dolor, no hay ganancia

Enfrentar las cosas negativas es difícil. De no ser así, todo el mundo lo haría. Cambiar es un arduo trabajo, de no ser así todo el mundo crecería. Dije que los ganadores acuden al dentista y obtienen los beneficios. Quieren que el dolor se vaya. Sin embargo, hay otra cosa que también es cierta en cuanto a ellos: están dispuestos a atravesar el dolor necesario para llegar hasta allí. No consideran que el dolor sea algo a evitar, sino que es el precio que es necesario pagar para obtener lo que desean.

El carácter maduro conoce una realidad básica y la hace ser parte de sí: no hay comida gratis, todo lo que vale la pena exigirá dolor para poder poseerlo. Intenta nombrar una cosa en la vida que sea valiosa y por la que no tengas que sufrir algo con tal de obtenerla. No hay nada. Incluso las mejores cosas que son gratis, como por ejemplo el amor, por decirlo de alguna manera, tiene una gran etiqueta con el precio de obtenerlo. Autonegación, sacrificio, dar, gratificación postergada, arrepentimiento, perdón, tragarse el orgullo y el ego, están entre las etiquetas del precio por hacer que el amor funcione. Sin embargo, al final, siempre vale la pena.

El éxito es igual. Tiger podría haberse dejado llevar por sus laureles luego de la primera victoria del Masters y alrededor de cien millones de dólares para gastar. Qué grandiosa aventura para alguien que acaba de pasar la adolescencia y sigue disfrutando la comida de McDonald's. Sin embargo, para ser el mejor de la historia necesitaría no de la comodidad de quedarse afincado en la comodidad de lo sencillo, sino el dolor del cambio. El dolor de enfrentar lo que estaba mal y poder superarlo. Eso es integridad del carácter.

Reparar un matrimonio, una empresa, el propio desempeño, una adicción o la depresión, un fracaso, una relación e incluso un dolor físico, todo es posible y lo hacen de manera exitosa todos los días aquellas personas de carácter. Sin embargo, se han orientado hacia la realidad básica de que no hay ganancia sin dolor. Es difícil reconstruir un matrimonio o un negocio. No hay caminos sencillos ni atajos. Al final, el atajo se convierte en el camino más largo, y las personas de carácter lo saben y esto se ha convertido en parte de su forma de ser. Se trata de su manera de pensar y de su manera de ser.

Comienza con el niño al que se le indica que haga la tarea antes de ir a jugar, o que coma las verduras antes que el postre, o que pida perdón o perdone a su hermano antes de continuar con el juego. Sin embargo, la lección que se aprende es que hay solo dos maneras en la vida, y la persona de carácter está programada para ir en un solo sentido:

De lo difícil a lo sencillo
en comparación con de lo sencillo a lo difícil.

Esas son las dos únicas opciones. Podemos hacer el trabajo difícil de enfrentar un problema y hacer los cambios necesarios para resolverlo, y luego disfrutaremos del camino fácil de tener las cosas resueltas. Sin embargo, lo difícil viene primero y debe enfrentarse.

O, podemos tomar primero el camino fácil y evitar de solucionar un problema. Luego, con la misma seguridad de que mañana volverá a salir el sol, seguirá la vida difícil. Y durará más y será mucho más difícil que si hubiéramos elegido primero el camino difícil.

Las personas de carácter, cuando enfrentan lo negativo, lo aceptan. Hacen primero el trabajo arduo. Hacen lo difícil antes de tomarse unas vacaciones. Entonces, como resultado de haber hecho primero lo complicado, de haber aceptado lo negativo y ocuparse de eso, ya sea en su persona o en referencia a algún otro, están listos para que las cosas sean sencillas durante un largo tiempo.

QUINTA DIMENSIÓN
DEL CARÁCTER

Orientado hacia el crecimiento

11

Mejorar todo el tiempo

Uno de mis amigos ha tenido una carrera de negocios muy interesante. Se especializa en las finanzas y fue a trabajar a una de las grandes discográficas apenas salido de la escuela de negocios de Harvard. Era un estudiante aventajado y saltó directo al tope para convertirse en el arquitecto financiero de una de las más famosas discográficas. Parecería que el éxito lo había colocado en un sitio cómodo en la primera etapa de su vida laboral. Podría haberse mantenido así por un tiempo, o incluso durante toda su carrera.

Sin embargo, sucedió lo contrario. Según su descripción, cansado de los «egos» del negocio, sumado a la «curiosidad» por aprender y hacer algo distinto, se sintió motivado a dar un paso que los más exitosos licenciados en administración de empresas jamás habrían considerado a su edad. Abandonó la seguridad económica, la valorada posición y el poder que había conseguido para comenzar de nuevo, como un neófito, en otra industria. Puedes pensar que esto no es así. No habrá tenido que comenzar todo de nuevo, ya que habrá conseguido entrar en una industria con una buena posición como jefe financiero. Sin embargo, no es lo que él hizo. No entró como un especialista financiero que era sino como aprendiz, como alguien que recién comienza. Deseoso de mayor flexibilidad y de estar por su cuenta, y con la curiosidad de aprender un nuevo negocio, ingresó al mundo de los bienes raíces con el objetivo de convertirse en el presidente de una sociedad de bienes raíces, a pesar de no saber nada del tema.

Dado que tenía una familia joven, una hipoteca y el enemigo número uno de todos los nuevos emprendimientos (altos gastos de estructura), se redujo a lo mínimo. Como quería liberarse de las presiones, vendió su enorme y lujoso automóvil, se mudó con su familia, consiguió un viejo escritorio, un archivo y golpeó algunas puertas para conseguir una esquina para alquilar dentro de una oficina. Lo encontró en una empresa de alquiler de automóviles que le alquiló el espacio por cincuenta dólares al mes. Un gran descenso en picada desde la glamorosa oficina de New York y Hollywood. Sin embargo, era curioso.

Leyó, tomó cursos, habló con diversas personas y aprendió el negocio poco a poco. Comenzó comprando una pequeña propiedad y aprendió el próximo paso. Obtuvo su licencia como corredor. Finalmente, construyó una gran cartera de espacios industriales en California. No fue una mala manera de pasar algunos de aquellos años, si conoces los bienes raíces de California. Una vez más, lo había logrado.

Lo conozco desde principios de la década de 1980, por lo que pude observar su éxito en los negocios lo cual atribuí a que es sumamente inteligente. En aquel momento no lo relacioné con la verdadera razón: *un impulso para crecer y ser «más» de lo que era en cualquier momento dado.* Su término para eso es lo que se denomina «curiosidad» por lo que «está a la vuelta de la esquina». Debí de haber entendido esto, porque en aquel espacio de tiempo, vi numerosas expresiones que no eran «de negocios» para referirse al mismo aspecto del carácter: el deseo de crecer, de aprender, de dominar las cosas, de cambiar, de descubrir y de ser más de lo que era.

En aquel mismo período lo vi entrar al mundo del crecimiento personal, hacer terapia semanal, unirse a una comunidad de doce pasos y reunirse regularmente con otros que también estaban en el camino del crecimiento personal. A los cuarenta hizo algo doloroso. Se inició en el golf, a pesar de ser adulto, con el objetivo de convertirse en un jugador con un nivel razonablemente bajo. Se levantaba todas las mañanas durante unos pocos años al comienzo, y golpeaba pelotitas además de tomar lecciones dos veces por semana. Yo estuve allí y cuando comenzó era verdaderamente espantoso verlo. Esta clase de espanto que a menudo frustra a las personas talentosas hasta el punto de darse por vencido. Sin embargo, perseveró. Hace poco, veinticinco años después, pasó una semana en Escocia jugando en los campos de golf que originaron el juego y fue lo bastante bueno como para disfrutarlo.

Lo he visto estudiar y probar otros pasatiempos con la misma curiosidad, por lo que también se convirtió en un excelente ciclista que viajó por el mundo y recorrió algunos de los mejores circuitos disponibles. Primero trabajaba arduamente para aprender la nueva disciplina y desarrollar sus habilidades, por lo que se entrenaba con persistencia. El impulso, la curiosidad y el deseo de crecer en estos aspectos fue el denominador común tanto en eso como en su vida profesional. Hizo lo mismo en su crecimiento espiritual, procurando que su fe creciera y se desarrollara con la misma pasión por entender y aprender. Leyó, asistió a cursos y siguió investigando.

Jamás había relacionado todo esto ya que consideraba que lo suyo era visión para los negocios, hasta que hablé con él por teléfono a mediados de los años noventa. Era una cuestión del *carácter*. En aquel día en particular, se me aclaró el panorama.

—Dime, Terry, ¿qué estás por hacer?

—Liquidar.

—¿Liquidar?

—Henry, déjame decirte algo. Estamos experimentando un fenómeno que se presenta una vez en el siglo. Esto es como la invención de la electricidad, de la aviación o del teléfono. Esta cuestión de internet es grandiosa, de manera que me dispuse a aprenderlo, me estoy deshaciendo de las propiedades para abandonar y poder enfocarme en esto.

—¿Disposición de aprender?

Siguió contándome cómo había pasado la mayor parte de los últimos dos años «aprendiendo» sobre internet. Estudió los negocios de la red, los modelos, la tecnología y todo lo relacionado con eso, en un intento por descubrir tanto como pudiera con el deseo de meterse en ese negocio. Durante mucho tiempo, se dedicó a navegar por la red viendo cómo lo hacían los demás. Finalmente, creó una empresa fuera de la red que monitoreara el comercio electrónico. Ahí fue cuando reaccioné.

Él no podía dejar de crecer.

Era literalmente incapaz de dejar de desarrollar y crear lo que yo denomino crecimiento. Se trata de «más» pero de manera distinta que las personas avaras. Más adelante volveremos a referirnos a esto, pero él no era así. Ese «más» tiene que ver con ser más como persona, en la vida, en los negocios y en sus relaciones. Era la curiosidad y el impulso para desarrollarse y obtener una mayor capacidad, más conocimiento, ser más completo y, al final, más experimentado.

Desde entonces, realizó un aprendizaje en otro campo, de nuevo en los bienes raíces, y se encuentra en el negocio de la rezonificación y la incorporación de valor a las propiedades y a las ciudades. Cuando él hace eso, las inversiones crecen increíblemente en su valor y luego las alquila o las vuelve a vender. No fue algo que él inventara, pero sí era algo nuevo para él. A medida que iba a la vuelta de la esquina, impulsado por su carácter, hallaba un inmenso impulso, misión, pasión y beneficio.

El impulso para crecer

Las personas con este rasgo del carácter dejan una estela por hacer las cosas más grandes y mejor con el tiempo. En este rasgo hay algunas diferencias con el anterior en cuanto a la resolución de problemas. Cuando las personas resuelven los problemas, eso sin dudas hace que las cosas sean mejor. Ellos están mejor, su empresa está mejor y sus relaciones están mejor. Las cosas mejoran. Sin embargo, mejora lo que ya existe. Si tienes un brazo quebrado o una infección y recibes tratamiento, decididamente funcionará mejor. Podrás volverlo a usar. No obstante, eso volverá a hacer solo lo que ya era capaz de hacer, ahora sin el impedimento que el problema ocasionaba. Será mejor, sin dudas, pero no será más fuerte ni capaz de hacer más de lo que hacía antes. Tan solo estará reparado.

En la vida, algunas personas son buenas solucionadoras de problemas, pero no crecen. Arreglan todos los problemas que encuentran en su vida y en la de otros y, como resultado, queda todo limpio. Dirigen negocios limpios, tienen relaciones limpias. Las cosas funcionan, pero no se convierten en *más* de lo que son. Son buenos *mantenedores*, en oposición a los *que crecen*. En los negocios, por ejemplo, hay una gran necesidad de solucionadores de problemas, como hemos visto, y de personas que puedan reparar operaciones quebradas. Y eso puede sumar en las cifras, por supuesto; sin embargo no son los que buscas cuando quieres que un negocio crezca. Eso exige una gama distinta de dones. Esto también confunde, porque las buenas operaciones también pueden aportar a los beneficios y se verá como si el negocio estuviera creciendo, a medida que los números mejoran. No obstante, ese incremento solo tiene que ver con el beneficio de lo ya existente, no está construyendo más.

Es más, algunos de estos procedimientos son lo mismo, como ya veremos. Se requiere esfuerzo para crecer y la capacidad para soportar el dolor, como vimos, está relacionada con la solución de los problemas. También hay cierto dolor involucrado, ya que debes abandonar ciertas cosas para avanzar al siguiente nivel. A veces las líneas entre ambas se vuelven un poco confusas, dado que es difícil tener una sin la otra.

Además, superar un problema a veces implica desarrollar nuevas habilidades o maneras de hacer algo. Por eso, en cierto modo, la resolución de problemas y el crecimiento no son conceptos 100% diferentes cuando trabajan bien. No obstante, eso es también lo que hemos estado viendo todo el tiempo, que el carácter maduro está integrado. Es bastante difícil resolver problemas sin también conectarse con los demás y estar orientado hacia la verdad.

> Cuanto más nos involucramos en esto llamado carácter, más vemos que la integración y la entereza son primordiales. Todo va junto, y cuando estamos estancados en uno, sin dudas el otro se verá afectado.

La integridad en sí misma como un concepto mental en realidad es acerca del funcionamiento integrado de todos los aspectos del carácter.

Estos son interdependientes, y es difícil lograr tener uno funcionando sin los otros.

Sin embargo, así como son integrados, sigue habiendo una diferencia en la creación de las nuevas capacidades, nuevas habilidades y nuevos aspectos de productividad. Porque para enfrentar todas las demandas de la realidad debemos estar *creciendo* y siempre *incrementando* nuestras capacidades, habilidades y conocimientos en todos los aspectos de la vida. Si un niño mantiene su nivel de desarrollo de los dos años y jamás desarrolla esas capacidades, se perderá muchas cosas de la vida. Por tanto, se perderá la vida que podría haber tenido. Para poder descubrir toda esa vida, debe tener «impulso de crecer». Debe tener una fuerza interior que literalmente lo impulse a desear y hallar «más».

Los caracteres integrados tienen este impulso interior. Para ellos es tan natural como respirar. Todo aquello a lo que aplican su mente y su corazón está impregnado de ese impulso, para hacerlo mejor y para hacerlo crecer. Sus relaciones crecen, sus negocios y carreras crecen, y sus personalidades crecen. Los grupos y los departamentos a los que pertenecen también crecen. No pueden evitarlo. Es un impulso.

El camino normal: el uso genera crecimiento

Si algo está vivo, está haciendo dos cosas al mismo tiempo. Está creciendo y está muriendo. Depende en qué etapa del ciclo de la vida se halle, es probable que uno de estos dos procesos sea dominante o, al menos, más visible que el otro. Puedes observar los cambios en el crecimiento cuando un pequeño progresa con rapidez en los primeros años de vida. Los cambios en su capacidad son asombrosos, tanto en el aspecto físico, como en el emocional, en el psicológico y el intelectual. El cerebro atraviesa una serie de cambios increíbles. De manera que lo último que notas es que este mismo niño se está poniendo viejo y se acerca a la muerte.

Sin embargo, lo que también sabemos es que la relación entre estos dos procesos están grandemente afectadas por diversos factores. Uno de ellos es el uso. Cuanto más usamos algo, más crece y aumenta su capacidad, e incluso puede revertir el proceso de la muerte o, al menos, retrasarlo. Si un bebé está conectado y es amado, prospera en todas las categorías. Si no es amado ni tiene lazos de contención, sufre del síndrome de «incapacidad para prosperar» o «marasmo» y puede llegar a morir. El cerebro no se desarrolla, la vida emocional no se desarrolla e incluso el cuerpo no se desarrolla debido a la falta de amor. *La falta de uso es el preludio de la muerte*.

Piensa en esto en relación a tus propios músculos. Si los usas se mantienen saludables y fuertes. Fíjate por ejemplo en el brazo que más usa un tenista profesional y compáralo con el otro. Enseguida te das cuenta cómo ayuda el uso. Sencillamente seremos mejores en aquellas cosas que hacemos. Incluso el cerebro trabaja de esta manera. Solíamos pensar que nacemos con un cierto número de células cerebrales y mejor que las cuidemos porque son todas las que tenemos. Ahora sabemos que el cerebro puede crecer y si lo usamos puede desarrollarse incluso en la vejez. Literalmente, el uso genera vida. El antiguo dicho: «úsalo o piérdelo» es cierto, y ahora incluso la ciencia que apoya esto está incursionando en la idea dominante. *USA Today* informó el 17 de agosto de 2005:

«Es más que una idea inteligente. Estudios sobre animales y evidencias humanas que aumentan con rapidez sugieren que los adultos podrían ser capaces de retrasar o prevenir la declinación cerebral cognitiva, afirma Molly Wagster, que dirige una investigación sobre envejecimiento normal del cerebro en el Instituto nacional de la vejez. 'No hay garantías todavía, pero pareciera que algunas de las siguientes cosas podría funcionar'».

El artículo a continuación enumera varias actividades que podrían tener esta clase de fuerza contra la pérdida; tales como diversos tipos de estimulación mental, educación avanzada, actividades recreativas, ejercicio y alimentación saludable. Y dice:

«La evidencia de que las vidas con desafíos mentales impulsan el poder del cerebro proviene de ejemplos de personas de todo el mundo que han sido monitoreadas durante mucho tiempo. Los científicos comparan a los que mantienen una buena función cognitiva con los que no. Se han efectuado muy pocas pruebas clínicas, de manera que no existen evidencias concluyentes acerca de la prevención de la demencia.

»"Sin embargo, la investigación en animales, algunos tipos nuevos de escaneo del cerebro y hallazgos en las autopsias humanas tienden a apoyar los resultados", sigue diciendo Wagster.

»"Lo que tenemos es bastante convincente y vale la pena prestarle atención", dice el neurólogo David Bennett del centro médico de la universidad Rush en Chicago. "No esperes a tener ochenta años"».

De manera que el primer principio del crecimiento es el siguiente: *lo que se usa, crece*. Sin embargo, a diferencia de una planta que se pone en el suelo para que alguien más la cuide, las personas son diferentes y en esto el carácter lo es todo:

> No son los demás los que ponen en uso a las personas.
> Ellas son las que tienen que invertir en sí mismas.

Las personas tienen la posibilidad de invertir lo que son en crecer o no. Es posible que entierren sus talentos (simbolizando muchos aspectos diferentes de sí mismos) y que no los usen, y terminar perdiéndolos. Y por eso es que este tema, orientado al crecimiento, termina estando en un libro sobre el carácter. El crecimiento es algo que alguien debe hacer *por su propia voluntad*. No se le puede imponer a alguien e incluso se puede resistir. De manera que, repito: tiene que ver con la forma de ser de la persona, con su carácter. Fijémonos en lo que hacen y no hacen y lo que tienen y no tienen aquellos que crecen y también los que no crecen.

El impulso

Las cosas vivas tienen una curiosidad natural por incrementar su experiencia, sus habilidades, su conocimiento y demás aspectos de la vida. Si observas a los niños, esto es algo que se destaca en ellos. Están siempre buscando una experiencia nueva, quieren ver «qué hay a la vuelta de la esquina». Es más, el mayor problema de la paternidad no es mantenerlos motivados, sino disciplinar y limitar su motivación natural de manera útil y orientada.

Aprender cómo comprar y vender bienes raíces y aprender lo relativo a internet, incursionar en la creación de una nueva empresa, es hacer lo que los niños hacen, es ir en busca de más. Mi amigo es normal en ese sentido. El problema que *lo normal no es lo común*. Lo más común son las personas que en cierta medida tienen su hambre y su pasión disminuidas o lastimadas en algún aspecto. Tienen una «anorexia de la vida». Si has visto a alguien que padece anorexia, sabrás lo que sucede. No tiene apetito y comienza a marchitarse hasta llegar a una condición de gravedad. De la misma manera que nuestro apetito físico nos impulsa hacia la comida, a menos que seamos anoréxicos, nuestro apetito de crecimiento debería impulsarnos a desear nuevas experiencias. Como dije antes, mi amigo no podía dejar de crecer. Eso es lo normal, pero lamentablemente, no siempre es lo común.

Otras personas y organizaciones no experimentan ese impulso y se han quedado en un estado apagado y aburrido de «mantenimiento». Siguen siendo como son, día tras día. Se relacionan con su cónyuge, con sus hijos, con sus compañeros de trabajo y con sus amigos de la misma manera, y jamás desean crecer hacia algo distinto o más profundo. Hacen su carrera de la misma manera, haciendo lo que siempre hicieron, siguiendo la banda transportadora de hacer solo lo que se les exige que hagan.

Su vida personal es igual. Se aturden con la televisión o lecturas sin sentido, o interacción social que no pasa más allá de lo superficial ni de los temas trillados, o de los antiguos modelos. Incluso puedes espiar su vida y ver que permanecen en la misma actividad año tras año sin ninguna diferencia. Las razones son múltiples, pero todas entran dentro de unas pocas categorías. Son las maneras en las que su deseo de crecer ha sido herido o reprimido. Son formas en las que no han contado con los ingredientes necesarios para crecer. Y son caminos en los que no se han sentido impulsados a tener que crecer. Todo esto tiene consecuencias increíbles para nuestro propio carácter y crecimiento en los aspectos donde se aplique.

Hambre de crecimiento enterrada, herida o reprimida

Hace poco estuve en el museo Getty de Los Ángeles. La gente viaja de todo el mundo para visitar las exhibiciones, que son asombrosas. Sin embargo, nunca había tenido oportunidad de disfrutarlas. El museo en sí me impresionaba demasiado. Emplazado en la cima, dominando la ciudad, es un conjunto de edificios que quita el aliento y que da la impresión de que si estás fuera del mundo de las artes, te introduce en ellas, a partir de la estructura misma. Estaba obsesionado con él y me preguntaba: «¿De dónde salió algo así?». Y luego, lo recordé. Provino del invisible mundo de un arquitecto, Richard Meier. Esta creación asombrosa, visible a mis ojos, provino del *carácter* invisible de una persona.

Jamás me encontré con él, pero podría decirte lo que posiblemente sucedió. Hace muchos años, cuando era niño, él tomó un bloque o un lápiz o tal vez un pincel. Colocó un bloque sobre otro y apareció una forma. O quizás trazó una línea y descubrió una forma. Al hacerlo, algo cobró vida en su interior, algo que no sucedió cuando él jugaba con una pelota de fútbol. Su talento invisible surgió para manifestarse en el mundo exterior. Y en algún lugar, alguien alentó su capacidad y le proveyó de experiencias para continuar aportando. Alguien lo animó y lo inició en el camino donde mentores y maestros reconocieron ese talento y siguieron construyendo, también reconocieron el carácter que debían disciplinar lo suficiente como para llevarlo todo a una buena concreción. Regaron y cultivaron su hambre natural de crecer y desarrollarse y esta creció. Pasaron algunas décadas y su talento habitaba en el tipo de carácter que ansiaba más y lo creó. Al final, todos terminamos disfrutando de los frutos de eso. De su estela.

Sin embargo, hay otro museo que jamás conoceremos. Vive en el talento no realizado de otro futuro arquitecto, Joel. Él también tomó su primer bloque y tuvo una experiencia similar de algo que cobraba vida en su interior. Pero cuando lo hizo, alguien lo criticó duramente y jamás volvió a intentarlo. Su familia no lo apoyó en su deseo de crecer y mejorar su capacidad artística y en cambio lo desalentó. De manera que se dio por vencido, y su talento invisible jamás halló una expresión en el mundo visible, en el mundo exterior, como un museo. Ahora lleva una vida estable, desapasionada, con pocos cambios.

El mundo invisible del carácter es donde
siempre se origina el mundo visible.

Puedes ver cómo se estimula y canaliza el hambre de una persona, y por lo tanto hacer que dure toda la vida; pero también vemos cómo el hambre de otro se puede dañar y perder. Joel básicamente había desarrollado «anorexia» de crecimiento. El impulso de Joel se dañó y se ahogó. Podemos observarlo y pensar que es alguien que anda a la deriva por la vida, sin motivación, y si bien eso es cierto, no tenemos en cuenta el punto principal.

El punto principal es que el carácter se trata de experiencia, y mientras puede que esté andando a la deriva, no carece de hambre, como un anoréxico que anda sin una necesidad natural de alimento. Sin embargo, *su experiencia se ha vuelto su carácter, su forma de ser.* Y esto es lo que sucede.

En su interior, cuando tiene una fantasía de hacer algo o un sueño, o tan solo un pensamiento del tipo: «sería lindo…» o «qué interesante si…», ese pensamiento no prospera. La voz crítica de su anterior experiencia, que ahora es parte de su forma de ser, inmediatamente lo sofoca, desdeña, critica y destruye. Ahora es él mismo quien se mantiene encerrado. Mayormente no es eso lo que vemos. Sino que apreciamos solo la estela de su vida estancada, que no está viva con experiencias nuevas y desafiantes.

La capacidad de prosperar, de disfrutar el cambio y superar la fuerza gravitacional del negativismo proviene del carácter de la persona, así como la resistencia al cambio, la falta de prosperidad y el negativismo en sí. Y todo eso proviene generalmente de las experiencias internalizadas y de los temores que la gente como Joel han atravesado y que ahora son parte de ellos.

Para que el carácter de alguien pueda crecer, tiene que estar libre de los ataques internos. El crecimiento exige que se den pasos en territorios inexplorados. Para que las personas puedan integrar las nuevas capacidades o internalizar las nuevas habilidades externas, tienen que intentar cosas nuevas. Sin embargo, si todas las veces que piensan intentar cosas nuevas, reciben un mensaje negativo interno, entonces ese aspecto de ellos permanece sin integrarse. El crecimiento se ve sofocado cuando hay un ataque y temor internos. Compáralo con el pequeño que no conoce otro temor más que la real consecuencia de caerse. *Una caída jamás detuvo el desarrollo de un niño. Sin embargo, que le griten, lo critiquen y lo menosprecien puede detenerlo para toda la vida.*

Y más allá del temor de intentar cosas de las que están conscientes, está el problema de perder el impulso y el hambre por crecer. Se han convertido en zombies porque los menosprecios internos han conducido al exilio psíquico su creencia de que pueden hacer más. Ya ni siquiera sienten el deseo. De manera que la vida, entonces, es una línea recta.

El camino del desarrollo de esto, se halla muy bien documentado. Va en una secuencia que comienza con deseo y crecimiento. Si ese deseo se ve cumplido con buenos resultados, entonces se internaliza como el paso o la habilidad siguiente, además de la creencia de que el intento en sí ayuda. Sin embargo, si esto no cuenta con un buen desenlace o con un mal desenlace, entonces la siguiente respuesta natural será de protesta. Este es el bebé que llora y nadie lo atiende o el empleado a quien su jefe no escucha o el cónyuge que no ve sus necesidades satisfechas. Si la protesta no produce nada bueno, entonces la persona entra en un estado de pérdida o depresión.

No se trata de lo que llamaríamos depresión clínica. Es la depresión que se experimenta al no tener una esperanza o un deseo respondido por el mundo externo. Es un estado de pérdida y tristeza. La gente no puede permanecer allí durante mucho tiempo, con la esperanza de que las cosas mejoren porque no será así, por lo que se desaniman aun más por ese tema. Cuando esto se convierte en demasiado pesado de soportar, se traduce en indiferencia o desapego. El desapego sucede cuando la misma persona se aparta del deseo, del anhelo o del hambre y ya no siente nada. Como cantaba Pink Floyd: «Estoy ... cómodamente entumecido». La gente ha perdido la capacidad de desear, de anhelar o de creer que algo puede suceder.

Piensa en cuántas veces has observado esto en las parejas casadas. Ansían durante tanto tiempo que algo cambie y protestan por la forma en que son las cosas, pero no obtienen respuesta y, al final, abandonan la esperanza y ya no les importa. O quizás el equipo directivo que desea que las cosas sean diferentes, pero no los escuchan y al final la vida abandona la cultura de la organización. Es un proceso común. Sin embargo, cuando forma parte del carácter de la persona y la indiferencia de carácter se instala, entonces sucede algo realmente malo:

La creencia de que puede haber crecimiento ya no existe.

Y donde no hay creencia ni esperanza de crecimiento real, ya no se intenta más. Las personas y las organizaciones entran en un estado de monotonía y, como hemos visto, eso sucede realmente cuando las cosas ya no tienen vida. Morir es darse por vencido, no es crecer. Resulta imperativo que desafíes y superes las experiencias que tuviste y que ahogan tu impulso de crecer. Si lo haces, tus capacidades podrán alcanzar el mundo exterior.

Hambre de «más» (la buena y la mala)

Como ya dijimos, el hambre de algo más es una señal saludable del carácter. Significa que el apetito está vivo y bien. Que una empresa o una persona quiera más ventas, más victorias, más territorio es una señal de cosas buenas. O que una persona desee tener más habilidades o capacidades o mejor desempeño es una señal de vida. Para una relación, el deseo de una mayor intimidad y una mayor experiencia mutua es un signo de crecimiento. Sin embargo, el apetito de más puede ser saludable o insalubre. Algunos antojos son nutritivos y lo hacen a uno estar más vivo, mientras otros solo conducen a más antojos y nada de crecimiento.

Toda el hambre y la pasión es así. Puede ser un aspecto integrado del carácter que sirve a la totalidad de la persona o puede ser un aspecto desintegrado y mantener a la persona muy alejada de llegar a ser plena. El sexo, por ejemplo, puede ser un hambre que sirva para el amor, la intimidad, el estar conectados, el crecimiento personal, crear lazos y muchos otros aspectos de ser una persona. Si está motivado por impulsos y hambre buenos e integrado a todas esas cosas, entonces generará crecimiento en una relación y en una persona.

Sin embargo, si lo motiva el poder, por ejemplo, o el enojo o la desconectada y antirrelacional lujuria de un adicto al sexo, entonces no integra a la persona ni sirve bien a su vida relacional ni a su entereza personal. Separa el sexo del corazón y el alma, y el cuerpo tiene vida propia pero jamás se ve satisfecho. Uno escucha que la gente afirma que no les basta con una noche sino que siempre sienten la necesidad de más.

El carácter que verdaderamente produce un incremento es aquel que crea un crecimiento de la verdadera pasión y la inversión en cosas que le preocupan de corazón. El impulso por estar «más» conectado con el impulso de su vida y arraigado en aspectos de quiénes son, que son reales. No se trata de un medio para ser alguien que no es. Es justamente lo opuesto.

Es una expresión de quiénes son y en quién se están convirtiendo. Es real y, debido a eso, tiene vida, fuerza y es sustentable.

Juegos de azar y asumir riesgos

Cada vez que se habla sobre crecimiento, se menciona la importancia de asumir riesgos. Es más, cuando la gente habla de éxito, la capacidad para asumir riesgos es una de las cosas que separa a los verdaderos ganadores de los que son del montón. Los ganadores salen de su zona de comodidad y asumen los riesgos, mientras el resto se aglutina en el fondo y en realidad nunca van a ninguna parte. Eso es así. Sin embargo, la manera en que muchas personas piensan en esto deja mucho lugar para la malinterpretación.

El riesgo implica que uno hace algo con la posibilidad de que salga mal, que acepta esa posibilidad y está de acuerdo con ella. Es la exposición voluntaria al peligro de alguna clase. El riesgo financiero se refiere a que uno invierte su dinero en algo que no es seguro que todo vaya a salir bien, pero está también la posibilidad de una mayor recompensa que si hubieras ido a algo más seguro. Lo único que significa es que estás expuesto. No significa que seas un tonto ni que exista una gran posibilidad de que las cosas vayan mal. Eso se parece más al juego de azar que al riesgo.

Los caracteres exitosos asumen «riesgos» en la mente de los demás, no tanto en la suya. Otros los ven que invierten o que inician un negocio o que emprenden una aventura o que se dedican a trabajar por cuenta propia y consideran que eso es asumir mucho riesgo. Lo que en realidad significa es que se han posicionado en un lugar de responsabilidad. Si el resultado no es bueno, ellos llevarán las consecuencias sobre sus hombros. Asumir riesgos es apenas dar un paso más allá de la seguridad estructurada donde alguien más deba preocuparse por los resultados.

Sin embargo, ¿es realmente riesgoso? No, por lo general no. Por lo general es algo muy, muy calculado. No calificaré lo que la mayoría de las personas exitosas con mente aventurera hacen como algo riesgoso. Quiero pensar en ello más como una expresión personal *en las formas que han crecido y aprendido, pero de una manera distinta o en un ámbito diferente.* Los buenos aprenden algo y crecen al punto tal que lo que hacen ya no puede contener todo aquello en lo que se han convertido. De manera que dan un paso hacia fuera y emprenden hacia delante. Han crecido y están listos para dar un paso más y así expresar la cantidad de capacidad que han desarrollado, y ese paso genera incluso más. Dar un paso hacia fuera no implica un riesgo sino la expresión de en qué se ha convertido alguien, aunque él mismo no esté seguro de los resultados.

El crecimiento es así. Las personas trabajan en sí mismas y luego expresan lo que aprenden en el paso siguiente. Cuando hacen eso, se convierten en más. No es más que el crecimiento natural de lo que ya es. Cuando un niño de un año da sus primeros pasos, no es tan peligroso como si intentara darlos antes. Se trata de la expresión de la fortaleza obtenida con anterioridad, y aunque el resultado no es claro todavía y puede llegar a caerse, está listo para dar ese paso. Puedes llamarlo arriesgado, pero en realidad es algo que está listo para hacer. Luego, como resultado de asumir ese riesgo, se produce un nuevo crecimiento.

Cuando mi amigo abandonó el negocio del entretenimiento para trabajar por su cuenta, muchos colegas lo consideraron un riesgo. Y lo era porque él no sabía cuál sería el resultado. Sin embargo, estaba *listo* para dar ese paso. Había hecho cientos de tratos, sabía mucho de negocios, de la negociación, de poner dinero en un proyecto, de capitalización y de otras cosas por el estilo. No sabía nada de bienes raíces, pero podía aprender. Sin embargo, expresaba el crecimiento acumulado en los años previos y daba un paso hacia fuera en una progresión natural.

El que se arriesga de manera descabellada es alguien que jamás ha hecho un negocio de ninguna especie, o solo algunos, y apuesta el campo y la seguridad de la familia en la lejana posibilidad de un golpe de suerte. Eso no es lo que hace la gente exitosa. Crecen dentro de una serie de cosas y recién se liberan de la piel que los retiene. No intentan cosas que de ninguna manera podrían pensar que pueden hacer, si es que hay mucho en juego. Cuando intentan cosas que jamás hicieron, están en condición de aprendizaje y no en condición de inversión.

Incluso en el aspecto de las relaciones vemos que esto es cierto. Las personas de carácter integrado dan un paso hacia fuera y asumen riesgos en que serán vulnerables y se abrirán a las personas. Sin embargo, lo hacen luego de desarrollar las habilidades relacionales para tener el control de lo que suceda. Por ejemplo, cuentan con un grupo de apoyo que estará con ellos si el desenlace de esa relación no es el esperado. Han crecido al punto de haber dado ese paso siguiente.

El asumir riesgos es una dinámica de crecimiento importante. Significa que alguien se coloca a sí mismo en una posición de exposición, donde puede salir herido. Sin embargo, ese es un sinónimo de estar vivo. Es riesgoso salirse de una autopista, según esa definición; pero si vas a funcionar, tienes que hacerlo. Tienes que salir para poder llegar a alguna parte.

La gente que crece no tiene miedo de salir; pero no son tontos y arriesgan en etapas. Comienzan con poco, dominan eso y entonces dan el siguiente paso. Mientras lo hacen, van creciendo.

Hacer eso exige que su carácter tenga los recursos necesarios para resistir el posible desenlace negativo. Si no lo hace, el riesgo no es un riesgo integrado. Fue un deseo y no una inversión. Si alguien no puede soportar el desenlace negativo, entonces no era la clase de inversión en el carácter que lleva al crecimiento.

Por ejemplo, la persona que ha pasado por un divorcio y ha hecho el trabajo de crecimiento habiendo asumido el riesgo inicial de abrirse a un grupo de recuperación, contar su historia y revelar su dolor ha crecido al punto que estará lo suficientemente fuerte como para asumir el riesgo de comenzar a salir con alguien de nuevo. Gracias al crecimiento experimentado al asumir esos pequeños riesgos, están listos para arriesgarse al rechazo de una nueva relación que no funcione. Pueden manejarlo. No es un juego de azar. Sin embargo, la persona que se divorcia y queda destrozado y de inmediato arriesga todo en otra relación no es alguien que crece sino que es un necio. No será capaz de soportar bien el desenlace. Y puede ser un golpe fatal.

Por eso, el crecimiento exige un riesgo. Para crecer, tienes que dar un paso hacia el siguiente nivel más allá de tu zona de comodidad. Sin embargo, el riesgo que genera crecimiento es del tipo que presenta la expresión natural de aquello en lo que alguien se ha convertido y no un salto tonto hacia lo desconocido. Eso es una partida de dados, más parecido a un juego al azar que a un riesgo.

Los ingredientes necesarios

Entonces, ¿qué se necesita para producir crecimiento y qué hacen estos «caracteres» para que suceda? Hay muchas maneras de hablar de ello, pero una de las mejores proviene de la física. Sea que estés haciendo crecer una empresa o a una persona, descubrirás que el crecimiento se produce de la misma manera que en el mundo físico.

Una ley de la física, llamada la segunda ley de la termodinámica, dice que la entropía o caos (lo opuesto al crecimiento … un proceso en espiral descendente), aumenta con el tiempo. Enseguida puedes verlo en la vida diaria, y ya nos hemos referido a esto. Cualquier cosa dejada a su merced, naturalmente muere, se desorganiza, se degrada, etc. Incluso el mismo universo está sujeto a ese proceso.

Sin embargo, la ley se aplica solo a los «sistemas cerrados». En otras palabras, si un sistema no tiene manera de conectarse con cosas externas, entonces se vuelve peor y no mejor. Por el otro lado, si un sistema es «abierto», y tiene dos cosas a las que puede conectarse, entonces puede crecer en un orden o estado mayor o más ordenado. ¿Cuáles son?

El primero es *energía*. Tiene que haber un aporte de energía del exterior para que algo se convierta en «más». Necesita combustible. El segundo es una *plantilla* de alguna clase. En otras palabras, tiene que haber una fuerza organizadora o principio que dé forma a la dirección de crecimiento. Energía y una plantilla, o fuerza y dirección. Si tienes esas dos cosas, puedes crecer.

Si lo trasladamos a la gente, esto significa que primero una persona necesita ser abierta. Si creen saberlo todo o no se exponen a nuevas experiencias y fuentes de crecimiento, entonces obtendrás desintegración en vez de crecimiento. Pregúntate si eres un «sistema cerrado». ¿Hablas solo con personas que creen lo mismo que tú? ¿Solo te involucras en tus habilidades ya aprendidas y probadas? ¿Solo buscas datos en las viejas fuentes? Si es así, no hay nada nuevo que entre a tu vida. O, como mencionamos en la sección de asimilación y acomodamiento, ¿realmente puede entrar algo?

Cuando alguien es abierto, existe la posibilidad de una infusión de energía. Para que alguien crezca, tiene que haber una conexión con las fuentes externas de energía. ¿Quién te impulsa a crecer? ¿Quién te apoya para que crezcas? ¿Quién te impulsa a que atravieses tu nivel actual? ¿De dónde proviene el valor?

> La razón número uno para la falta de crecimiento en la vida de las personas, según lo que he observado, es la ausencia de fuerzas de cohesión externas que los impulsen a crecer.

En cambio, se siguen diciendo que de alguna manera conseguirán crecer por medio del poder de la voluntad o del compromiso. Eso jamás funciona.

Sin embargo, si contratan a un entrenador, se unen a un grupo, consiguen un consejero, una comunidad de crecimiento o algún impulso externo, entonces el crecimiento se comienza a producir. Es el entrenador que nos impulsa a conseguir una marca más alta, el líder de ventas que te motiva a algo que no puedes hacer, el grupo de control de peso que te motiva a que intentes otro camino. Por el otro lado, si se trata de automotivación, entonces asoman el deterioro, la declinación y la muerte, en especial cuando llegamos a esos lugares donde se requiere más de lo que tenemos. No obstante, si contamos con el combustible desde afuera, se nos impulsa más allá de lo que somos capaces.

Segundo, necesitamos la estructura de la plantilla. Es como el enrejado para una planta. Le da forma a la energía en determinada dirección. Es la estructura y el sentido del crecimiento. Un programa de capacitación en una empresa, por ejemplo, le da forma a la dirección hacia donde se dará el crecimiento. El currículo de una escuela le da forma a la dirección en la que vaya a crecer el estudiante. Un conjunto de principios que guían a una pareja hacia una mejor relación le da forma a su crecimiento hacia la intimidad. Si vas a crecer en algún aspecto, necesitarás tener una dirección o un sentido que vaya a guiar hacia cierta forma. De otra manera, estarás desperdiciando energía que no se concentrará en algún tipo de fruto discernible. Se perderá. Sin embargo, con una plantilla, se convertirá en algo, cualquier cosa que esa plantilla defina que sea.

Sumisión a las estructuras

Dado todo esto, los caracteres que crecen se someten a experiencias tanto a fuentes de energía externa como a plantillas de información y estructura que da forma a la dirección de su crecimiento. El indicador número uno que he hallado que revela que el carácter de una persona está orientado al crecimiento es el uso de dos recursos concretos: *tiempo* y *dinero*. Siempre puedes darte una idea del impulso a crecer de una persona (o incluso de una empresa) si te fijas en su agenda y en su chequera. Si están orientados a crecer, entonces invertirán estos dos valores en ser «más».

Acabo de regresar de una conferencia de liderazgo internacional en la que los líderes debatían sus orientaciones personales al crecimiento. Un líder global dijo que unos diez años atrás estuvo cerca del agotamiento y del colapso, cuando su organización aumentó considerablemente su tamaño. Sin embargo, él se moría. De manera que, según el consejo de la junta, hizo una importante inversión de tiempo y de dinero. Decidió que todos los veranos se tomaría seis semanas para estudiar, refrescarse, mirar un poco para adentro y recrearse. Puso al número dos a cargo con la orden de no llamarlo «a menos que se estuviera incendiando todo».

Los componentes del carácter en esto eran sustanciales. Primero, tuvo el valor de dejarlo todo en pro de su desarrollo personal. ¿Y si todo saltaba por los aires? Sus respuestas fueron que si sucedía esto, no valía la pena, ya que lo estaba matando; y segundo, sería importante para los que estaban debajo de él que estuvieran en esa situación de tomar decisiones en momentos críticos si es que iban a crecer ellos también. Esa es otra de las características de las personas orientadas hacia el crecimiento: quieren que los demás crezcan al igual que ellos. No tenía miedo de las consecuencias de lo que podría ocurrir cuando él invirtiera lo que necesitaba invertir en sí mismo.

Segundo, dijo algo profundo: «Jamás tomé una decisión para mi propio crecimiento sin que alguien terminara contrariado. Cuando inviertes en tu persona, siempre habrá personas que se enojarán contigo. He aprendido a vivir con esa realidad y no permitiré que me detenga». Para eso también hace falta valor.

Tercero, gastó el dinero. Invirtió una considerable cantidad de dinero en este programa y lo siguió haciendo durante quince años. Hacer esto exige que no se lo gaste en cosas que habrían producido un rendimiento inmediato y visible. Sin embargo, en los años subsiguientes, la empresa que había levantado continuó creciendo aun más. Los caracteres que no crecen jamás habrían pensado que esto podría ser posible. Habrían pensado que debían permanecer allí dando manija en vez de invertir en ellos mismos. En consecuencia, no tendrían un crecimiento exponencial sino lineal.

Si te fijas en la agenda y en las chequeras de los que crecen, verás que gastan tiempo y dinero en establecer estructuras en su vida. Estas cosas están agendadas y no se mueven a menos que «todo se esté incendiando». En la vida de las personas exitosas, no hay tiempo cuando «tienen tiempo» para hacer cosas orientadas hacia el futuro. El presente está siempre demasiado atareado. *Por lo tanto, no esperan a tener el tiempo. Se hacen el tiempo primero.* Luego se ocupan de lo que exige el presente. Aquí hay algunos ejemplos de lo que revelan sus agendas y sus chequeras:

- ayuda personal
- terapia personal
- grupo de apoyo con otros ejecutivos, familiares o personas para el crecimiento personal o espiritual
- experiencias de capacitación
- educación continua más allá de la requerida
- retiros
- relaciones a las que rendirles cuentas
- conferencias de otros líderes
- experiencias de capacitación en liderazgo no exigidas
- lectura y estudio
- cursos
- grupos de desarrollo espiritual
- retiros matrimoniales y de pareja
- seminarios relacionales
- comunidades de los doce pasos
- entrenadores personales
- directores espirituales
- estudios posgrados y educación no exigida

Cuando observas personas que con regularidad se someten a esta clase de estructura, y no como algo esporádico, entonces estás frente a personas orientadas hacia el crecimiento. Conozco a una persona que lidera una empresa consultora y que invierte el 10% de sus ingresos brutos en investigación y desarrollo para su equipo de jerárquicos. Lo tienen reservado como fondo que emplean para traer a otros expertos de la industria, para comisiones por investigación y otras cuestiones que los harán ser «más» de lo que son. En consecuencia, su empresa ha hecho algunas cosas innovadoras que justificaron totalmente la inversión.

De manera que presta atención a tu agenda y a tu chequera. ¿Estás muy corto de dinero y escaso de tiempo como para crecer? De ser así, eres como el agricultor que no gasta dinero en semillas o fertilizantes. Y, finalmente, ya no habrá cosechas y ya nada crecerá. Se producirá una muerte natural. Sin embargo, si siembras para crecer e inviertes el tiempo y el dinero necesarios para convertirte en más, entonces el futuro te retribuirá por ese aspecto de tu carácter.

Es lo mismo que uno observa en los negocios. Los que, gracias a su carácter, están dispuestos a invertir dinero en investigación y desarrollo tanto para el producto como para el personal, verán un crecimiento explosivo en los años por venir. Superan a la competencia que sigue negociando como acostumbraban. No solo tienen ojo para el futuro sino también el carácter para alcanzarlo antes de que venga hacia ellos. Su carácter no retiene, sino que da y gasta para el futuro. Los que almacenan y aquellos que quieren siempre cosechar sin jamás reinvertir algo de lo obtenido para una futura cosecha, jamás crecerán.

Así lo expresa Don Soderquist, ex vicepresidente y gerente operativo de Wal-Mart en el *The Wal-Mart Way*: «Si una organización planea promover a la gente de manera continua, los asociados necesitarán ayuda para desarrollar los talentos que Dios les dio. En 1983, lanzamos el instituto Walton con el propósito de ayudar a todos los niveles gerenciales de todas las divisiones para que se convirtieran en mejores líderes. El propósito del instituto no era mejorar las habilidades laborales sino ayudar a nuestro personal a desarrollar habilidades de liderazgo e interpersonales» (*The Wal-Mart Way*, Soderquist, Thomas Nelson, 2005, pp. 68-69).

Luego continúa diciendo que brindaron de manera regular un «apoyo de capacitación por medio de los líderes ya existentes (por ejemplo, administradores de almacenamiento, gerentes de distrito, vicepresidentes regionales y demás), cursos de capacitación de Dale Carnegie en la oficina central, evaluaciones enfocadas en ayudar al crecimiento de los individuos, y un recordatorio constante y aliento acerca de las oportunidades existentes en Wal-Mart» (p. 69). También informa que con frecuencia entregan buenos libros a miles de sus líderes y los alientan a leerlos, subrayarlos y revisarlos.

Sumisión a alguien que los precede en el camino

Otro aspecto de los caracteres que crecen es la capacidad para buscar y someterse a «mentores» o personas que han avanzado un poco más en el camino. Pueden obtener consejo e imitarlos, y no les avergüenza pedirlos. Los que «se las saben todas» o están, de alguna manera, por encima de pedir consejo o temen pedir ayuda son los que alcanzan un límite de desempeño.

Cuando entrevistas a personas exitosas, siempre estarán dispuestas a revisar sus etapas de mayor crecimiento y ver que los mentores los han impulsado y guiado. Algunas de estas relaciones fueron informales y otras un poco más estructuradas. Sin embargo, prácticamente todas las personas que dejan buenas estelas se han sometido a la opinión de personas «que los preceden en el camino». Y lo interesante es que suelen hacerlo durante toda la vida, no solo en los primeros años. Siempre valoran la experiencia de los demás y con gusto la aceptan.

Los aspectos relevantes del carácter tienen que ver con la resistencia a ser conocido como uno es en realidad. Tener un mentor implica que le permitimos a alguien que se fije en todo lo que hacemos, nuestros métodos, nuestro desconocimiento, nuestra falta de habilidad, y opinar de eso. Para esto hace falta tener la capacidad de ser vulnerable y abierto.

Si alguien tiene demasiada vergüenza o narcisismo (el deseo de ser visto como alguien ideal), entonces la influencia de un mentor se convierte en un tiempo de ocultamiento, o de hacer cosas para verse bien. La arrogancia o la resistencia a la autoridad pueden producir lo mismo. Ser demasiado susceptible e incapaz de aceptar una retroalimentación y orientación puede hacer que una persona se vuelva «incapaz de tener un mentor». Si tenemos la necesidad de vernos bien, un mentor no nos sirve porque eso exige que no nos veamos bien y que seamos claros respecto a nuestra necesidad de crecer. Si no podemos hacer eso, permaneceremos estancados donde estamos.

Recuerdo a uno de mis mentores más importantes, un supervisor durante mi capacitación clínica. Era brillante y tenía un amplio conocimiento clínico. Podía aprender más en una hora y media con él de lo que aprendía con otros instructores en todo un semestre. Siempre estaré agradecido por lo que aprendí, salvo que había un problema.

Era sádico. Disfrutaba de revelar lo estúpidos e ignorantes que podían ser los estudiantes y los practicantes. Le encantaba detectar tus aspectos débiles para exponerlos y machacar en eso. En ocasiones era espantoso, y en los grupos de supervisión recuerdo haberme sentido muy mal por algunas personas, así como por mí mismo. Sin embargo, *valía la pena*. Esas preciosas gemas de información y de experiencia que tenía para brindar bien valían la pena, aunque costaba tener que soportarlo.

Recuerdo que un día, siendo yo estudiante, me dirigía hacia su oficina cuando un estudiante se acercó a preguntarme cómo hacía para soportarlo. Había visto que este hombre me había humillado más de una vez.

Le respondí: «Lo considero el precio que debo pagar por algo muy valioso. Lo que aprendo de él es increíble y el precio es su abuso verbal. De manera que cuando entro a este lugar, me recuerdo que no es el sitio donde debo ir por aprobación o amabilidad. Estoy aquí para robar su conocimiento y su información; y si ser menospreciado es la manera de abrir su caja de seguridad, lo haré todas las veces que pueda».

Sin embargo, recuerdo a otro estudiante que me dijo: «De ninguna manera pienso estar en su grupo. Me niego a someterme a eso. ¿Quién lo necesita?» Tiene sentido, y considero que por lo general es una buena norma el mantenerse alejado de las personas abusadoras. Sin embargo, me da la impresión de que este estudiante era narcisista y siempre debía ser visto a la luz de lo positivo. De modo que no tenía la oportunidad ni la elección de obtener buenas cosas de alguien que no lo fuera a palmear y hacerlo sentir inteligente. Su necesidad de sentirse bien consigo mismo ensombreció su impulso de crecer. Como resultado, se rodeaba de personas que lo halagaban. He seguido su trabajo durante más de veinte años y lo he visto gravitar de una cosa a otra siempre con esa característica de «sentirse bien» y «parecer inteligente y especial». Jamás llegó demasiado lejos con ninguna de esas cosas ni ninguna se desarrolló en algo más. Sin embargo, estoy seguro de que en el camino se sintió cómodo.

Los que crecen te dirán que se han sometido a entrenadores y mentores rudos, que soportaron la incomodidad, pero que ganaron muchísimo en el proceso. Tienen que dejar en la puerta su necesidad de sentirse a gusto y escuchar palabras dulces.

Valora el presente, pero no quiere permanecer allí

Los caracteres que crecen pueden equilibrar el hambre con la gratitud. Celebran el crecimiento y la victoria. Conocen el significado del proverbio judío: «el deseo cumplido endulza el alma». Cuando crecen y consiguen algo, en verdad les importa. Lo internalizan como algo bueno y pasa a formar parte de ellos, y experimentan gratitud y aprecio por lo que ha sucedido.

Sin embargo, no se sientan a reposar sobre los laureles. Los caracteres exitosos siempre tienen el impulso para avanzar más allá del *status quo*. Los demás se convierten en «maravillas de un solo logro».

El equilibrio es importante, porque tiene que ver con la dinámica de la entereza. Si la gente no tiene el impulso más allá del *status quo,* no genera crecimiento. Sin embargo, si no son capaces de disfrutar el presente y sus logros, no se vuelven sostenibles. O se agotan o se vuelven unidimensionales. En uno de los extremos está la falta de motivación y en el otro está la personalidad que se deja llevar, que jamás llega «allí», al objetivo, debido a que no hay un sitio que sea lo suficientemente valioso.

El carácter maduro ama el hoy. Y ama lo que ha conseguido en este día. Su alma está satisfecha al observar el resultado. Está agradecido por el logro, orgulloso de él y agradecido con todos los que ayudaron para concretarlo. Les agradece, los retribuye y celebra con ellos. El proceso es tan importante como la meta. Luego, mañana, irá por más.

Se sujetan a su incapacidad

Antes hablábamos acerca de no jugar con el azar, pero sí asumir riesgos que son extensiones naturales de crecimiento. Sin embargo, porque algo sea una extensión natural del crecimiento eso no significa que sea una clavada o algo que alguien salga y ya es capaz de hacerlo. Es más, para que se produzca crecimiento, por definición, el intento debe ser sobre algo que no seas capaz de hacer. Tiene que ser un «intento».

La gente que crece, salta a aguas más profundas. Intentan cosas que no pueden hacer y luego se estiran para ser capaces de lograr aquello que están intentando. Asumen desafíos que les solicitan que hagan más de lo que han sido o hecho antes. Entonces las presiones de esas demandas reclaman que se convierta en más para poder alcanzarlas. Se eleva la barra y ellos deben saltar más alto. Esta es la regla:

> No crecerás a menos que intentes cosas
> que no eres capaz de hacer.

Para practicar paracaidismo, tienes que saltar del avión. Para aprender a vender, debes hacer algunos llamados. Para aprender cómo desarrollar un mejor matrimonio, tienes que intentar hacer algunas cosas que jamás hayas hecho, tales como abrirte, ser vulnerable e incluso confrontar.

No crecemos sin alguna clase de intento que es necesario. Por esta razón, los que producen un incremento casi siempre tienen metas claras y expectativas que están escritas. Después se aprestan a alcanzarlas. Parte de esto es en aspectos en los que ya son capaces, como hacer más de lo mismo; pero parte se refiere a alcanzar cosas que jamás se intentaron antes.

Involucrarse en nuevos empeños, nuevos mercados, nuevas posiciones, nuevas responsabilidades, nuevas habilidades, son todos aspectos de crecimiento. Lo que resulta interesante acerca de los caracteres que crecen de esta manera es colocarse permanentemente en la zona de las cosas jamás intentadas. Pasan por la experiencia de Indiana Jones que dijo: «Esto lo estoy inventando a medida que lo hago».

Cuando las personas se casan por primera vez, la realidad es nueva, nunca antes se ha intentado. Por definición, no saben cómo hacerlo funcionar. Sin embargo, hacerlo funcionar los impulsa a crecer y lo convierte en la persona que puede hacer que funcione, si es que pone manos a la obra cuando se presenta el desafío. Si no lo hacen, no lo logran. Por eso muchos matrimonios fracasan, *no porque alguien no supo cómo hacerlo funcionar, sino porque no crecieron en el nuevo desafío.*

Nadie está listo para ser padre hasta que se encuentra en esa situación *y se ve obligado a convertirse en la clase de persona necesaria para enfrentar esa demanda*. Estar allí convierte a la gente en esa persona, si es que aceptan el desafío y los elementos de crecimiento que describimos antes. Sin embargo, sin zambullirse en eso, no habrían crecido para convertirse en eso. Podrían ser capaces de enseñarlo, pero no de hacerlo. De manera que entonces, la regla de crecimiento que practican todo el tiempo estos caracteres es la siguiente:

> Se ubican en situaciones que exigen más de
> ellos de lo que son capaces de entregar.

Una empresa petrolera de una familia que conozco tuvo veinticinco años de operaciones exitosas de su fundador y un lento pero continuo crecimiento con los años, principalmente logrados gracias a que se hicieron negocios con empresas crecientes. El fundador hizo dinero principalmente al crecer con ellos e incrementó los beneficios mejorando los procesos. Sin embargo, a los sesenta falleció de un paro cardíaco. La viuda tenía cincuenta años y jamás había trabajado en la empresa. Los contadores y el equipo administrativo le aconsejaron que vendiera. Podría vivir tranquila y no tendría que ocuparse de tantas complicaciones con la empresa. Pero ella no era así.

En su vida siempre se había metido a hacer cosas que no había hecho antes y las dominaba. Había sido una líder nacional en organizaciones filantrópicas y emprendimientos, además de hacer muchas tareas en el mundo del desarrollo. Su lema podría ser: «Si ya sabes cómo hacerlo, no es lo que debes hacer». De modo que decidió tomar las riendas de la empresa. No sabía absolutamente nada del tema, porque su esposo siempre había erigido una alta pared alrededor de la empresa y no quiso que ella se inmiscuyera. No creyó ser capaz de «entender el negocio». Sin embargo, los sorprendió a todos consiguiendo un gran crecimiento.

No es que haya puesto todo en juego, en el sentido que hablamos antes, ya que no tomó de repente una serie de decisiones impulsivas. Sin embargo, se involucró en las operaciones y aprendió el negocio al meterse en las cosas que no sabía cómo hacer. Era abrumadoramente exigente, pero a ella le encantaba la forma en que esto la estimulaba. Luego comenzó a salir del cascarón, tanto del de las creencias de su marido de que ella no podría lograrlo como del de su experiencia previa.

El resultado fue interesante. Descubrió que tenía habilidad para eso y más aún, le encantaban los tejemanejes que se daban. Se expandió a un ritmo desconocido en la empresa y logró un mayor crecimiento que el de su esposo, que no era tan orientado como ella hacia el crecimiento. Por naturaleza, él estaba más a la defensiva y siempre mantuvo estrategias conservadoras que protegieron lo conseguido en vez de buscar más.

Descanso

Otro aspecto del carácter relacionado con la capacidad de celebrar mencionada antes es la capacidad del descanso y la recreación. De la misma manera que los músculos necesitan un descanso para regenerarse con una masa más fuerte, lo mismo sucede con el descanso de nuestra persona. Tu cerebro está diseñado para responder al estrés positivo que las exigencias de crecimiento le imponen y beneficiarse con ello. Sin embargo, tenerlo de continuo sobreestimulado no le permite recuperarse como lo necesita.

La idea de lo sabático tiene una explicación científica. Del mismo modo, las personas integradas, que tienen impulsos pero no son «manejados» son capaces de descansar y gozar de la recreación. La idea del *sabath* (o día de reposo) es un tiempo (veinticuatro horas a la semana) en las que no produces nada. Descansar significa no producir. Cuando algo no produce, se está regenerando. Y mientras esto sucede, ocurren cosas buenas que nos preparan para el siguiente ciclo de producción. Los campos necesitan del barbecho para restablecer la fertilidad de futuras cosechas.

Para hacer esto, es necesario tener una forma de ser que sea capaz de descansar. Algunas personas no pueden quedarse quietas y son incapaces de descansar. Cuando lo hacen, surgen conflictos no resueltos; sentimientos de vacío, de temor y otros estados molestos surgen a la superficie. En consecuencia, están continuamente produciendo, y nada ingresa ni se regenera para hacer que el futuro sea mejor. Será una productividad lineal, con más de lo mismo, hasta que se le acaba la cuerda y ya no se puede producir más crecimiento.

Ayuda a los demás a desarrollar más

William Glasser, el psiquiatra que fundó La terapia de la realidad, dijo que la mejor manera para retener algo es enseñarlo. Su investigación demuestra que la mayor memorización de material se da cuando alguien tiene que enseñar eso a alguien. Enseñar e informar es una experiencia de crecimiento.

Lo que he descubierto acerca de quienes crecen en su propia vida es que ellos también invierten en el crecimiento de los demás. No solo se someten a mentores y personas que los aventajan en el camino en que están sino que además, a la vez, hacen esto con otros que vienen detrás. Entregan lo que tienen e invierten en el crecimiento de los demás.

Tengo un socio que fue parte del equipo que adquirió *Coldwell Banker Residential*. La primera vez que fue allí, pertenecía a *Sears* y perdía mucho dinero. Su tarea era crear un cambio total. Una de sus primeras suposiciones fue que necesitaba hacer crecer al personal y a los líderes. Allí puso el enfoque, más que en las cuestiones específicas del negocio. Comenzó a cambiar. Luego, *Sears* decidió deshacerse de la empresa y, confiado en que podría hacerla crecer, él y cuatro gerentes se asociaron y la compraron con la inversión externa y la deuda por un total de 150 millones de dólares. Como era alguien orientado hacia el crecimiento, uno de sus enfoques primarios fue el de hacer crecer a sus líderes. Invirtieron en ayudar a que los demás se desarrollaran. Fundaron la universidad *Coldwell Banker* para la capacitación del liderazgo, viendo el desarrollo de su gente como la mejor cosa que podrían hacer para que la empresa creciera.

Ahora aquí está la magia. Un año después devolvieron los cien millones que habían pedido prestados y, a los tres años, vendieron la empresa por 650 millones. Es una historia con un desenlace formidable pero que, en gran parte, fue impulsado por la inversión en el crecimiento y en el desarrollo de su gente. ¿De dónde provino esto? ¿De un libro de estrategia de negocios?

Vino del *carácter* de los que estaban a cargo de todo. El impulsor de esto tan solo siguió con el modelo que siempre había usado como parte de la constitución de su carácter. Comenzó como mentor de jóvenes en la secundaria y en la universidad, siguió ayudando al desarrollo de los demás como otra manera de mantenerse vivo. Mientras tanto, eso redundó en cientos de millones de beneficio, pero esa no era la razón por la que estaba allí. Estaba allí como un aspecto de su carácter.

Ahora, diez años después, puedes encontrarlo haciendo lo mismo. Él reúne bajo su ala a jóvenes empresarios que considera que están haciendo cosas interesantes y útiles que tienen un valor social y los aconseja para que hagan mejor lo que están haciendo. Las dos preguntas centrales son: «¿Por qué haces lo que haces?» y «¿Cómo puedes hacerlo mejor?» El crecimiento se ve motivado por los «por qué» correctos y por crecer para ser alguien que pueda hacerlo mejor. Sin embargo, él no cree que lo que lo hizo crecer fuera la estrategia de negocios. El crecimiento fue lo que determinó su estrategia de negocios. Era una expresión del carácter. Él debió construir en otras personas que crecieran a la par de él. Eso es parte de su forma de ser, de quién es.

La integración se revela a sí misma

Nuestra visión del carácter ha estado basada en la importancia de la integración a nivel macro. El cuadro general es donde todos los aspectos del carácter son plenos y se reúnen para constituir una persona «plena». No obstante, en el nivel micro de este aspecto, la integración es también un signo revelador del carácter. La persona que lo está haciendo bien, crece, no en un aspecto de su vida sino en todos. De esa manera sabes que es el carácter y no la compensación.

Por ejemplo, algunas personas se concentran en su carrera y generan un crecimiento parcial o asimétrico. Mientras hacen crecer el aspecto de lo que son, el resto de su vida queda detrás. El fruto manifiesta el descuido de un enfoque de crecimiento integrado. Avanzan en su profesión y pierden su matrimonio. Obtienen honores, pero a costa de un vacío espiritual que los hace cuestionarse: «¿Para qué fue todo esto?» Se vuelven técnicamente despabilados y relacionalmente ineptos.

A menudo el crecimiento así es una compensación de lo que falta porque la gente se apoya en un punto fuerte que se convierte en el total de su vida. En ese sentido, le piden a ese aspecto de su ser que haga cosas que le resultan imposibles. Tu trabajo no puede suplir todas tus necesidades como persona. Tampoco tus relaciones. Sin embargo, es frecuente que cuando la gente tiene conflictos de carácter en alguno de esos aspectos, le pida al otro que pase a ser la totalidad de su vida para de esa manera obtener una compensación para lo que no puede hacer bien. Eso es un desequilibrio que indudablemente deja su huella en la estela.

El carácter integrado siente el mismo hambre y la misma conciencia del impulso en todos los aspectos: lo relacional, lo espiritual, lo intelectual y los demás aspectos. En eso, crean un equilibrio, por lo que el crecimiento en un aspecto fomenta el crecimiento en otro. El crecimiento asimétrico es un síntoma de un aspecto de desintegración en la persona.

De modo que reunir todo implica que se produzca el crecimiento, que la gente se sienta viva, con ansias de más, y no temerosas de salir y buscar lo que quieren. En esa búsqueda en todos los aspectos, pasan a ser más de lo que eran ayer y lo pasan a otros.

VII

SEXTA DIMENSIÓN DEL CARÁCTER

Orientado hacia la trascendencia

12

Cuando eres más pequeño, eres más grande

Cuenta un antiguo relato sobre un barco de guerra que una noche avanzaba en medio de la espesa bruma cuando apareció de repente una tenue y lejana luz justo en su camino. Al seguir avanzando se fue haciendo cada vez más brillante, por lo que el capitán se dirigió al timón para hacerse cargo de la situación. Justo en ese momento se escuchó una voz en la radio que decía:

—Atención. Llamando al buque que viaja a dieciocho nudos, a 220, ajuste de inmediato su curso en treinta grados.

El capitán fue hacia la radio y respondió:

—Este es el buque que está a 220. Usted ajuste su curso treinta grados.

—Negativo, capitán. Ajuste usted los treinta grados —fue la respuesta.

—Soy un almirante de la marina de los EE.UU. —replicó el comandante—. ¿Con quién estoy hablando?

—Soy un alférez de los guardacostas de los EE.UU.

235

—Entonces, le sugiero que sea usted el que ajuste su curso.

—No, señor. Le sugiero que usted ajuste el suyo.

—Somos un buque de guerra de la armada de los EE.UU. —dijo el almirante—. Ajuste usted.

—Somos un faro —replicó el alférez.

Algunas cosas son más grandes que nosotros. Sin embargo, eso no significa que siempre *sepamos* que lo son. Podemos pensar que somos el barco más grande y cualquier cosa que se interponga en el camino de lo que queremos debe salirse y ajustar su rumbo. Muchas veces esto es así y esa clase de perseverancia puede ser la médula de un gran desarrollo. Hemos señalado, por ejemplo, que el carácter integrado va contra los obstáculos y descubre el camino para superarlos con el fin de conseguir lo que desea.

Sin embargo, hay cosas que no se van a mover, y somos el barco más pequeño que debe ajustar su curso para ir en una dirección diferente si queremos lograrlo. Si lo hacemos, hallaremos una orientación que funcione y la constituiremos en nuestro destino. No obstante, si no podemos ver esa realidad, nos daremos contra ello. Chocaremos contra una pared que terminará destruyéndonos.

Creamos o no en la gravedad, esta existe. Es algo mayor a nosotros. Nos trasciende. Y, al igual que el faro, nos invita a que ajustemos nuestro curso a su realidad. Si lo hacemos, encajaremos en su realidad y nos irá bien. Incluso podemos usarla a nuestro favor. Los ingenieros la estudian y hallan maneras de ajustarse a ella, se diseñan aviones que funcionan según la gravedad y las demás leyes de la física, y nosotros nos beneficiamos. Sin embargo, si ellos ignoran esas leyes trascendentes, los planes se vienen abajo. Podemos presionar los límites todo lo que queramos, creyendo que van a moverse, pero al final deberemos someternos a ellos.

Para vivir y florecer, tenemos que someternos a las cosas que son más grandes que nosotros.

Puro sentido común, ¿no es cierto? Y ahí es cuando el carácter entra en escena y determinará todo acerca de la estela de una persona.

El gran interrogante

Como psicólogo, debo decir que una pregunta se cierne por encima de todas las demás en cuanto a su importancia para el funcionamiento de una persona en la vida. Es la siguiente: «¿Eres Dios?» La manera en que la persona responda determinará todo lo demás en cuanto al carácter y el funcionamiento.

Superficialmente pareciera ser necio en la mayoría de las personas y en especial los líderes que pudieran marcar esa casilla cuando aparece en un examen. Si no, tenemos medicinas, camisas de fuerza y un pabellón de seguridad especial en los hospitales para ayudarlos a comprender la realidad que deberán enfrentar si creen ser los dueños del universo. Lo llamamos psicosis.

De modo que la mayoría de las personas responderán correctamente: «Por supuesto que no soy Dios». Sin embargo, si vas tras ellos, verás que se pasan el resto del tiempo *actuando como si lo fueran*. Viven como si fueran el centro del universo y todos y todo existiera para servirlos a ellos y a sus propósitos. Ponen todo su esfuerzo en la edificación de su pequeño reino, ya sea su casa, su empresa, sus relaciones o sus intereses. Creen que todo gira en torno a ellos y que el faro es quien debe hacerse a un lado. Se creen el centro del universo.

En sus estados más avanzados, se trata de la enfermedad que los psicólogos denominan narcisismo. Se destaca por presentar rasgos de omnipotencia, grandiosidad, egoísmo extremo, explotación de los demás y sobreestimación de los propios talentos o importancia, sentimientos de ser merecedores de algo y egocentrismo. Se sienten «especiales». Conoces los rasgos y los has visto. Las descripciones de estos personajes está en la jerga de nuestra cultura, como en las camisas que dicen: «Se trata de mí».

Sin embargo, más allá de las bromas que las personas más normales hacen sobre sí mismos cuando se consideran egocéntricos, la mayoría no queremos tener nada que ver con ese trato ni queremos tampoco ser identificados con eso de ninguna manera. En el mejor de los casos, lo consideramos un signo de inmadurez, y en el peor como arrogancia, egoísmo y orgullo. El egocentrismo, paradójicamente, no es algo admirable dado que los que son así muchas veces imploran recibir la admiración que su carácter no inspira.

El opuesto a esta clase de egocentrismo se puede describir de muchísimas maneras. Me gusta pensar que tiene la cualidad de la «trascendencia». Es la persona que ha conseguido estar por encima y más allá del egoísmo puramente humano y del egocentrismo para vivir en una realidad muy distinta en vez de pensar que la vida se desarrolla a su alrededor. Se da cuenta de que hay cosas que son mucho más grandes que él mismo y que su existencia no se limita a sí mismo y sus intereses, sino a las cosas que son mayores a él. Su vida se concibe en tratar de encajar en esas cosas, unirse a ellas, servirlas, obedecerlas y encontrar su rol dentro del cuadro general. Entonces, como resultado de ello, se volverá parte de eso y encontrará significados mucho más grandes que una vida que se limite a su persona. La vida se trata de cosas que trascienden a la persona.

Mayor que yo

No solo los megalómanos y los que tienen el complejo de Napoleón son quienes creen que todo existe para ellos. Hay versiones más ligeras, y son aquellos contra los que solemos lidiar, en nuestro interior y en las personas con quienes nos asociamos. Muchas veces este razgo de carácter nos resulta molesto, pero si alguien tiene mucha responsabilidad, o si estamos conectados con él de manera significativa, los resultados serán devastadores.

En cambio, ansiamos estar junto a aquellos que se dedican a la tarea y a la misión del bien mayor. Ven el cuadro general y se convierten en parte del equipo. Puedes observarlo en sus reacciones a las cosas, ya que no ven la situación como algo que los afecta a ellos ni que exista solo para servirlos en sus necesidades. Veamos un ejemplo: El líder reúne a todos para decirles que hay una gran oportunidad para la empresa y para todos los que pertenecen a ella. Se ha abierto un nuevo mercado y para desarrollar la capacidad de conquistarlo, se van a mudar a un nuevo edificio. «Tendremos que concentrar nuestros recursos» sigue diciendo, «pero será grandioso. Expandiremos nuestros objetivos iniciales y cumpliremos nuestra misión de una manera asombrosa, mucho más grande. Se multiplicarán nuestros sueños. Es más de lo que podríamos imaginar».

Se puede percibir la emoción en la sala cuando el equipo se une más que nunca en torno a este propósito y esta meta mayor. Se elevan los espíritus, las visiones y las expectativas. Entonces, en medio de todo ese entusiasmo, alguien levanta la mano y dice: «¿Eso significa que voy a perder mi oficina con ventana a la calle? Me dijeron que tendría ventana. Si nos mudamos, no quiero perderla».

Pareciera que el aire se va de la sala. Y tú tienes ganas de gritar: «¡No se trata de ti ni de tu estúpida ventana! Estamos hablando de algo más grande. ¡Compréndelo!»

Las grandes cosas, no nosotros, son las que nos hacen grandes. Cuando nos unimos a ellas, crecemos. La paradoja es que para unirnos a cosas más grandes que nosotros, debemos humillarnos y hacernos «más pequeños», en cierto sentido. Cuando nos damos cuenta de que somos menores que las cosas trascendentes, y que existimos para *ellas* y no ellas para *nosotros*, empezamos a crecer, a tener grandeza. Las personas más grandes son las que no buscan la grandeza, pero sirvieron grandemente a las causas, los valores y las misiones que eran mucho mayores que ellas. Y al unirnos para servirlos, vemos emerger la grandeza.

Sin embargo, si nos creemos «grandes» y que todo gira en torno nuestro, entonces estaremos reducidos a un pequeño mundo de nuestra creación. Y vemos todo en términos de lo que significa para nosotros. Los resultados serán siempre superficiales, frívolos, menores e incluso destructivos y venenosos. Como lo expresa Thomas Merton: «Considerar a las personas, los sucesos y las situaciones solo a la luz de los efectos que producen en mí es vivir en el umbral del infierno».

Cosas que son mayores

Entonces, ¿cuáles son las «cosas mayores»? ¿Cuáles son los faros? Hay muchos, algunos que son universalmente aceptados y otros que nosotros elegimos valorar. Mi propósito no es elegir por ti aquellas cosas más grandes ante las que vale la pena «inclinarse». Mi intención es que observemos los rasgos del carácter necesarios para *ser capaz* de inclinarse ante ellos, y *estar dispuesto* a someterse, más que definir cuáles son esas cosas.

Las cosas que algunos consideramos trascendentes pueden no serlo para otro. Sin embargo, al mismo tiempo, la mayor parte del mundo civilizado concuerda con algunos absolutos que considera universales ante los que deberiémos someternos y aprender de ellos.

Una categoría de cosas que nos trascienden son los valores. Estos forman gran parte de la arquitectura del carácter de una persona, de su forma y de su personalidad. Hacen lo mismo por una organización o una relación. Lo que valoramos es lo que estimamos o lo que ponemos por encima de todo lo demás, incluso nuestros intereses personales, para luego dirigir nuestra conducta en ese sentido. Si un jefe o una empresa valora a los empleados y a la gente tanto como los beneficios, entonces se inclinará ante las exigencias de ese valor, incluso a costas de su interés personal. Si una empresa valora el ambiente natural, se conducirá de maneras pertinentes aunque le haga perder «más utilidades». No tomará atajos. Si una persona valora su familia, entonces tomará decisiones a costa de sus intereses personales o de su carrera, con tal de servir al bien mayor que valora.

Sin embargo, si la persona se valora a sí mismo por encima de todo, cada vez que se presente un conflicto, ganará el yo. Si una empresa valora sus propios intereses por encima de todo, entonces las demás cosas ocuparán un segundo lugar. El problema se presenta cuando tratamos con estos valores atemporales y universales que son como faros. No se apartan del camino y la persona o la empresa termina por estrallarse contra esa realidad. Los valores universales como amor, compasión, justicia, libertad, honestidad, fidelidad, responsabilidad y demás no son «optativos» como tampoco lo es la gravedad. Podemos elegir obviarlos y no inclinarnos ante ellos, pero si lo hacemos, se producirán consecuencias inevitables.

Esto es lo que sucedió en las grandes desintegraciones corporativas de los últimos años. Cuando unas cuantas personas se valoran a sí mismas y sus propios intereses como el interés *supremo*, como la realidad suprema, entonces todo está allí para servirlos. Esta es la conducta egocéntrica que dice: «Soy Dios» y «Todo existe para servirme» o «Yo soy el centro y esto está a mi alrededor y se adapta a mis deseos», en oposición a «Existo para servir a las cosas que son mayores que yo». Al final, descubren que hay cosas mayores a sus propios intereses y que al equivocarse, producen un daño enorme. Su estela es inmensa. Dejan tras sí un daño grave no solo para sí sino también para las cosas mayores que ellos. Y también pierden sus propios intereses. La paradoja siempre sigue siendo cierta. Abandona las cosas para ti y obtendrás más. Busca para ti y perderás incluso lo que tienes.

En su egocentrismo, por pensar solo en sí mismos, estas personas se olvidan de algunas grandes cosas que trascienden más allá de ellos y de sus intereses. No piensan cómo sus acciones afectarán a los accionistas, los empleados, los inversionistas y los mercados, los socios comerciales, los valores y la ética aceptados, los principios contables a largo plazo, los gobiernos, las jubilaciones, la confianza del país y la economía misma. Estas son las cosas más grandes, las realidades mayores. No se inclinan ante esas demandas de la realidad, sino que en cambio hacen tratos fuera de los libros de contabilidad, tergiversan los números y muchas otras irregularidades. Ignoran la ética y los valores. En consecuencia, derriban muchas de las cosas que son mayores a ellos y todo el mundo sufre al darse cuenta por qué esas realidades trascendentes son reales. Uno no puede pasar por alto las cosas trascendentes y esperar que todo siga igual. La gravedad y los faros tienen la última palabra.

Al pensar solo en sí mismos, asestan un tremendo golpe a la capacidad de funcionamiento de los mercados. Destruyen la confianza. Ningún inversionista, ni privado ni institucional, desea poner dinero porque no confía en las cifras. La integridad de empresas largamente respetadas quedó socavada por esta falta de trascendencia, así como la integridad de los mercados en sí. Tenían que pasar la legislación para hacer que los ejecutivos fueran más responsables de la estela que generó su falta de trascendencia. El resultado interesante es que los líderes de negocios debatieron los remedios como la reforma Sarbanes-Oxley, diciendo que ocuparía mucho tiempo y recursos necesarios para otras cosas y que en definitiva no resolvería el problema de los chanchullos corporativos.

Ese es el punto. La ley existe para salvar la brecha y vigilar el fracaso del carácter. En realidad es un sistema de «respaldo». Sin embargo, las leyes jamás pueden hacer lo que la integridad de los valores pueden hacer. Si alguien es honesto y los números son confiables, entonces no se necesita ningún esfuerzo extra para asegurarse de que eso sea cierto. El carácter es el que está en control y vigila. Sin embargo, si el carácter no está ahí, entonces las leyes son lo único que podemos aportar al problema. La regulación gubernamental básicamente proviene de la falta de autore-gulación. Uno pone a los niños en penitencia por su mala conducta. Es triste pensar en todas las grandes industrias que han sido marginadas por los abusos de las personas en el sistema. Henry Silverman era el gerente general de *Cendant* durante el período de incertidumbre de la reestruc-turación corporativa hace unos años. Después de que *Cendant* pagó miles de millones en juicios, dijo:

> *«[Las nuevas reglamentaciones] son como el caldo de pollo. No te cura, pero tampoco te hace daño. Siempre existirá el fraude en el mundo. No sé cómo se regula la conducta humana, que es lo que estas leyes intentan hacer».*
>
> *Cuando le consultaron qué evitaría la mala conducta, respondió:*
>
> *«Las convenciones individuales y la ética de los líderes de las empresas, y su capacidad de infundir lo que está bien y lo que está mal. Tuvimos un encuentro bianual en el que todos los gerentes principales vinieron a la oficina de Nueva York. Me explayé hablando acerca de la integridad. Les dije: "Si hay algo que prefieren no leer en la primera plana del* Wall Street Journal, *entonces no lo hagan". Me temo que la mayoría de las empresas no han sido capaces de infundir esa cultura en su gente».*
>
> (*Business Week Online*, 31 de julio de 2002)

Existe un solo «regulador» verdadero, y es la integridad del carácter de la persona cuando está orientada hacia la trascendencia.

Cuando estaba en la industria de los hospitales psiquiátricos, solíamos tener la oportunidad de ingresar a alguien y brindarle el tratamiento ne-cesario. Imagina esto. Cuando me inicié, el promedio de estadía rondaba, por ejemplo, los treinta días. En ese tiempo, uno puede hacer mucho para llegar a la raíz de la adicción, la depresión o las cuestiones familiares de una persona. Puedes diagnosticar y también tratar las causas subyacentes médicas y biológicas. Uno puede producir cambios de dirección significa-tivos en la totalidad de la orientación de la vida de la persona. Un enorme caudal de investigación demostró los costos y beneficios del tratamiento a las empresas, los individuos y cualquiera que tenga un interés económico en su bienestar. Hoy, pasados veinte años, sigo recibiendo cartas y me encuentro con ex pacientes que dicen: «Aquel mes me cambió la vida. Ahora todo lleva un rumbo distinto. Es lo más importante que me pasó en la vida».

Sin embargo, con el tiempo las cosas cambiaron. Se produjeron tantos abusos en esa industria que el dinero para pagar por esa clase de tratamiento desapareció, así como la confianza en el sistema. Las aseguradoras no podían confiar en algunos médicos y hospitales. Recuerdo haber visto los abusos de algunos hospitales y médicos que mantenían a los pacientes durante meses cuando era innecesario o incluso estaba contraindicado. Sin embargo, mientras pudieran pasarle la factura a la compañía de seguros y esta pagara, los mantenían allí. Con el tiempo, el sistema quebró y las empresas de seguros reaccionaron. Recuerdo cuando esto comenzó a suceder y yo intenté hospitalizar a alguien que en verdad lo necesitaba.

—Le daremos tres días —dijo la aseguradora—, y luego queremos el paciente afuera.

—¿Qué? ¿Es una broma? —reaccioné yo—. En tres días apenas conseguiremos estabilizarla. Ella necesita mucho más que eso, incluso para que hagan efecto los medicamentos.

—Lo siento, es todo lo que le daremos —fue la respuesta—. Eso tendrá que ser suficiente.

Y yo debía informarle al paciente que aunque estábamos dispuestos a recortar nuestros honorarios de manera drástica, el hospital no podría retenerla y apenas si seríamos capaces de estabilizarla, pero tendría que buscar otro lugar donde atenderse. Era desgarrador y lo sigue siendo. A primera vista, es fácil odiar a la empresa de seguros y culparlos por su avaricia. Sin embargo, era más que simple avaricia de su parte. Estaba también el problema de que no podían confiar en el sistema. Hubo una ruptura por parte de ambos y al final, todos salieron perdiendo. Súmale a esto los abogados avaros de la mala práctica (no los buenos abogados) y el coeficiente de riesgo empeora notablemente. Y las «cosas mayores», tales como tener un buen tratamiento que haga que las personas, las familias e incluso los empleos sobrevivan, se pierden. *En parte, porque las personas explotan el sistema por lo que pueden obtener de él, sin pensar en el cuadro general.* No se inclinan ante las cosas que los trascienden a ellos, por eso pierden todo.

No se conseguirá nada valioso a menos que nos sometamos a cosas mayores. Una familia puede terminar destruida debido a un cónyuge que no se somete ante la cuestión mayor de la fidelidad, en vez de su gratificación inmediata en una aventura amorosa. Un negocio puede venirse abajo por no inclinarse ante el cuadro mayor de las necesidades de los clientes o de los empleados o sus valores. Así lo deja en claro Jim Collins en *Built to Last,* cuando expresa que son las empresas que viven sus valores las que terminan ganando en el largo plazo. Esto es así también en los individuos. El carácter siempre gana.

Estar consciente

El primer aspecto del carácter que afecta la trascendencia es la conciencia. Aquellos que viven para las grandes cosas saben que existe algo más grande. Son conscientes. Los que no, se mueven con piloto automático, principalmente impulsados por sus ansias, sus pasiones y sus deseos de gratificación. En términos freudianos, son guiados por sus impulsos instintivos, buscando una manera socialmente aceptable de alimentarse. Sin embargo, afortunadamente, como todos sabemos, muchas personas trascendieron ese estado animal. Han caído en la cuenta o están «conscientes» de que hay cosas mayores a ellos mismos y sus apetitos.

Tienen lo que los psicólogos conocen como un ego ideal que buscan, que en parte está construido con aspectos de estar consciente y tener conciencia que los guían hacia niveles más altos de vida, de conducta y de logros más allá de «sentirse bien». El amor, el servicio, la justicia y sus principios rectores están presentes, así como la motivación para conseguirlos y una sensación de sentirse realizado cuando lo logran. Su conciencia los guía hacia la acción real, pero la conciencia viene primero.

Cuando veo esos caracteres que tienen esta clase de ideal significa que han pasado por algún proceso para llegar allí y poder así gestar esos ideales. En parte es por los padres que han tenido, pero no lo es todo. Algo es por haber pasado por los duros golpes, o «haber tocado fondo» que terminaron aprendiendo la importancia de estas cosas. Los alcohólicos, por ejemplo, con frecuencia reaccionan cuando pierden una relación o su carrera o algo importante como consecuencia de su adicción. Pueden ver que alimentarse a sí mismos puede llegar a destruir todo lo que les resulta importante. De manera que lo aprenden, luego de chocar contra un faro.

Otros «captan» la conciencia por estar cerca de líderes y otras personas que son iluminados. Son inspirados. El contraste entre ellos y estos modelos inspiracionales los hace salir de su sueño. Ya no se soportan a ellos mismos con su banal existencia porque lo profundo llama a lo profundo.

Hay otros, incluso, que se ven forzados a mirar más allá de sí mismos no porque hayan tocado fondo sino porque alcanzaron su límite. Sienten un vacío, una falta de sentido o una meta que no pueden alcanzar. Su camino no los lleva a un lugar de realización o que funciona. Se dan cuenta que «debe haber algo más» que los lleve a un estado o una meta percibida, o de la vida misma. En consecuencia, buscan trascendencia. Sigue habiendo una oportunidad de crecimiento, como hemos visto antes, pero la elección se ve impulsada por una necesidad de algo más.

Luego está la insatisfacción de las personas que los aman y que a veces los impulsan a mirar más allá de sí mismos. Puede que todavía no hayan perdido la relación pero alguien en su vida les exige más que la existencia centrada en sí mismos que están llevando. La postura de que «solo se trata de mí» está dejando afuera al «nosotros» que incluye al otro, ya sea que ese «otro» sea el cónyuge, hijos u otras personas importantes. Esas personas presionan al individuo para que reaccione y salga adelante.

Sin embargo, el primer paso sucede cuando alguien va más allá de su existencia egoísta para tomar conciencia de que hay más o un bien mayor. El paso siguiente es tratar de hallar de qué se trata ese «más». A veces, esto impulsa a las personas a cierta clase de investigación metafísica que en realidad carece de trascendencia y continúa tratándose de ellos mismos. Parece ser trascendente porque trata de algo que está más allá de sus necesidades cotidianas físicas y materiales, pero si lo analizamos de cerca, sigue tratándose de ellos mismos. Algunos tipos de meditación, por ejemplo, no impulsan a las personas a una mayor participación y servicio en cosas mayores que ellos mismos, sino que son solo un intento de ser «mayores ellos mismos», al procurar perderse en una fuerza impersonal o deidad y ser uno con ella. Continúa siendo un narcisismo primitivo porque en realidad no involucra a otro, que resulta en una inversión significativa del yo en alguien o en algo «más» que es la única manera de crecer. Al contrario, estos intentos de trascendencia no son más que un tipo de gratificación del yo que no impulsa a la gente hacia delante.

Sin embargo, la gente que verdaderamente emerge de sí lo hace saliendo de ellos mismos e invirtiendo en cosas más grandes. Para algunos es una fe, para otros una causa o un servicio, una misión o valores que los hacen ofrecerse a los demás de maneras más grandes y diversas. Cuando lo hacen, se agrandan y se extienden. Observa a tu alrededor en la oficina y fíjate en aquellos que dedican tiempo y esfuerzo a una causa, en contraposición a aquellos que solo revisan una y otra vez las cifras de sus inversiones. ¿Con quién deseas estar?

Autonegación, autocorrección y la capacidad de ajuste

El verdadero indicador de esta clase de carácter es si se manifiesta en la conducta. Una cosa es sujetarse a valores o principios de gran importancia, pero es una cosa totalmente diferente hacer que se vean en la vida diaria. Así como «la fe sin obras es muerta», los valores sin una expresión visible en el tiempo y en el espacio no valen mucho más que un ejercicio intelectual y hacen poco y nada por afectar la estela de la vida de alguno. Si queremos conocer lo que valoramos, entonces tenemos que ver cómo invertimos nuestro tiempo, dinero, energía, etc. En otras palabras, donde está nuestro tesoro, estará nuestro corazón.

De modo que se comienza con una inversión. No comienza con la declaración de que nos preocupamos por algo. Tiene que ejercitarse e internalizarse. Sin embargo, como todas las internalizaciones o crecimiento, la estructura de los modelos tiene que ejercitarse primero, tanto para salir de la tendencia a llevar una existencia superficial cómoda, como hallar la realización del cumplimiento de la vida más profunda. Si nunca dejas de comer papas fritas y pruebas con una dieta estricta de comida saludable, jamás te darás cuenta del verdadero cambio en el gusto que se produce cuando comes lo que tu cuerpo necesita según fue diseñado. Sin embargo, una vez que lo haces y lo sigues haciendo, ya no puedes volver atrás más que para alguna ocasión festiva que en resumidas cuentas tu cuerpo termina rechazando y con ansias de volver al régimen.

Las personas que desarrollan esta clase de transformación y la mantienen, lo hacen con un enfoque estructurado, al menos al comienzo. Toman una clase, consiguen un director espiritual o mentor, trabajan como voluntarios en una organización, se unen a un grupo de crecimiento o descubren otro camino con una estructura en ese sentido. Cuando lo hacen —y esto incluye los elementos de conciencia, plantilla, experiencias para extenderse, práctica, corrección, retroalimentación y demás elementos de crecimiento que mencionamos en las últimas páginas— poco a poco comienzan a internalizarlo. Es posible que después cambien las estructuras para encajar en su propio estilo o necesidades o incluso lanzarse hacia algo nuevo. Pero, primero, se someten a un camino de crecimiento estructurado para obligar este crecimiento y moldear ese aspecto de su ser.

Cuanto más se adaptan y se someten a esa estructura, más ven aspectos de sí mismos que no son tan trascendentes como pensaron. Se sienten humillados y ven aun más la necesidad de crecer. La tarea en la que están los pone en contacto con la inmensa necesidad a la que se han entregado, así como su propia incompetencia para suplir esa necesidad o estar a la altura de quienes los precedieron.

Cuando dan a los pobres, si es que están desarrollando en verdad un carácter trascendente, van más allá de quienes solo tienen un sentimiento de «Oye, hice algo bueno. Eso me hace sentir bien. Soy una buena persona», típico de los que dan ocasionalmente. Avanzan hacia una internalización más profunda de servir a las «grandes cosas». No se trata de «ser bueno», otra manera de pensar automotivada. Se convierte cada vez más en una forma de ser que nada tiene que ver con el yo. La persona se siente plena en el sentido derivado de hacer el bien más allá de lo que lo convierte en una «buena persona». Es algo intrínseco. En cierto sentido, hay cada vez más «muerte del ego», como lo denominan los maestros, y una mayor conexión con los valores más altos y trascendentes. La Madre Teresa se sentía plena al ayudar en una causa más grande, no mirándose al espejo y pensando en la buena persona que era.

Llegado a este punto, se produce un nuevo «ciclo adictivo», no buscar más y más para uno mismo sin estar jamás satisfecho, sino dar más y más de uno mismo volviéndose más satisfecho de lo que jamás se pensó. Es la diferencia en la cantidad de «felicidad» que un niño experimenta una mañana de Navidad o al ir a Disneylandia, y disfrutar de todos esos regalos o experiencias para sí, en contraposición al increíble gozo que sus padres sienten al darle esa experiencia al niño. Ciertamente es más bienaventurado dar que recibir. Los que dan de sí lo saben y aman esa experiencia. Sin embargo, todo comienza con una inversión, y por lo general es una que implica someterse a un camino estructurado.

Tengo un amigo que es así y que también estructura esto para su empresa, para incluir a las personas en el proceso. Tienen días para «dar en retribución» a la comunidad. Los empleados eligen una entidad de beneficencia y toda la empresa colabora con ellos con todos sus recursos y hacen todo lo que pueden. Puede ser una modernización del salón tecnológico o una remodelación. Con varios cientos de empleados puedes hacer bastante. Lo que comenta que sucede es que las personas que jamás habían pensado en algo más grande que ellos mismos se «contagian» con este concepto al someterse a esa estructura y a partir de allí comienzan a desarrollar una vida mucho más centrada en los valores.

Tylenol y otras lecciones

¿Cómo se ve el carácter trascendente cuando «sale a la cancha»? Observemos el liderazgo trascendente manifestado en la crisis de Tylenol en 1982. Johnson & Johnson se enteró que hubo gente que falleció luego de tomar Tylenol y, como resultado de la investigación, descubrieron que habían retirado algunos envases de Tylenol de los estantes, los rociaron con cianuro y los volvieron a poner en su lugar. En aquel entonces, Tylenol aportaba un alto porcentaje de las utilidades de Johnson & Johnson y era el líder de los analgésicos. Vendía más que la combinación de sus competidores. Por eso, esta crisis fue un duro golpe para Johnson & Johnson. ¿Qué harían?

Fueron apenas unos cuantos envases en una restringida zona de Chicago, podrían haber razonado algunos. ¿Cuáles eran los riesgos reales de la dispersión del peligro? Probablemente se tratara de una persona trastornada con una capacidad limitada para infringir más daño del que ya había causado. En algunas empresas podrías haber encontrado que luego de sacar cuentas sobre posibles pérdidas habrían llegado a la conclusión de que las utilidades seguirían siendo importantes aunque tuvieran que pagar algunas demandas. Manténlo en las estanterías y si sucede algo malo, para eso está el seguro. Hubo muchos casos de ese tipo de razonamiento en los que una empresa coloca sus propios intereses por encima de todo lo demás.

No aquí. La empresa decidió optar por una estrategia que la puso a ella y al producto muy por debajo en la lista de prioridades por el «bien mayor»: «¿Cómo podemos proteger a las personas?» Más allá del costo, ellos calcularon que una muerte era demasiado como para arriesgarse. De inmediato retiraron su producto Tylenol de todos los estantes de Chicago y poco después lo retiraron por completo del mercado. *Lo quitaron de todos los estantes de los EE.UU.*

Eso sí que es una acción trascendente. Una cosa es decir que uno de tus valores son las personas o la seguridad del cliente. Y otra muy distinta es tomar el producto más fuerte que tienes en el mercado y dejar de venderlo con tal de salvar a una persona. Eso es lo correcto. Es algo diferente de cualquier análisis de «costo-beneficio» de cosas que son buenas. Los accidentes de autos matan a las personas al igual que los errores de medicamento. Sin embargo, los automóviles y esos medicamentos son cosas buenas que tienen algunos efectos secundarios malos. El valor es el de ayudar. Aquí, el veneno del cianuro era evitable, y no era parte de algo bueno. Había disponibles otros medicamentos para el dolor, así que el valor mayor indicaba: «quítalos del mercado».

Luego del huracán Katrina, fue sumamente alentador y de ánimo para el espíritu ver a los negocios que se relacionaban con el valor trascendente de ayudar a otros en momentos de necesidad. El Departamento de salud y hospitales de Louisiana informó lo siguiente en su cibersitio:

«El equipo de farmacéuticos de Louisiana ha recibido la confirmación de que las recetas de emergencia serán atendidas para aquellos evacuados del huracán Katrina sin que tengan que pagar la medicina. Los evacuados pueden dirigirse a cualquier farmacia dentro del Wal-Mart, CVS, Rite Aid, Walgreen's o Kroger's en Louisiana o cualquier otra localidad del país y obtener sus recetas médicas de emergencia sin costo alguno *según sea la necesidad del paciente*. Las enfermeras y los médicos con autoridad para recetar y que se hallen tratando pacientes en refugios con necesidades especiales como parte de su esfuerzo de recuperación pueden enviar las recetas de sus pacientes a estas farmacias».

Esta es otra acción trascendente, en que se hacen cosas que significan un costo a las empresas, pero por un bien mayor. Los valores mayores guiaron su conducta.

Y ese es el paso siguiente luego de tomar conciencia de las realidades trascendentes e internalizarlas en el carácter de uno de una manera, en cierta forma, estructurada. Es doblar la rodilla, es inclinarse a esas cosas más grandes, cuando nadie está mirando, eso significa que es algo real. Los fabricantes de Tylenol podrían haberse reunido en una sala a evaluar el riesgo con el principio rector de salvarse y a la vez controlar el posible daño. Aunque seguramente se preocuparon por cómo salvar al producto y a la empresa, no era esa su principal preocupación. Cuando nadie les estaba encima todavía, ellos hicieron lo correcto. Y al final, salieron ganando. El público confió en ellos y se mantuvo fiel al producto. Y el mundo de los negocios los aplaudió como modelo de confianza y de liderazgo.

Entonces el interrogante es: ¿qué hace que esta clase de carácter sea capaz de hacer algo así? Muchas cosas, pero la primera tiene que ver con el corazón y lo que realmente le importa a alguien. Cuando haces lo correcto, por lo general te produce un costo y pierdes algo. Y es difícil sostener la pérdida por algo que en realidad no te importa. Al final, es por algo que realmente te importa que estás dispuesto a perder algo.

Si Johnson & Johnson realmente no se hubiera preocupado por la gente, no habrían estado dispuestos a enfrentar las pérdidas. Debió de haber estado en la misma esencia del liderazgo. Si los líderes no se preocupan por sus empleados, entonces no instituirán políticas que los ayuden si hay un costo. Sin embargo, si lo hacen, estarán dispuestos a perder algunas cosas por lograr ese bien. Si un padre ama a un hijo, abandonará cosas y las perderá por el bien del desarrollo del niño.

Así que el amor vigoriza estos valores, pero el amor no alcanza. Pregúntale a cualquier pareja que atraviese una situación difícil y uno de ellos abandona el hogar y no toma la decisión de superar el problema. Además del amor, se hace necesario tener la disposición para poner en práctica probablemente la cosa más grande que puede hacer el carácter integrado: *autonegación*. Puedes amar a alguien, un valor, una misión o un propósito, pero hasta que no niegues algo que valoras por el bien del otro, entonces el amor no será suficiente. La autonegación siempre se refiere a la pérdida. Es la disposición de perder algo que verdaderamente te importa con tal de servir en algo más grande.

Este aspecto del carácter es la base de todo lo que hace que el mundo gire, y cuando desaparece, así anda el mundo. Una madre abandona la comodidad y las energías que no tiene para levantarse una vez más por su bebé. Un adulto da tiempo, dinero, tiempo libre y energía para cuidar de un padre anciano. Un soldado u oficial de policía arriesga su vida por su país o por un vecino. En todos estos actos hay algún tipo de pérdida, hasta perder la vida.

De manera que valorar las cosas correctas es solo el principio. Tomar decisiones que nos lleven a practicarlas es el fin. Sin embargo, como lo descubrieron los que producen Tylenol, el final de uno mismo, el final del interés propio, es el comienzo de un ser todavía más grande. Ganarás al final si pierdes al principio, si pierdes por el bien de las cosas más importantes.

Cómo hacer el cambio

Conozco un hombre que está a cargo de la zona occidental de los EE.UU. para una de las grandes empresas de telecomunicaciones. Es un carácter trascendente y un líder que trasciende. Para él, la vida, el liderazgo y el negocio se tratan todos de las «cosas más grandes». Un día le pregunté cómo practicaba sus valores en la empresa.

«Bueno» me respondió, «creo que los negocios tienen éxito cuando las personas se convierten en lo mejor que pueden ser y aprender a trabajar juntos y obtener los mejores resultados de esa unión. Por eso, al comenzar el año, siempre llevo al equipo con el que trabajo directamente a un retiro y comenzamos con unas cuantas preguntas. La primera es: "¿Qué nos gustaría que sucediera este año?" Eso nos lleva a considerar nuestra visión y objetivos. Y distinguimos uno. Dijimos que queríamos hacerlo tan bien que toda la empresa se parara a preguntarse cómo lo hicimos. Un objetivo bastante audaz, por decirlo de alguna manera.

»Todo el mundo tiene objetivos. Lo que importa es el paso siguiente. Entonces nos hacemos estas preguntas: "Para que sucedan esas cosas, ¿en qué clase de equipo tenemos que convertirnos? ¿Y en qué debemos cambiar cada uno para que eso suceda?"

»Llegados a ese punto lo que sucede es que siempre *nos vemos obligados a preguntarnos cuáles serán nuestros valores y cómo vamos a expresarlos* en nuestras relaciones. Por ejemplo, nos damos cuenta que para alcanzar esa clase de metas debemos valorar el trabajo en equipo y deshacernos de las mezquindades territoriales. Significa que vamos a confiar unos en otros y comunicarnos. Implica que a veces deberemos dejar lo que estamos haciendo e ir a ayudar a los demás a reparar algo. Significa también que nos escucharemos y nos cuidaremos y nos apoyaremos unos a otros».

«Es asombroso» exclamé. «¿Y cómo les fue?»

«Fue increíble. El año pasado planteamos la visión y pusimos manos a la obra para trabajar en nosotros mismos a fin de exteriorizar esos valores. Superamos todos los récords en todas las categorías y excedimos el desempeño por un buen margen en todo el país. Lo hicimos tan bien que el gerente general llamó para decir que deseaba venir y descubrir qué hacíamos tan distinto al resto, y cómo podían los demás aprenderlo. *¡Precisamente así fue nuestra visión!*» Este líder sonreía, pero podrías afirmar que se trataba de una sonrisa de orgullo por la trascendencia de todo esto, por su crecimiento y no tan solo por los números logrados. Estaba feliz de que el equipo hubiera ido tras las cosas grandes y hubieran hecho los ajustes necesarios para alcanzarlas.

Lo que cuenta es que «hagamos los ajustes necesarios», los cambios que haga falta. Pienso en esto de la siguiente manera, como lo hemos visto antes pero a la luz del ejemplo de este equipo:

> El carácter inmaduro le pide a la vida que
> supla sus demandas. El carácter maduro
> suple las demandas de la vida.

La visión exigía que estos individuos hicieran cambios o ajustes en sus prácticas para poder enfrentar las demandas de los valores. No pidieron a los valores que cambiaran sino que ellos cambiaron. Al presentarse las presiones, dejaron de lado la mezquindad y la rivalidad para ayudarse unos a otros, transmitiéndose información y confiando. Se dieron de lleno ante la demanda del valor dado.

Esta es la marca del carácter que verdaderamente enfrenta las demandas de la realidad. Cuando la realidad apremia, cambian lo que sea con tal de enfrentar esa demanda. Si lo que piensan hacer no es bueno para el valor mayor o el bien mayor, hacen el cambio o el ajuste necesario y se unen a la realidad mayor y trascendente. Hacen el cambio que tienen que hacer.

Como lo expresamos antes, lo que esos valores signifiquen para cualquier persona es una decisión personal que solo él puede hacer. Todos terminamos por escoger aquello que vamos a valorar o a lo que vamos a servir. Creo que hay algunos absolutos universales que son afines con la gravedad y si los ignoramos, terminaremos estrellándonos, como dijimos antes. Cuanto más nos ajustamos a ellos, mejor. Otros valores son más individuales, para una persona o para una organización. Sin embargo, lo que es cierto en cuanto a lo universal y lo personal es que no importan cuáles sean esos valores, el carácter debe ser capaz y estar dispuesto a someterse en deferencia a ellos. Para los propósitos nuestros, ese es el tema.

Una persona con un carácter integrado es una persona que posee la conciencia que no todo tiene que ver con él, y la capacidad y la disposición para realizar los ajustes necesarios en las cosas que trascienden su persona en cualquier coyuntura dada. Si las personas hacen esto, entonces su estela tanto en sus tareas como en sus relaciones será mayor y mejor en cuanto a lo que concierne a todos. Cuando lleguen los crisoles de prueba en su vida laboral, en su matrimonio, en su vida personal o en la organización que dirigen, serán capaces de enfrentar las demandas de la realidad porque están en contacto con la realidad. Y no se trata de su persona.

CONCLUSIÓN

13

¿Adónde fue?

—¿Ya a qué te dedicas? —le pregunté a mi compañero de grupo en el torneo de golf a beneficio.

—Soy un consultor en recursos humanos —me respondió— y trabajo con personas que están en el liderazgo y dirigen grandes empresas. ¿Y tú?

—Algo parecido, pero se refiere más al lado personal que al contenido común del liderazgo. Soy psicólogo, de manera que trabajo con muchos líderes en su desarrollo individual, ya sabes, esas cuestiones que suelen entorpecer el trabajo y las relaciones.

—¡Vaya! —exclamó—. Me sorprende a veces cómo puede ser que personas realmente talentosas en el liderazgo no estén bien preparadas en el aspecto personal. Es increíble. Acabo de tener una experiencia en la que un gerente general tenía que despedir a una persona encargada de todo un continente para una corporación electrónica multinacional, de manera que me pidió que lo aconsejara para hacerlo bien. Pensó que sería una situación difícil y deseaba un poco de ayuda. Así que fui a verlo y tratamos el tema, le dije lo que debía decir y todo lo demás. Lo preparé muy bien.

—¿Y qué pasó? —le pregunté.

—Bueno, cuando estaba por marcharme, él me preguntó si yo no podría acompañarlo en el viaje hacia donde tenía que ir a despedir a ese empleado para que, antes de hablar con él, pudiéramos repasar lo conversado. Pensé que no hacía falta, pero como estaba allí para ayudarlo, accedí y allá fuimos.

»Fuimos en automóvil. Era un viaje de unas dos horas y todo el tiempo él me estuvo preguntando cómo decir esto o aquello, qué responder si él le decía tal o cual cosa o se enojaba o pasaba alguna otra cosa. Comencé a darme cuenta de que de alguna manera estas preguntas no eran tan difíciles ni técnicas… él bien podría haberse imaginado qué decir. Me di cuenta que estaba nervioso por la confrontación, por eso volvía una y otra vez sobre lo mismo. No tenía demasiado sentido. Era un hombre poderoso en términos de negocios y de logros; pero parecía estar asustado por esto.

—¿Y cómo terminó? ¿Lo hizo bien?

—Esto es lo realmente asombroso. Viajé con él, conversamos todo el camino hasta que llegamos a la empresa. Me pidió que lo acompañara hasta la sala de reuniones. Imaginé que quería mi apoyo moral desde la recepción. Sin embargo, no fue eso lo que sucedió.

—¿Y qué hizo? —A estas alturas ya no soportaba el suspenso.

—Llegamos hasta la puerta de la sala de conferencias donde debían encontrarse y estaba a punto de desearle que le fuera bien mientras buscaba un sitio donde sentarme a esperar, cuando me dice: «Hazlo tú». Quería que yo entrara a despedir a aquella persona.

—Es una broma… ¿Y ese hombre es gerente general?

—Sí. Y uno en apariencia muy poderoso. Al menos era lo que yo creía.

—Entonces sabes a lo que me refiero cuando digo que estas cosas entorpecen el trabajo —le dije.

—Más que la mayoría de la gente. Es increíble cómo personas altamente competentes pueden tener esas fisuras en su armadura. ¡Pero es verdad!

Como hemos visto a través de este libro, personas que logran grandes cosas, que son admirados, experimentados y talentosos, pueden también tener lo que este consultor denomina «fisuras en la armadura». Sin embargo, si no trabajamos codo a codo con ellos, solo veremos lo bueno: Los títulos, la posición, el éxito logrado y lo que es fácilmente visible. Las otras cosas no se ven a menos que tú estés en la «estela». Sin embargo, como todos sabemos y hemos experimentado, las fisuras están allí, incluso en los mejores en desarrollar al máximo su potencial. La pregunta es por qué. ¿Cómo sucede esto? ¿Cómo puede alguien lograr tantas cosas por un lado y, sin embargo, presentar estas cuestiones personales tan significativas que a veces son un estorbo en el camino? ¿De dónde provienen?

Luego de ver lo que es el carácter, y cómo luce su ausencia, analicemos por qué tenemos esas «fisuras» en el carácter que hacen que al avanzar puedas conseguir solo unos pocos logros relevantes:

1. Entiende que puedes tener algunas fisuras que debes solucionar
2. Acéptate como eres y reconoce que no hay nada de «malo» en tener esas fisuras
3. Investiga qué puedes hacer para resolverlos

Ser humano, ser sobrehumano y ser disfuncional, todo al mismo tiempo

Es algo que todos hacemos. Lo llames idealización, desapego, ingenuidad, o el clásico «colocar a alguien en un pedestal», es la tendencia de ver a las personas solo por sus fortalezas. Este hombre era el gerente general de una multinacional. Eso implica que es una persona con un inmenso talento y enormes logros. De manera que asumimos que toda su persona es eso. Es muy raro que de inmediato pensemos que alguien con esas características sea un ser humano con debilidades como cualquier otro. Por eso, nos sorprendimos.

No obstante, y lo que es peor, como tenemos la tendencia de ver al otro de esa manera, sin debilidades, temores e inseguridades, secretamente nos sentimos peor con las nuestras. Cuando descubrimos un aspecto de nuestra propia imperfección, damos por sentado que nadie que sea talentoso puede tener *ese* problema. «Yo debo de ser un auténtico fracaso o algo por el estilo» es lo que se suele pensar cuando uno idealiza a los demás. Y esa clase de pensamiento empeora las cosas, porque entonces uno tiende a *ocultar los aspectos en los que tienes la mayor oportunidad de crecimiento*. En consecuencia, uno intenta manejarse usando solo los puntos fuertes y tratar de compensar de alguna manera esos aspectos de debilidad. Además, este ciclo de «fingimiento» empeora a medida que pasa el tiempo y la exigencia aumenta. Ahora tienes un cargo más alto y más personas que te observan, de manera que existe una mayor presión de verse como alguien que domina la situación a la perfección. El resultado es que suceden dos cosas.

Te ocultas más y, por lo tanto, no trabajas en los aspectos que necesitan crecimiento, y te vuelves cada vez más adoctrinado en la visión generalizada de que las personas talentosas no tienen huecos en su interior. «No tienen fallas en el carácter. Son tan fuertes como parecen», es lo que piensas. Y así marcha el mundo, cada vez con más probelmas de personas realmente talentosas que quedan sin atención y sin desarrollarse. Y estos problemas irresueltos son los que terminan por impedir que llegues a donde deseas.

Y lo que es peor, en ocasiones las personas piensan que es la falta de desarrollo la que hizo que alguien llegara al sitio en que está. Escucho esto todo el tiempo cuando la gente habla acerca del carácter del liderazgo. Dicen: «Bueno, es su impulso y su personalidad de dictador lo que lo hizo ser tan exitoso. Esto genera un problema porque es alguien con quien es difícil trabajar, pero sin eso, él no habría llegado a donde está». *¡Incorrecto!* Lo que ellos denominan «impulso» es lo que tiene una persona desequilibrada que logra cosas, que es agresiva con tal de conseguir sus objetivos, pero absolutamente inmadura o cruel en su trato hacia los demás, o tan narcisista que nadie puede confrontarlo porque tiene un «complejo de ser Dios».

Eso *no es* lo que lo hizo ser exitoso. Es lo que creó el daño colateral en su camino al éxito. Su iniciativa, la seguridad en sí mismo, el buen uso de la agresividad, su inteligencia, encanto, pensamiento estratégico y otras cosas son las que lo hicieron ser exitoso, *a pesar del desequilibrio y del narcisismo, y no gracias a eso.* Si él integrara también esos aspectos de su carácter, las características buenas que lo hicieron exitoso *¡no desaparecerán!* Otras habilidades las aumentarán y terminarán siendo más poderosas y no menos. Muchas veces existe un temor a convertirse en una persona equilibrada, *como si los logros pertenecieran solo a los que son disfuncionales.*

Sin embargo, lo cierto es (y esta es la buena noticia), que *todos los seres humanos tienen falta de integración en algún grado.* A todos nos falta integridad en el sentido en que nos referimos en este libro. Todos podemos crecer, pero para hacerlo debemos comprender que la idealización de las personas talentosas, cuando pensamos que ellos no tienen luchas ni debilidades como nosotros, es solo una fantasía. Tienes que superar la fantasía de que hay personas perfectamente «equilibradas» y sumarte a la comunidad de los que están creciendo dado que todos reconocemos que somos seres humanos que tenemos un «siguiente paso» para dar en nuestro crecimiento. Todos tenemos talentos, incluso a veces sobrenaturales así como también debilidades y disfunciones. La clave está en reunir todo eso y convertirnos en personas y organizaciones que tienen una mentalidad de «estrellas imperfectas que están en proceso de mejoramiento». Cuanto más puedas incorporar esa idea en tu cultura personal y empresarial, más van a lograr todos.

De dónde proviene

¿De dónde vienen estos aspectos incompletos? ¿Por qué no puedes obtener de una vez por todas tu licenciatura y asumir que eres un adulto listo para afrontar el mundo?

Este libro no pretende dar respuesta al interrogante de por qué el mundo y las personas que lo habitan son imperfectas. Tan solo voy a creer que todos sabemos que es así, y tú puedes decidir por ti mismo el por qué. No obstante, es importante analizar de dónde provienen algunas de las expresiones de imperfección o de falta de algo. Esto te dará cierta empatía para con los demás y contigo mismo, así como también algunas pistas sobre por qué eres como eres y lo que puedes hacer al respecto.

Los primeros años

Bien, esto no es un misterio para nadie. El gerente general que mencionamos antes se sentía incómodo con la confrontación, pero desde el inicio de la vida esto no es normal. Si alguna vez conversaste con un niño de dos años, sabes esto. Si a los pequeños hay algo que no les gusta, seguramente te enterarás. Tienen que aprender que decirle a alguien que a ellos no les gusta determinada cosa, los meterá en problemas. Una vez que aprenden eso, comienzan a temerle a la confrontación y para evitarlo empiezan a descubrir maneras de negociar en el mundo de las relaciones.

Aprenden a maniobrar sutilmente con las personas, manipulándolas, trabajando en ellas, trabajando alrededor de ellas, agradándolas o lo que sea con tal de que todo funcione. Pero evitan el camino directo. En la parte de enfrentar y resolver lo negativo ampliaremos el tema de la confrontación, pero ahora lo importante es comprender que cuando a las personas les falta alguna habilidad de carácter, por lo general existe una buena razón. En parte, aprendieron a *no integrar esa habilidad del carácter dentro de su forma de ser*. Podría haberlos metido en problemas al inicio de la vida, entonces lo evitan y lo compartimentalizan. Y, como gran parte de nuestro carácter se forma durante los años de crecimiento, esos primeros modelos quedan plasmados.

Tomemos otro ejemplo. Digamos que no fue la incapacidad de confrontar lo que detuvo al gerente general sino el temor de herirlo si lo despedía. El gerente general se sobreidentificó con la persona que debía echar a la calle y sintió pena por él de alguna manera, aunque tuviera un esquema de conducta sin logros y en realidad era necesario que lo despidiese. Sería lo mejor para él, pero el gerente general se sentía muy mal por el otro. Por lo general, esos patrones de conducta se aprenden a temprana edad, cuando alguien crece en una familia donde hay alguien a quien el resto de la familia «protege» y jamás lo hace responsable de sus actos. Se produce una superabundancia de comprensión inútil hacia la persona con los problemas. Esto es muy común en las familias en las que existe, por ejemplo, una adicción.

Cualquiera sea el caso, en los modelos del carácter que afectan la efectividad de las personas, puedes apostar que algunos de ellos tienen su origen desde temprano en la vida. Cierta vez trabajé con un líder que siempre cubría a los socios que no hacían nada. Había aprendido eso de su familia, porque los padres lo hacían responsable de cubrir a su hermano que era irresponsable. Cada vez que quería cancelar algo, se sentía culpable y lo dejaba seguir. Se había convertido en parte de su ser, por lo que era la persona que cuida al que no está haciendo lo que debería. Llegado a este punto, esto comenzó a afectar su manera de llevar adelante su división ya que se pasaba años «cuidando de su hermano».

La familia, la escuela, la iglesia y los amigos afectan la conformación del carácter de las personas de muchas maneras diferentes durante los años de crecimiento. Al avanzar en los aspectos específicos de crecimiento en integridad, es probable que hayas visto algunas de las razones por las que tienes algunas brechas o huecos dentro de ti cuando observas cómo fue tu crianza. Eso es bueno porque te ayudará a no culparte y también te mostrará lo que necesitas hacer ahora.

Un término griego que a veces se traduce por «carácter» es uno que significa «experiencia». Otro significa «marca grabada». Las experiencias que has pasado le han dado forma a lo que eres y «grabaron» ciertos modelos y formas de conducta y de reacciones en ti. Al ir creciendo, no hay dudas que has tenido ciertas experiencias que limitaron tu desarrollo en los aspectos que mencionaremos, y algunos que pueden incluso haber dañado otros aspectos, como los que enumeramos antes. Sin embargo, esta es la buena noticia en cuanto a la correlación entre carácter y experiencia: puedes tener nuevas experiencias que den nueva forma a tu carácter y graben a su vez, nuevos modelos.

Al haber analizado las distintas dimensiones de la integridad de carácter, mencionamos las nuevas experiencias que ayudarán al crecimiento y a la integración de estas partes de tu persona. Es más, si recuerdas, la parte sobre crecimiento incluía que uno se expusiera de manera intencional ante nuevas situaciones que te exigieran más allá de tus habilidades corrientes que, por definición, constituyen tu experiencia pasada. Y a medida que ganas nuevas experiencias, estas pasan a sumarse a tu pasado y, por lo tanto, también pasan a formar parte de tu carácter. Literalmente puedes tener un «nuevo pasado» haciendo algo nuevo en este día. Mañana, esa nueva experiencia será parte de tu pasado y habrás crecido. Ampliaremos más adelante.

Falta de adquisición de habilidades

Además de las experiencias disfuncionales que tenemos y los modelos compensatorios que desarrollamos al crecer como resultado de una mala experiencia, está también la *falta de buena experiencia que nos enseña cómo ser la clase de persona que necesitamos ser*. Un pájaro está instintivamente programado para migrar. Sin embargo, tú y yo tenemos que aprender a resolver conflictos o a ejercitar el juicio cuando nuestras emociones se entrometen, o a usar la diligencia debida cuando estamos entusiasmados con seguir adelante con un acuerdo. Debemos aprender a dominar nuestros impulsos. Tenemos que aprender a aceptar nuestro fracaso de una manera que sea motivadora y no que provoque desánimo. Todas esas cosas no son instintivas en los seres humanos. Es más, en cierto sentido van contra nuestro instinto. Tenemos que capacitarnos para abandonar los modelos inmaduros por medio de la disciplina.

Por ejemplo, ¿dónde te enseñaron alguna vez las habilidades necesarias para comunicarte de una manera que prevenga, tanto como sea posible, ser traicionado? ¿Dónde te enseñaron a relacionarte de una manera que haga que los demás noten que estás «a favor de» ellos y que desarrollarás lealtad y confianza? O, ¿cómo aprendiste a observarte a ti mismo de una manera que minimice tus puntos ciegos de manera que seas menos vulnerable a los errores y equivocaciones? Todos estos son aspectos de la formación de nuestro carácter que debíamos haber recibido mediante la enseñanza o disciplina, pero muchas veces no fue así. Si no recibimos esta enseñanza, es posible que estemos «tomando un atajo», dando un rodeo para compensar por otro lado o, lo que es peor, que estemos evitando por completo todos esos aspectos de nuestra vida y trabajo.

Un primo cercano de esto es «modelar» o ser ejemplo. A los humanos nos cuenta hacer lo que jamás hemos visto hacer. De manera que para crecer en carácter e integrar estos aspectos de nuestra persona, tenemos que verlo hacer. Necesitamos modelos de buen carácter. Quizás hayas notado, al observar un modelo de carácter, que a veces no has contado con el modelo de la vida real necesario en los aspectos que presentan carencias. De ser así, presentarás deficiencias. Trabajaba con un equipo de personas en cierta oportunidad y una mujer mencionó lo que otra mujer del grupo había hecho que a ella no le había gustado y la había molestado. La otra mujer reaccionó sin ponerse a la defensiva y quiso entender por qué eso la había afectado. Fue una conversación muy útil que resolvió el problema. No obstante, lo que me llamó la atención fue una tercera dama del grupo que las miraba sin salir de su asombro. Le pregunté qué le pasaba.

—Jamás había visto una cosa así —dijo ella.

—¿Visto qué? —le pregunté.

—Eso. Ella dijo algo que le había molestado y lo solucionaron.

—¿Y entonces? ¿Qué quieres decir con que nunca viste algo así?

—Nunca había visto que eso funcionara de esa manera, sin que se trenzaran en una pelea. Siguen estando bien la una con la otra. Es lo que digo: Jamás había visto algo así.

Nos llevó un tiempo descubrir todo lo que ella quería decir, pero lo decía en serio. Allí estaba, una mujer de carrera que podía afirmar con absoluta sinceridad que jamás había visto cómo llevar adelante un conflicto que terminara bien. Dado esto, ¿cuántas veces crees que ella enfrentó directamente situaciones en su vida laboral que terminaran resueltas? Ella tenía que verlo aparte de que se lo enseñaran. Pero, sin un mapa mental de cómo hacerlo, no tenía muchas posibilidades.

Retroalimentación estructurada y adecuada

También se forma nuestro carácter cuando nuestra experiencia es estructurada con una buena retroalimentación. Para crecer, y para internalizar los nuevos modelos, necesitamos un «circuito cerrado de retroalimentación» que muestre dónde estamos en cada nivel dado, nos haga conscientes de ello, nos retroalimente con una manera de hacerlo mejor, controle los nuevos cambios y repita el ciclo. De esa manera, estaremos internalizando no solo la nueva habilidad sino la conciencia y la autocorrección que es un aspecto necesario de nuestro desempeño.

Esta es una de las cosas más tristes que observo en la consultoría del liderazgo. La relación del «jefe» debiera ser de la siguiente manera: observar, dar una devolución, entrenar, monitorear y crecer. En cambio, con demasiada frecuencia se cae en la mentalidad de «ignorar y eliminar». Los jefes ignoran los modelos de las personas hasta que el problema es demasiado grande, entonces les caen con todo o los despiden directamente. El despido de una persona jamás debería causar sorpresa. Debería de ser el final de un proceso por el que se intentó dar mucha retroalimentación correctiva. Y cuando esto se hace bien, no se produce el despido sino el crecimiento de la persona. El carácter prospera en la retroalimentación que está enfocada y se usa bien.

Apoyo que no habilita

En el crecimiento del carácter, el camino a veces es rocoso. Tenemos que tragarnos nuestro orgullo, nuestro ego, nuestra resistencia y a veces hacer de tripas corazón y escuchar cosas que no queremos escuchar. Durante ese proceso, podemos llegar a sentirnos muy mal. Casi todos en algún momento hemos recibido una retroalimentación de parte de un superior que no ha sido para nada halagüeña. A veces puede llegar a ser tan dura que deseas abandonar o piensas que jamás podrías hacer lo que te pidieron.

Por eso, en tales casos, también necesitamos la mano en el hombro. Necesitamos apoyo y aliento para hacer eso que nos cuesta. Necesitamos el impulso para seguir adelante. Saber que un líder o alguien se preocupa por nosotros podrá ayudarnos a dar ese paso tan difícil. Si sabemos que hay alguien que está de nuestro lado, eso cambia todo.

Sin embargo, ese apoyo deberá ser de cierta naturaleza. Tendrá que acompañarnos no solo como personas sino *también en nuestra necesidad de crecer*. El mejor apoyo es también el que cuida de nosotros pero que no nos saca de los problemas. Estas personas no nos habilitan para que quedemos igual que antes rescatándonos, creyendo nuestras excusas, justificando nuestros errores y cosas por el estilo. Van a nuestro lado de manera atenta pero, al mismo tiempo, nos van llevando rumbo al camino en el que debemos estar.

Las personas que no contaron con esto pueden haber desarrollado ciertos aspectos que les costaría mucho enfrentar por sí mismos. Puede que hayan observado ese aspecto de su persona o que se lo hayan dicho, pero les parece demasiado difícil, desalentador o temerario enfrentarlo solos. O quizás hayan tenido apoyo en los momentos en que los hayan visto, pero quienes los apoyaron culparon a otros por el error o tomaron otras acciones para sacarlos del problema. Por eso, el apoyo en realidad los habilitó para evitar el crecimiento necesario, en vez de alentarlos a que se produjera. Esa es la clase de apoyo que necesitamos para que el carácter crezca. Sin eso, la elusión se presenta con demasiada frecuencia.

Práctica sin resultados catastróficos

Recuerdo a un líder que en cierta oportunidad me dijo que a partir de ese día había decidido no confiar más en nadie. Lo habían puesto en una nueva situación y quiso aprender a ser parte de un verdadero equipo. Se había franqueado a ciertas personas en la nueva situación y lo traicionaron espantosamente. Esto había pasado hacía algunos años pero jamás pudo recuperar esa capacidad. En consecuencia, su liderazgo tendió a seguir el camino del llanero solitario, y esto afectaba su capacidad para alcanzar las metas. Había perdido el poder de la influencia que brindan las relaciones y las alianzas. Sin embargo, sin la capacidad de confiar, esto no pasaría.

Si alguna vez quería superar su nivel de desempeño pasado, tenía que dejar de acaparar toda la información y no ocultar sus ideas. Sin embargo, cuando reflexionaba en eso, se sentía sumamente incómodo. Tenía que controlar toda la información, temía delegar, le aterraba no poder verlo todo y se mostraba un tanto sospechoso cada vez que estaba «fuera del circuito». Esta no es la manera en que se conducen los que consiguen grandes logros, y él debía aprender a confiar, y a confiar en los demás. Sin embargo, son escasas las posibilidades de que él fuera a hacerlo nuevamente en una situación de alto riesgo. Necesitaba un ámbito seguro donde recuperar la confianza.

Si no has contado con un lugar seguro donde desarrollar diferentes aspectos de lo que eres, y practicar de manera que tu carrera o tu vida no sea un riesgo, es probable que no hayas desarrollado ciertos aspectos del carácter. *En cierto sentido has estado en un modo de sobrevivencia, y en ese modo no solemos desarrollar nuevos aspectos del carácter, a no ser la perseverancia.* Es demasiada la protección reinante cuando tratas de sobrevivir. Las nuevas habilidades exigen apertura, pero la sobrevivencia exige que te protejas a ti mismo y, en cierto grado, que no seas abierto. Por esta razón en las culturas corporativas basadas en el temor, la gente no suele crecer hacia cosas nuevas. Están demasiado ocupados cuidándose y vigilando sus espaldas.

En este libro hemos mencionados algunas nuevas habilidades que puedes poner en práctica. No obstante, por ahora, tienes que saber que si has estado en un modo de sobrevivencia y de protección, eso te ayudará a explicar por qué hay ciertas fisuras en tu persona. Las habilidades del carácter se desarrollan mediante la capacitación y la práctica, igual que las habilidades técnicas.

Motivación inadecuada

A veces, los aspectos del desarrollo personal y del carácter se consideran algo que «debemos hacer». Pensamos cosas como: «Sí, necesito ser un mejor niño explorador e ir a un retiro de desarrollo personal o recibir entrenamiento, cuando tenga tiempo». En cierto grado, la mayoría de las personas tiene momentos en los que piensa que debe estar haciendo algún tipo de revisión de su vida, o un inventario, y pensar en formas en que podría mejorar. En esos momentos puede que incluso deseen hacer algunos planes; pero por lo general las cosas que pensamos que «debemos» hacer o que «sería bueno que hiciéramos», dan lugar a las necesidades de las cosas urgentes que nuestra vida y nuestras demandas de desempeño nos piden que hagamos. Estamos demasiados ocupados «haciendo» lo que necesitamos hacer como para convertirnos en lo que necesitamos ser. En consecuencia, como no nos convertimos en quienes necesitamos ser, al final no hacemos las cosas que necesitamos hacer. Y llevamos vidas que están patas arriba.

Lo cierto es que el «debo hacer» jamás ha sido un buen motivador de los seres humanos, al menos en los aspectos del carácter que están sub-desarrolladas. En las partes más maduras de nuestro ser, por lo general hacemos lo que debemos hacer. No obstante, eso es porque esas cosas *han pasado a ser parte* de nosotros y las expresamos con libertad. Estamos verdaderamente «haciendo» según lo que somos por nuestro carácter. Sin embargo, eso es porque esas cosas han pasado *a formar parte* de nosotros, y las expresamos con libertad. Estamos en verdad «haciendo» según lo que somos por nuestro carácter. Sin embargo, en tanto y en cuanto algunas actitudes no son parte todavía de nuestro ser, el «debo hacer» esas cosas por lo general duran lo que una resolución de año nuevo o mientras alguien nos está regañando. Al final, incluso resistimos también esto.

Entonces, ¿qué nos motiva a desarrollar el carácter cuando no tenemos que hacerlo? *Las pérdidas, las recompensas y las consecuencias en la realidad.* Uno ve el cambio del carácter cuando las personas finalmente tienen que enfrentar la realidad de lo que les está costando la falta de capacidad en un aspecto determinado. El alcohólico no inicia un tratamiento hasta que la esposa y los hijos no lo echan de la casa. El que no hace actividad física no procura una vida más sana hasta que padece un ataque el corazón. A ambos se les dijo que «deben hacerlo mejor»; pero el cambio no se produce hasta que los obliga la realidad.

La gente cambia cuando «pasan la película». Esto es cuando enfrentan una dura realidad en la vida o en el trabajo y la proyectan hacia adelante para analizar si les gusta esa película del futuro de su vida y de su carrera. De esa manera, la gente comienza a experimentar las pérdidas, las recompensas y las consecuencias futuras ahora mismo y entonces se enfrentan a la realidad. Cuando observas, por ejemplo, tu desempeño actual y las cosas que no estás consiguiendo, y luego te das cuenta que si sigues haciendo esas mismas cosas esperando resultados diferentes, *jamás obtendrás lo que deseas*, entonces cambiarás. Cuando en verdad captas esto, de que tu falta de crecimiento en algún aspecto es lo que te impide tener lo que deseas de la vida, entonces desarrollarás esa habilidad. Puede ser en tu carrera o en tu vida personal, en cualquiera de los dos.

Puedes observar esto en las relaciones cuando la gente finalmente se da cuenta que tiene un patrón que necesita cambiar. Sufren un divorcio o van por el quinto novio con el que no pueden comprometerse. Entonces, reaccionan: «Hay algo en mí que debo cambiar si es que pretendo encontrar un amor duradero». Entonces se ocupan de eso. Y descubren que son demasiado pasivos o que están a la defensiva o son demasiado controladores, y que por eso no encuentran el amor que necesitan. Por fin dejan de culpar al mundo que los rodea y se ponen a trabajar en su persona. No importa cómo sea el mundo exterior, finalmente se dan cuenta de que es la realidad y desarrollan el carácter para enfrentar las demandas de la realidad en el ámbito relacional. Es adelantar la película y ver otra relación fracasada en su futuro si no cambian en algún sentido.

Si piensas crecer y desarrollarte o ayudar a alguien, tendrás que salir de los «debo hacer» para enfrentar la realidad. Cuando caes en la cuenta de que solo obtendrás lo que deseas en el amor o en el trabajo a través del crecimiento del carácter que es necesario, pondrás manos a la obra. No antes. Por eso, si jamás estuviste en un sitio donde fuera seguro enfrentar la realidad o donde sintieras la necesidad de enfrentarla o tuvieras la ayuda para hacerlo, esto podría ser parte del por qué existen fisuras en tu vida.

El corazón

Lo has escuchado de miles de maneras diferentes:

Cualquiera puede cambiar, siempre que quiera hacerlo.

Puedes llevar un caballo hasta el agua, pero no puedes hacer que beba.

¿Cuántos psicólogos se necesitan para cambiar una bombilla de luz? Uno, pero la bombilla debe querer cambiarse.

Él no quiere ver la realidad. La niega.

Ella culpa a todo el mundo, pero no se mira a sí misma.

A lo largo del tiempo, siempre ha habido maneras en que los observadores de la naturaleza humana han expresado determinada verdad: uno no puede hacer cambiar a una persona que no lo desea. Sin embargo, debemos decir que, como ya lo hemos visto, *podemos hacer MUCHO para que alguien «quiera»*. Las consecuencias pueden motivar a alguien que previamente no haya estado motivado. El amor y el apoyo pueden hacer lo mismo. La nueva oportunidad o un nuevo ambiente de crecimiento e ingredientes que antes no estuvieron disponibles también podrán lograrlo. Podemos influir en las personas que han estado desmotivadas para que cambien. En realidad pueden hacer que «quieran» en cierto grado, *si es que quieren.*

Si esto suena a paradoja, a oxímoron o a contradicción o lo que sea, lo es. Es una verdad fundamental de la existencia humana de que somos tanto determinados como autónomos. Tenemos cosas que pueden influirnos y tenemos además una libertad existencial fundamental y una responsabilidad por la que somos en definitiva responsables de nosotros mismos. No hay excusas del tipo: «el diablo me hizo hacer tal cosa».

De manera que puedes llamarlo falta de un momento oportuno o falta de corazón, pero algunas personas no están listas para cambiar o no desean hacerlo. Llegan a una etapa en la vida en que no quieren ser diferentes y pretenden que el mundo se adapte a ellos y no al revés. Según lo expresan los fundadores de AA, ellos no pueden ofrecer demasiada ayuda a esa clase de personas.

En nuestra lista de dónde provienen las fisuras en el carácter, debemos incluir esta realidad: algunas personas tienen problemas con la integridad y el crecimiento porque no están dispuestas a hacer los cambios que el carácter exige. De alguna manera apagan la realidad, la iluminación, la sabiduría o cualquier influencia que llegue a su vida. Tienen un estado que está más allá de la resistencia y es rebelde. Podemos intentar motivarlos pero al final son ellos los que deben tomar la decisión. Espero que tú, que lees este libro, no seas así sino que desees ver en qué necesitas crecer. Sin embargo, para algunos esto es una realidad y si intentas ayudar a alguien que, luego de varios intentos de tu parte por ayudarlo, no responde, entonces puede que sea reticente. Mejor será que inviertas tu tiempo en alguien que realmente desee cambiar.

Genes, experiencia y elecciones

Muy bien, hasta ahora no había mencionado los genes. Supongo que en cierto sentido tendríamos que decir «elige bien a tus padres». Hay algo de cierto en que la forma de ser y el temperamento de alguien tiene que ver con las cuestiones del carácter. Si entras en un pabellón de recién nacidos en cualquier hospital, casi podrías percibir cuáles tendrán iniciativas y cuáles se dejarán «llevar por la corriente». La triste realidad es que en cierto grado, algunos de los caminos de crecimiento necesarios los están esperando. Los pasivos tendrán que trabajar más arduamente para ser directos y precisos, mientras que los gritones tendrán que aprender un día a ir contra su naturaleza, callarse y escuchar. Los genes son un verdadero determinante de la conducta.

No puedes hacer mucho en cuanto a los genes que recibes al comenzar la vida para de alguna manera cambiar tu historia. Tu constitución genética es lo que es. Sin embargo, esta es la realidad: tu vida tiene *muchos* determinantes, y eres responsable de ocuparte de ellos. Tus genes y temperamento son dos de ellos. También lo son tus experiencias pasadas y las decisiones que tomaste a lo largo del camino. La integridad de tu carácter es una combinación de todas estas cosas, como la mano que te toca en las cartas y la manera en que las juegas. Puedes ocuparte de las debilidades de tu constitución así como puedes trabajar también en los otros determinantes.

Si te cuesta tomar la iniciativa, por ejemplo, entonces es probable que haya muchos determinantes para eso. Quizás por temperamento seas más un seguidor, o quizás haya habido un padre, hermano o pariente dominante que te trató mal cada vez que tomaste la iniciativa en algo. En consecuencia, elegiste dejarte llevar por la corriente y seguiste el camino de la pasividad en la vida y en el trabajo. Existen un millón de razones para que seamos como somos.

El interrogante, ahora que somos adultos, es el siguiente: *¿Qué vamos a hacer en cuanto a eso?* Tu manera de ser ahora es lo que es, y puede o no estarte sirviendo bien en determinados aspectos. Si te agrada la estela que dejas y eres capaz de enfrentar las demandas que te exige la realidad en algunos aspectos, es fabuloso, y la vida ha sido generosa contigo en esos aspectos o has logrado buenas soluciones. Sin embargo, en los aspectos en que no te va bien, más allá de lo que lo haya causado, tú eres el que tienes que tomar cartas en el asunto y producir el cambio.

Puedes alterar tu experiencia y puedes hacer nuevas elecciones que edificarán el tipo de carácter que te permitirá enfrentar las demandas de la realidad. Puedes aprender el tipo de experiencia que necesitas para desarrollar nuevas habilidades, y el tipo de decisiones que puedes tomar. La promesa es que a medida que crezcas, puedes negociar cada vez más realidades que enfrentas y, al hacerlo, darte cuenta de más cosas para las que fuiste creado.

De manera que al finalizar nuestro recorrido del análisis de la integridad, hay algunos puntos que me gustaría que recordaras:

- La integridad no es algo que puedes «tener o no tener». Es probable que tengas aspectos en los que sí y otros en los que no la tengas
- Puedes creer que los que consiguen grandes cosas de alguna manera tienen todo bajo control, pero no es así
- Todos tenemos en nuestro carácter cuestiones que son enormes oportunidades de crecimiento y desarrollo. No eres malo, inadecuado o defectuoso por eso. Eres humano. Acéptalo, reconócelo y avanza en el camino
- Cuando comprendes de dónde viene el carácter, puedes entender mejor y aceptar por qué tú y algunos otros que conoces tienen ciertas fisuras en su interior. Tiene sentido que te falten ciertas habilidades
- Además, cuando comprendes de dónde viene el carácter, comienzas a tener una idea del tipo de cosas que te ayudarán a crecer

Y, por último, hay esperanza. Cuando te motivan los deseos de la realidad que tienes y reconoces que los cambios pueden hacer que se cumplan, puedes ponerte en marcha y ver los resultados

Si prestas atención a todas las causas mencionadas en este capítulo, verás que es positivo. Fuera de tus genes, puedes cambiar todas las causas que ocasionan las «fisuras» en tu armadura. Puedes crecer en integridad. Es más, considero que toda la vida es un viaje hacia el desarrollo de un carácter más integrado, para todos. Cada situación en la que nos encontramos, cada «demanda de la realidad» nos reclama que demos ese paso para ser más de lo que ya somos, como hemos visto.

Vuelve a revisar la lista:

- Los primeros años de vida
- Falta de incorporación de habilidades
- Falta de una retroalimentación estructurada
- Falta de apoyo que no habilita
- Falta de práctica en un ambiente seguro
- Falta de la motivación adecuada
- Falta de un deseo sincero de cambiar
- Genes, experiencias y decisiones

Como consultor y psicólogo, puedo decirte que las personas superan y cambian cada una de estas cosas regularmente. Ninguna está fija de por vida. Incluso «los primeros años», tu experiencia pasada, se puede sanar y cambiar al incorporar nuevas experiencias que te dan amor, apoyo, validación y sanidad que no obtuviste en la primera oportunidad. En un buen grupo de crecimiento o comunidad puedes hallar literalmente a la «familia» de crecimiento que te dé lo que podría estarte faltando.

El resto de la lista es lo mismo. A través de los tipos de experiencias estructuradas de crecimiento que vimos (en el capítulo 11, Mejorar todo el tiempo), puedes encontrar las respuestas a todos ellos. Talleres, capacitación, terapia, grupos, mentores, disciplinas espirituales y todas esas cosas que mencionamos pueden integrar tu carácter a niveles que jamás consideraste posibles. Se produce todos los días. Todo lo que hace falta es abrirse a esa clase de experiencia de crecimiento e invertir en uno mismo. Del mismo modo que tus inversiones materiales crecen al usarse, también tu carácter. Invierte en crecimiento personal, y el tiempo devengará los intereses.

Quisiera agregar algo más al pensar en cómo crecer en integridad de carácter: al invertir recuerda los seis rasgos que mencioné en las p. 11-12. Invierte específicamente en ellos, porque todos están integrados. Trabajan en forma conjunta y pagarán dividendos unos a otros a medida que los uses.

Por ejemplo, mientras más desarrolles confianza en las personas, más seguro estarás, y serás más capaz de quitarte las anteojeras para ver la realidad. Y a la inversa, mientras más veas la realidad, más capaz serás de confiar en las buenas personas. No serás tan temeroso ni desconfiado. Verás a los buenos por lo que son.

Luego, cuanto más veas la realidad, más capaz serás de acceder a lo que funciona y obtiene resultados mejores. Tus frutos aumentarán porque operarás en el mundo tal y como es en realidad, y así es como se obtienen las ganancias. La gente que ve la verdad es la que siempre consigue logros. Y, siempre y cuando lo hagas, comenzarás a ser más eficiente y capaz de enfrentar lo negativo como nunca antes. A la inversa, al enfrentar esos problemas, obtendrás mejores resultados, verás mejor la realidad y la gente confiará más en ti. El círculo de la integración se hace cada vez más grande y tu corazón, alma y mente se expanden.

Cada vez que esto sucede, la gente comienza a invertir en el gran cuadro y a desarrollar más un carácter trascendente. A medida que hacen esto, se vuelven más confiables, ven más la realidad, obtienen mejores resultados, enfrentan mejor los problemas y demás. En síntesis, la integración engendra más integración. De manera que al invertir en todos los aspectos del modelo, te beneficiarás de forma exponencial.

Al trabajar con líderes y aquellos que logran grandes cosas, las cosas que consiguen son realmente divertidas y plenas. «El deseo cumplido endulza el alma», como dice el proverbio judío. Sin embargo, cuanto más avanzan en su camino, también puedo ver que el crecimiento personal y el desarrollo que se da en ellos y en sus relaciones es lo que se vuelve más y más estimulante con el tiempo. A medida que su carácter crece y cada vez más se entregan a las realidades trascendentes, el viaje se va enriqueciendo y volviéndose cada vez más satisfactorio. La integridad brinda muchas recompensas, muchas riquezas y muchos frutos. Sin embargo, al final, es una recompensa de sí misma y en sí misma. Esta es mi oración: que a medida que crezcas, disfrutes de los frutos de la integridad de una manera amplia y variada, y que la disfrutes también por sí misma.

Índice temático

Nos agradaría recibir noticias suyas.
Por favor, envíe sus comentarios sobre este libro
a la dirección que aparece a continuación.
Muchas gracias.

Editorial Vida
Vida@zondervan.com
www.editorialvida.com